정부역할의 재정립

- 정책 -

박상인 · 권일웅 · 김상헌
정광호 · 이석원 · 고길곤

박영사

서 문

    1960년대 산업화 과정에서 고도의 경제성장을 이루기 위해 구축해왔던 '정부의 적극적인 시장개입 및 정책추진' 패러다임의 전환을 위한 정부의 새로운 역할과 기능에 대한 논의가 최근 활발하게 진행되고 있다. 그러나 아직도 정부의 기능과 역할에 관련해 과거의 성장전략 가운데 우리가 지속해야 할 부분과 단절해야 할 부분에 대한 합의가 명확히 이루어졌다고 단정하기는 어렵다.

    정부역할의 재정립 문제는 현재의 문제이면서 동시에 미래 사회의 정부와 민간 간 역할에 관한 논의이기도 하다. 현재의 정책 환경에서 타당하다고 생각되어 설정한 각 주체의 역할이 미래의 환경 하에서는 전혀 새롭게 구성될 수도 있기 때문이다. 따라서 정부역할 재정립에 대한 논의는 거시적·통시적인 관점에서 전개될 필요가 있으며 특히 과거에서 현재까지 정부의 역할이 어떻게 변화해 왔으며 그 과정에서 나타나는 일련의 대응방식이나 특성들은 무엇이었는지를 검토해봄으로써 미래 사회에 나타나게 될 변화에 대한 예측력 제고와 효과적인 역할 정립 방안을 도출해 낼 수 있을 것이다.

    서울대학교 행정대학원 정책지식허브연구센터는 정부 역할의 재정립에 관한 주요 쟁점들에 대해 해당 분야의 학자·공무원·기타 전문가들과 함께 이론적·실천적 측면에서 활발한 토론을 계속해 왔고, 토론 결과물로서의 정책지식을 꾸준히 구축해 왔다. 또한 정부 역할의 재정립과 관련하여 외국의 사례·제도를 연구해 왔고, 세부적인 분야에 관한 연구결과물을 데이터베이스화 했다. 본서는 '정부역할의 재정립'에 대한 행정대학원 교수들의 정책분야 연구주제들을 모아 여섯 개의 장으로 정리함으로써, 위와 같은 서울대학교 행정대학원 정책지식허브연구센터 활동의 연장선 상에 있다.

    제1장에서는 한국 경제의 현황과 이에 따른 정부역할의 변화에 대하여 논의한

다. '정부주도-재벌중심'이라는 한국의 발전전략이 저개발 상태에서 당면하는 제도
의 부재와 유효수요의 부족을 극복하고 모방에 기초한 추격형 성장에서는 효과적이
었으나, 경제가 발전되어 제도의 부재나 구조적 실업이 해소되고 혁신에 의한 성장
이 필요한 현 시점에서는 더 이상 유효하지 않게 되었음을 살펴본다. 이런 진단에
기초해, 혁신형 경제로 이행하기 위해서는 재벌의 경제력 집중을 해소하고 경제적·
사회적 약자의 재산권을 실질적으로 보호해 주는 제도개혁이 필요하다고 역설한다.
이런 제도개혁은 궁극적으로 경제운용이 시장 중심으로 변화되기 위한 전제조건이
며, 따라서 정부의 역할도 시장경제의 기본이 되는 제도의 확립, 재화 및 노동 시장
에서 공정한 경쟁을 담보할 수 있는 공정거래정책과 노동 3권의 보호에 초점이 맞
춰져야 한다고 주장한다. 이런 정부의 역할과 제도의 혁신 없이는 한국 경제가 장기
침체나 경제위기와 양극화가 반복되는 남미형 싸이클에 빠질 수 있음을 경고한다.

　　제2장에서 권일웅 교수는 혁신지원정책의 현황과 개선방안에 대해 논의한다.
우선 국내 혁신지원 정책의 현황을 정리하고, 각 지원정책의 효과와 장단점을 기존
의 이론적, 실증적 연구를 바탕으로 전개한다. 그 동안 독립적으로 추진된 각 혁신
지원 정책을 종합적, 보완적으로 추진하기 위한 개선방향을 제시하고, 또한 혁신지
원을 받는 대상기관의 특성이 혁신지원정책의 효과에 미치는 조절효과에 대해 분석
한다. 특히 지원 대상기관의 조직특성 중 거버넌스 구조에 초점을 맞추어 지원 대상
기관의 거버넌스 구조가 혁신지원정책의 효과에 미치는 영향을 계량적으로 분석함
으로써 혁신지원정책 대상선정에 대한 정책적 시사점을 도출한다.

　　제3장에서 김상헌 교수는 한국의 재정정책과 재정개혁에 대해 살펴본다. 한국
경제부흥에서의 정부의 역할이 매우 컸다는 것은 일반적·인식이다. 정부주도의 경
제성장을 추구하는 신흥국들이 한국의 재정정책에 특별한 관심을 가지게 되는 것도
이러한 인식에 바탕을 두고 있다. 이에 근거하여 한국의 재정정책이 어떻게 변화하
였고, 어떠한 개혁노력을 통하여 현재와 같은 상황에 이르고 있는지를 고찰하고 있
다. 특히 한국의 재정현황, 재정정책의 변천과정 그리고 최근의 주요 재정개혁 사례
를 제시함으로써 재정의 경제부흥 효과를 기대하는 국가들에 정책적 시사점을 제공
하기 위한 방안을 제시한다.

　　제4장에서 정광호 교수는 최근 확대되고 있는 준시장(quasi-market)의 영역을

시장원리의 관점과 공공원리의 관점으로 접근하여 고찰한다. 이에 근거하여 전통적으로 시장과 정부의 서비스전달체계에서 시장실패 또는 정부실패에 수반하는 여러 요인들을 살펴보고, 관련된 여러 사례들을 분석한다. 또한 비영리실패(non-voluntary failure)와 공공가치실패(public-value failure)와 같은 준시장실패에 대한 사례를 정리함으로써 정책적 시사점을 도출한다.

제5장에서 이석원 교수는 국제개발협력과 평가에 대해 살펴본다. 먼저 개발협력 분야에서 증가하는 평가활동의 중요성에 대한 논의로 시작해, 개발협력분야 평가가 일반적인 국내정책의 정책이나 사업평가 활동과 어떻게 다른 이슈를 가지고 있는가를 논의한다. 특히 평가자의 입장에서 평가의 목적과 기능을 정확히 이해하고 그에 부합하는 평가의 종류와 방법론을 선택하는 지침을 제공하는 것을 주요한 내용으로 논의를 전개한다. 나아가, 한국 정부의 개발협력 정책 및 추진체계에서 평가현황을 살펴보고 그에 따른 주요 이슈와 개선방향을 제시한다.

제6장에서 고길곤 교수는 공직청렴도의 변화와 반부패정책에서의 시사점에 대해 분석한다. 먼저 공직 부패의 개념이 점차 공직 청렴도로 확장 되어가고 있음을 지적하면서, 다양한 공직 부패 및 청렴도가 어떻게 측정되고, 원인 분석은 어떻게 이루어지고 있는지를 종합적으로 살펴본다. 분석에서는 공무원 징계자료와 관련된 안전행정부의 자료, 행정연구원의 년차별 부패인식조사 결과, 권익위의 공공기간 청렴도 조사 자료, 그리고 경찰청의 공직자 뇌물 및 비리 사건 자료를 이용하여 각 자료간의 차이와 유사점을 분석한 후 추세분석을 수행한다. 특히 공직자의 관점에서 바라본 공직 청렴도와 시민의 입장에서 바라본 공직 청렴도의 개념이 상이하다는 점을 지적하고, 구체적인 청렴의 내용에 대해서도 어떻게 차이가 나는지를 분석한다. 이를 바탕으로 지난 2000년대 초반 이후 한국의 공직 청렴도의 구조적 분석하여 반부패 정책 및 청렴 정책에 대한 시사점을 도출한다.

본서와 함께, 행정분야에서 '정부역할의 재정립'에 대한 책도 출간된다. 이 두 권의 책이 한국정부의 역할 재정립에 등불이 될 수 있기를 기대한다.

2016년 2월
관악에서 대표저자 **박상인**

차   례

제1장

경제발전 단계와 정부의 역할: 한국 사례를 중심으로

[박 상 인]

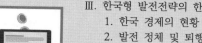

> 제 1 장
> 경제발전 단계와 정부의 역할:
> 한국 사례를 중심으로

I. 서 론

1995년에 노벨 경제학상을 수상한 시카고 대학의 루카스(Robert E. Lucas, Jr.) 교수는 1993년 『Econometrica』에 게재한 "Making a Miracle"이라는 논문에서 1960년 이후 한국의 경제 발전을 기적이라고 불렀다. 이 논문에서 루카스 교수는 1960년 당시 한국과 필리핀이 생활수준, 인구 규모 및 분포, 취학률(schooling), 수출품목, 산업구조 등 여러 측면에서 비슷했으나, 1960년부터 1988년까지 필리핀의 1인당 GDP는 연평균 약 1.8%씩 성장한 반면에 한국의 경우 연평균 약 6.2%씩 성장했음을 지적했다. 그 결과, 1988년에 한국의 1인당 소득은 필리핀의 약 3배로 커졌다.

그런데 필리핀의 상대적 정체가 보다 일반적인 현상이었으며, 한국의 급성장이 오히려 예외적이었다는 의미에서, 한국의 경제 성장은 기적이었다. 〈그림 1〉은 1960년과 2000년의 미국의 노동자 1인당 소득을 각각 1로 잡을 때, 미국 외의 다른 국가들의 1960년과 2000년의 노동자 1인당 소득의 상대수준을 표시한 도표이다. 그런데 〈그림 1〉에서 볼 수 있듯이, 1960년과 2000년의 세계 각국의 (노동자) 1인당 GDP를 비교해 보면, 대부분 국가들의 수치가 45도 선 부근에 몰려있음을 볼 수 있다. 따라서 미국과 대부분의 국가의 1인당 GDP의 격차가 40년 간 일정하게 유지되고 있음을 알 수 있다. 그러나 이런 대부분의 나라들과 달리, 한국과 중국 등 몇몇

〈그림 1〉 1960년과 2000년의 상대적 소득 격차

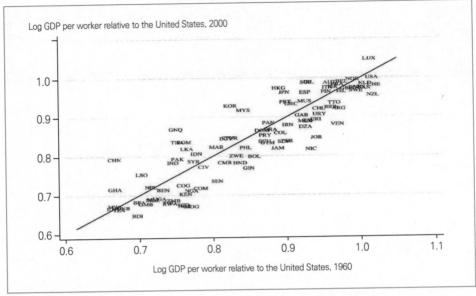

출처: Acemoglu, 2009.

국가들은 1960년부터 2000년까지 상대적으로 더 빨리 성장했다.[1] 그렇다면 이런 국가들이 예외적으로 경제성장을 달성할 수 있었던 이유는 무엇일까?

Ⅱ장에서는 이런 예외적 경제성장에서 한국 정부가 어떤 역할을 했는지를 살펴 본다. 또한 한국의 발전 사례가 여전히 경제 발전의 심인(fundamental cause)에 대한 해답을 주지는 못 하는 한계가 있음도 지적할 것이다. 그러나 경제 발전의 심인에 대한 명확한 설명을 제시하지 못하는 한계에도 불구하고, Ⅱ장은 한국 경제 발전 사 례에서 정부의 역할에 대해 '주식회사 대한민국' 또는 '정부주도─재벌중심' 성장이 라는 명확한 설명을 제시한다.

그런데 이 글의 초점은 Ⅱ장에서 소개한 한국 정부의 역할이 경제가 발전된 현 시점에도 긍정적인 영향을 미치고 있는가에 있다. 특히 최근에 들어, 한국 경제 가 일본의 '잃어버린 20년'의 전철을 밟는 것은 아닌가하는 우려가 고조되고 있다.

---

[1] 45도 선 위쪽 부분에 위치한 국가들은 1960년에 비해 2000년에 (미국을 기준으로 상대적으로 비교해 볼 때) 더 잘 살게 된 나라들이다.

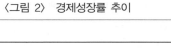

〈그림 2〉 경제성장률 추이

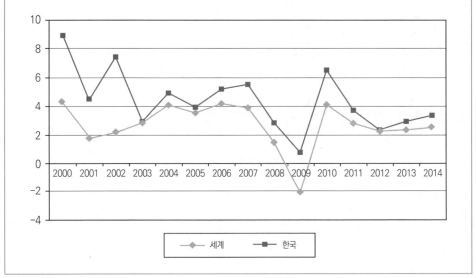

자료: world bank, 통계청.
　주: 세계경제성장률은 2005년(달러)기준, 한국경제성장률은 당해년 가격기준.

〈그림 2〉에서 볼 수 있듯이, 2012년 이후 한국의 경제성장률이 다시 상승하는 듯했
으나, 2015년에 성장률이 2.6%로 주저앉으면서 세계 평균 성장률보다 낮아지기 시
작했으며, 이런 추세가 바뀔 것 같지 않다는 전망이 힘을 얻고 있다.

Ⅲ장에서는 '정부주도–재벌중심'의 성장패러다임이 한계에 도달하게 된 이유
를 살펴본다. 1960년 이후 눈부신 성장의 결과로, 한국 경제는 구조, 복잡성, 기술
수준 등의 측면에서 과거와는 다른 경제로 변모되었다. 이런 변모를 특히 기술 프란
티어(technology frontier)라는 개념을 통해 살펴본다. 나아가 혁신형 전략과 과거의 정
부주도–재벌중심 성장전략이 양립하지 못 하는 이유를 불확실성과 기득권과의 이
해상충이라는 차원에서 다룬다.

Ⅳ장에서는 혁신형 경제로 이행을 위한 정부의 역할이 무엇인지를 논의한다.
혁신형 경제는 기본적으로 지속가능한 시장경제를 제도적 기반으로 한다는 점을 살
펴보고, 시장경제체제의 확립을 위해 정부가 무엇을 해야 할 지를 논의한다. Ⅴ장에

서는 '정부주도－재벌중심'의 성장패러다임에서 혁신형 경제로 이행하기 위해서는 재벌의 경제력 집중 문제를 해소하는 것이 선결과제임을 살펴본다.

Ⅵ장에서는 이상의 논의를 요약하고, 정부주도로 급속한 성장을 달성하고 있는 국가들에게 한국의 경험을 통해 어떤 함의를 줄 수 있을지를 살펴본다.

Ⅱ. 저개발 경제의 특징과 정부의 역할

1. 저개발 경제의 특징과 경제 개발

저개발 경제(underdeveloped economy)는 흔히 저소득, 낮은 교육 수준, 낮은 수준의 자본 축적, 농업이나 원자재 산업의 높은 비중, 잉여 노동력과 이중경제(dual economy), 조정(coordination)의 실패, 금융부문을 포함한 제도의 부재(missing institutions) 등으로 특징지어 진다.[2]

따라서 전통적으로 경제발전론에서는 이런 저개발 경제의 특성을 변경시키는 정책을 경제발전 전략으로 권고한다. 특히 솔로우(Solow)의 경제성장 모형과 내성적 성장이론(endogenous growth theory)을 이론적 근거로 하여, 물적 및 인적 자본의 축적을 통한 저개발의 탈출을 강조한다. 다른 한편으로, 제도적 측면을 강조하는 일군의 학자들은 저개발 경제의 제도적 미비와 광범위한 시장의 실패를 지적하면서, 정부의 보다 주도적 역할을 촉구한다.

저개발의 덫에서 탈출해 경제 개발을 이룩하는 것은 이런 저개발 경제의 특징들이 사라지는 구조적 변화를 동반하는 과정이다. 〈표 1〉은 1960년부터 2010년까지 한국 경제의 구조 변화를 보여주고 있다. 이미 논의하였듯이, 1960년 이후 한국은 지속적인 고도성장을 이룩했다. 그 결과, 2010년의 1인당 GDP는 1960년 수준의 15배 정도로 급성장했으며, 대학교 이상 진학률은 1971년 7.1%에서 2010년 103.11%로, 40년 간 약 15배 증가했으며,[3] GDP 대비 국내총투자도 1967년에 22.95%에서 1990년에 37.1%로 증가했고, 이후 2010년에는 29.14%로 감소했다. 인구도 50년 간

---

2) Acemoglu, 2009.
3) 고등교육진학률의 경우, 대학 졸업 후 대학원을 진학하면 이중으로 계산하기 때문에 100%를 넘을 수 있다.

〈표 1〉　한국 경제 지표(1960-2010)

	Year					
	1960	1970	1980	1990	2000	2010
인구('000)	24,954	31,435	37,407	43,520	46,136	48,876
도시화(%)	28.5	43.1	60.1	74.1	89.7	83.0
1인당 GNP(USD 1996)	80	243	1,597	5,883	9,770	–
1인당 GDP(USD 2000)	1,109	1,879	3,462	6,390	10,546	16,372
GNP에서 농업의 비중(%)	36.5	50.4	14.4	8.7	4.6	–
GDP에서 농업의 비중(%)	29.97 (in 1967)	29.25	16.17	8.94	4.63	2.56
GNP 대비 수출(%)	16.8	15.2	34.3	28.7	39.9	–
GDP 대비 수출(%)	11.2 (in 1967)	13.63	32.06	27.95	38.56	52.37
GNP 대비 국내총투자(%)	12.8 (in 1962)	26.6	32.0	37.1	28.2	–
GDP 대비 국내총투자(%)	22.95 (in 1967)	25.36	31.81	37.51	30.56	29.14
국내총투자 대비 외국인 저축(%)	83.3 (in 1962)	34.7	35.7	2.4	–8.4	–
실업률(%) (노동참여율(%))	11.7 (50.1)	4.5 (57.4)	4.1 (59.0)	2.4 (60.0)	4.1 (61.0)	3.6 (60.3)
학교 등록률(고등교육)(%)	NA	7.1 (in 1971)	12.8	36.8	78.3	103.11

2배로 증가했다. 인구 증가와 1인당 GDP 증가를 고려하면, 1960년에 비해 2010년에 국내총투자는 30배 이상으로 증가한 것을 알 수 있다.

　〈표 1〉은 또한 산업 및 사회 구조의 변화를 지적하고 있다. 농업이 GDP에서 차지하는 비중은 1967년 29.97%에서 2010년 2.56%로 급격히 줄어들었으며, 도시화율은 1960년 28.5%로 2010년 83%로 급격하게 증가했다. 실업률은 1960년 11.7%에서 1970년에 4.5%로 급감했으며, 이후 2% 중반에서 4% 초반 수준을 유지하고 있다. 이에 반해, 노동시장 참여율은 50.1%에서 60.3%로 지난 50년 간 10% 이상 증가했다. 한국은 제조업 중심의 도시화된 사회로 급속히 변모한 것이다.

2. 한국의 경험과 교훈

앞서 살펴본 것처럼, 한국은 2차 세계대전 이후 저개발의 덫에서 탈출해 지속적인 고도성장을 이룩한 몇 안 되는 나라 중 하나이다. 또한 이런 경제 개발은 경제적, 사회적 구조 변화를 동반했다. 이런 한국의 예외적 성장은 시장이나 시민 사회를 중심으로 자연발생적으로 이뤄진 것은 아니다. 1960년대 초반부터 박정희 정부의 적극적인 역할이 한국 경제 발전에 중요했는데, 박정희 정부의 정부주도-재벌중심의 발전 전략은 이른바 미비한 제도(missing institutions)나 조정(coordination) 실패를 보정하는 역할을 수행한 것으로 평가할 수 있다.

박정희 정부의 정부주도-재벌중심의 발전 전략을 좀 더 상세히 살펴보면 다음과 같다. 1960년대 초에 한국은 국내 자본이 축적되어 있지 않았으며, 자본을 공급할 수 있는 기관들은 외국 기관이나 국제기구들이었다. 그러나 국내 기업들의 신용도가 낮았으므로 국제 시장에서 자본을 조달하는 것은 거의 불가능했다. 따라서 정부가 산업은행을 통해서 또는 직접적으로 차관 형식으로 외국 자본을 도입했고, 도입한 자본을 국내 기업들에게 배정하는 방식을 취했다. 따라서 한국의 관치 금융의 역사와 전통은 경제개발기 정부의 역할과 밀접한 관련을 가진다.

자본을 기업들에게 배정하는 것은 정부의 경제개발 5개년 계획에 따라 이뤄졌는데, 특히 경제기획원은 어떤 산업을 육성하며 어떤 기업이 그 역할을 맡을 것인지를 결정했다. 따라서 정부 특히 청와대와 경제기획원이 마치 기업의 기획조정실 역할을 수행하고, 대기업들이 사업부서의 역할을 수행하는 '주식회사 대한민국(Korea, Inc.)' 모형이 기본 발전전략이었다고 할 수 있다.

대기업들은 정부가 배정한 사업에서 성과를 올려야만 더 많은 혜택을 받을 수 있었는데, 이 때 정부가 제시한 성과의 주요 기준은 수출 실적이었다. 사실 경제개발 초기에는 국내 유효수요가 충분하지 않았고, 또 도입한 외자를 상환하기 위해서도 수출에 주력할 수밖에 없었다. 따라서 정부주도-재벌중심의 발전전략은 수출주도형 공업화 전략이 되어야 했다. 수출 시장에서 경쟁해야 하는 대기업들은 조직과 인사에서 효율성을 담보하는 경영관리를 할 수밖에 없었다. 이런 맥락에서 필요한 부품 생산을 위한 수직계열화를 급속히 추구하고, 이 과정을 통해 기업집단인 재벌

이 형성되었다.[4]

수출주도형 공업화 전략은 수출 증가가 고용 증대와 내수 확대 및 국내 저축 증대라는 선순환 구조를 형성하면서, 1960년대 이후 한국의 경제발전을 견인했다. 이런 수출주도형 공업화 전략을 효과적으로 수행하기 위해서, 정부는 동원 가능한 모든 정책 수단을 사용했다. 정부는 군대식 '명령과 통제(command and control)' 시스템을 이용해 재벌과 노동자들을 통제하고 정책 목적을 달성하도록 총력전을 펼쳤다. 수출상황실이 설치되고, 수출진흥 대책 회의가 매월 열렸는데 여기에는 정부 관료뿐 아니라 재벌총수들도 함께 참석했다. 재벌들에게는 온갖 금융 및 재정 특혜가 주어졌으며, 노동조합 운동은 억제되었다. 정부는 물가 안정을 명목으로 주요 물품의 가격을 통제하고 임금 상승도 억제했으며, 수출에 유리한 환율을 유지하기 위해 노력했다.

이런 발전과정에서 소비재 시장이 활성화되고 은행 및 자본 시장이 성장한 것도 사실이다. 그러나 경제 발전이 시장경제의 제도화를 이끌었으나, 이는 제한적이었다. 사실, 시장거래와 시장은 시장경제체제가 확립되기 훨씬 이전부터 존재하였고, 사회주의 국가에서도 발생하고 있다. 고대 아테네의 중앙시장이었던 아고라나 북한의 장마당이 이런 예들인데, 이는 자연발생적 시장들이다. 자연발생적인 시장들은 교환이라는 거래를 통해 이익을 추구하려는 혁신가에 의해 판매와 구매 메커니즘이 조직되는 경우가 보통이다. 그러나 법에 의한 재산권의 보호나 계약 집행이 강제될 수 없다면, 시장거래는 상호신뢰 관계를 형성하고 있는 거래당사자들과의 거래나 사회적 규범으로 강제할 수 있는 거래만으로 제약될 수밖에 없다.

물론 1960년 이후 한국에서 시장의 발전은 이런 자연발생적 시장을 의미하는 것은 아니다. 사회적 지위가 유사한 거래당사자 간의 거래를 보호하는, 수평적 의미의 재산권 보호 제도가 경제발전과 함께 이뤄졌다는 의미에서 시장경제의 제도화가 경제발전과 함께 이뤄진 것은 사실이다. 그러나 사회적 약자의 사유재산권의 보호 정도를 측정하는 '행정부의 권한 남용의 억제정도(constraint on executive)' 지수를 보면, 1960년대와 1970년 한국의 재산권 보호 수준은 오히려 필리핀보다 낮았음을 알 수 있다.

---

4) 재벌은 총수가 있는 대규모기업집단을 의미한다.

〈그림 3〉 재산권 보호 제도에 대한 평가 추이

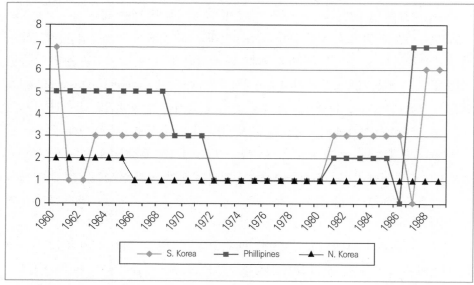

　　〈그림 3〉은 한국경제 발전의 심인이 과연 무엇이었을까 하는 의문을 제기한다. 주지하듯이, Acemoglu와 일군의 동료 학자들은 2000년대에 이르러 경제발전의 심인으로 경제적 제도(economic institutions)가 결정적으로 중요함을 실증적으로 입증한 바 있다.5) 이 때 경제적 제도란 경제 주체들의 투자, 소비 등에 유인을 제공하는 정책, 규칙, 법 등을 포함하며, 문화와 달리 사회적 의사결정에 의해 즉시 변경 가능하다는 특징을 가진다. 따라서 이런 경제적 제도의 핵심은 사유재산권 보호제도, 특히 사회적 약자가 사회적 강자로부터 착취당하지 않도록 보장받는 수직적 의미의 재산권 보호라고 할 수 있다. Acemoglu와 일군의 동료 학자들은 서유럽의 식민지배를 경험했던 국가들의 통계 자료를 이용해, 이런 수직적 재산권 보호가 잘 된 국가들이 경제발전을 이룩했다는 실증적 증거를 제시했던 것이다.

　　그러나 한국을 비롯해 중국 등 2차 세계대전 이후 급속한 경제성장을 달성한 국가들은 재산권 보호 제도의 확립을 통해 시민사회와 시장이 중심이 돼 성장을 이

---

5) Acemoglu, Johnson, and Robinson, 2001.

룩한 것이 아니다. 이런 측면에서 한국의 경제발전의 심인이 무엇인가에 대한 추가적 연구가 필요하다. 다시 말하자면, 한국 정부의 발전전략이 저개발에서 탈출해 지속가능한 성장을 가져오는 바로 '그 전략(the strategy)'라면 왜 다른 저개발 국가들은 그런 전략을 채택하지 못하는 것일까? 한국의 발전전략이 특정 시대에 특정 지역에서만 가능했던 것이며, 일반화될 수 없는 전략인 것인가? 이런 물음은 우리가 앞으로 풀어야 할 연구과제들이다.

III. 한국형 발전전략의 한계

1. 한국 경제의 현황

한국경제 발전의 심인에 대한 논란을 차치하고 보면, 1960년 이후 한국경제의 성장이 예외적인 것만은 확실하다. 그러나 경제 성장의 결과로 1960년 이후 한국경제 발전을 이끈 '정부주도 – 재벌중심' 발전 전략은 그 유용성과 유효성을 상실하고 있다. 1997년 외환위기 이후에 경제의 운용을 시장 중심으로 바꿔야한다는 주장이 계속되고 있는데, 이런 주장 자체가 개발도상기식 발전전략이 한계에 부딪혔음을 보여주는 것이다.

II장에서 살펴본 것처럼, 경제발전의 결과로 한국경제는 구조적으로 달라졌다. 먼저, 실업률과 노동시장 참여률이 일정한 수준으로 유지되고 있는 것은 현재 한국경제가 완전고용 상태에 접어들었음을 함의한다. 완전고용 상태가 함의하는 중요한 정책적 시사점은 총수요 관리 정책으로 더 이상 지속가능한 실질적 성장을 이룩할 수 없다는 점이다. 만약에 1990년대부터 시작된 중국 특수가 없었더라면 수출주도형 총수요 관리 정책을 통한 경제성장은 더 빨리 한계점에 도달했을지 모른다. 그러나 2016년 현 시점에서 분명한 것은 경제개발기처럼 수출주도형 선순환 구조는 더 이상 작동하지 않는다는 점이다.

총수요 관리정책을 통한 실질적 성장이 불가능한 경제 구조에서, 지속가능한 실질적 성장을 달성하기 위해서는 기술혁신, 경영혁신, 제도혁신이 필요하다. 선진경제(developed economy)에서 경제성장을 위해 기술혁신과 경영혁신이 강조되는 이

유도 여기에 있다. 그런데 한국과 같이 정부가 시장의 기능을 일부 대체하면서 정부 주도의 성장을 달성한 국가들의 경우에는, 제도혁신에 의한 경제성장의 여력이 여전히 매우 크다. 사실, 제도혁신을 통해 기업과 경영인들에게 적절한 유인을 제공하지 못한다면, 기술혁신과 경영혁신도 기대하기 어렵다.

둘째, 경제가 성장한 결과, 모방을 통한 경제 성장이 한계에 도달한 것이다. 경제성장에 관한 최근의 이론이 바로 Aghion 교수 등이 주창하고 있는 슘페터주의 성장 이론(Schumpeterian Growth Theory)인데,[6] 이 이론의 핵심은 기존 성장론에서 고려하지 않았던 기술 프란티어(technology frontier)로부터의 거리로 경제발전 단계를 측정하는 것이다. 기술 프란티어에 멀수록 저개발 상태인데, 이 때는 모방형 전략이 성장률은 가장 높게 할 수 있는 전략이나, 기술 프란티어에 가까울수록 혁신형 성장을 해야만 한다는 것이다.[7]

마지막으로 불확실성으로 인한 정부주도 정책의 한계이다. 모방과 혁신의 가장 큰 차이점은 불확실성이라고 할 수 있다. 과거 경제개발기에는 무엇을 해야할지는 분명했다. 일본 등 앞서 발전한 국가들의 산업을 타게팅(targeting)해서 목표점을 잡을 수 있었던 것이다. 문제는 어떻게 빨리 따라가느냐는 것이었다. 기술은 리버스 엔지니어링(reverse engineering)을 통해 모방할 수 있었으며, 명령과 통제 시스템으로 조직화된 주식회사 대한민국 전략은 모방형 성장에서 효과적이었다.

그러나 무엇을 해야 성공할지 사전적으로 알기 어려운 혁신형 경제에서는 정부가 주도를 할 수 없다. 누가 무엇이 성공할지 모르는 상황에서 정부의 승자선택(winner picking) 전략은 혁신을 오히려 말살할 수 있다. 예를 들어, 정부가 특정 산업이나 기술을 육성하겠다고 전략을 취할 때, 정부 관료들은 무엇이 성공할지 모른다. 정부의 지원을 받고자 하는 기업들은 시장의 불확실한 수요에 대한 나름대로의 직관(케인즈의 표현을 빌리자면, 동물적 본능(animal instinct))이 있을 수 있으나, 이런 주관적 직관을 객관화하기는 어렵다. 결국 객관화할 수 있는 기술적 우위가 지원과 육성의 기준이 되고, 기업가들은 시장의 수요보다 정부 지원을 받기 위해 기술을 위한 기술개발에 집중하게 될 수 있다. 결국 불확실성 하에서 정부 주도의 혁신 정책은 실패

6) Aghion and Howitt, 1992.
7) Acemoglu, Aghion and Zilibotti, 2006.

〈그림 4〉 제조업 성장률 추이

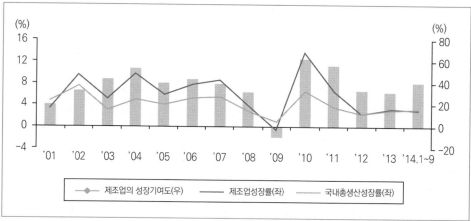

자료: 한국은행.

할 수밖에 없다.

한국 경제가 모방형에서 혁신형으로 이행하지 못 하고 있음은 여러 가지 자료를 통해 확인할 수 있다. 먼저, 한국 제조업 경쟁력의 하락이다. 한국 제조업은 1960년대 이후 경제성장을 주도했는데, 현재도 중화학공업제품 중심으로 수출의존적은 구조를 가지고 있다. 더욱이 〈그림 4〉에서 볼 수 있듯이, 한국의 제조업 비중은 상대적으로 높은 수준일 뿐 아니라(GDP의 30%, 2013년), 외국의 제조업 비중이 작아지는 추세인 반면에 오히려 증가하고 있다,[8] 그런데 한국 제조업은 2000년대 들어서도 경제성장률을 상회하는 성장을 보였으나, 2010년도 이후에는 하락하여 2012년부터는 경제성장률과 유사한 수준을 보이고 있다.

한국 제조업의 경쟁력 하락은 2012년도 이후 무역특화지수(상대적 수출비중)가 소폭 하락한 것에도 반영되는데, 특히 비IT산업에서 무역특화지수의 하락이 뚜렷하다. 이와 함께, 2011년 이후 제조업 매출액증가율과 수익성도 하락 추세이다.

제조업에서 부품소재산업의 생산 비중은 1993년 38%, 2000년 39%, 2008년 43%로 증가했으나,[9] 핵심제품 및 기술이 존재하지 않고, 현재 기술수준이 선진기

---

8) 산업은행, "한국 제조업의 위협요인 분석 및 대응방안", 2015년.
9) 현대경제연구원, 2011.

업들에 비해 취약하며 기술개발 노력 및 투자도 크게 부족한 실정이다.[10] 특히 소재산업은 기술보다 가격 경쟁력을 바탕으로 성장하고 있는데, 기술 비교우위 유형의 소재 수출은 22.1%에 불과했다.[11]

또한 만성적 한계기업[12] 수가 빠르게 증가해, 2014년에 전체 대기업 수의 10.6%가 만성적 한계기업이다.[13] 제조업에서는 조선과 철강업종에서 특히 만성적 한계기업의 비중이 크게 증가했다. 은행의 생산성은 90년대 초반 수준에 불과한 것으로 평가되고 있는데, 2012-13년도 이후 부실채권 처리비용이 은행생산성 하락의 주요인으로 꼽히고 있다.[14]

2. 발전 정체 및 퇴행 가능성

개도기 시대 "정부주도-재벌중심" 추격형 경제발전 전략은 금융시장과 부품시장이 사실상 부재하고 모방을 통한 성장이 효율적인 상황에서 효과적이었다. 그러나 1절에서 살펴본 한국경제의 발전 정체 현상은 모방형 경제에서 혁신형 경제로 이행이 이뤄지지 않는 함정(trap)에 빠진 것은 아닌지 하는 걱정을 하게 만들기 충분하다. 실제로 이런 가능성에 대한 이론적 논의는 이미 이뤄진 바 있다.

Acemoglu, Aghion and Zilibotti(2006)에 의하면, 경제가 발전할수록 기술 프론티어에 근접하게 되고, 기술 프론티어에 접근하면 모방형 전략보다 혁신형 전략으로 성장할 수 있으나, 기존 체제의 기득권자들로 인해 혁신형 전략으로 이행하지 못 할 경우 경제가 장기침체에 빠질 수 있다는 것이다. 즉, 〈그림 5〉에서 볼 수 있듯이, 모방형 성장전략(R=1)에서 혁신형 성장전략(R=0)으로 이행하는 것을 계속 지체하다가 결국 더 이상 경제가 성장하지 않는 정체 상태(a_{trap})에 빠질 수 있다는 것이다.

이런 혁신형 경제로 이행이 지연되는 것은 기존의 모방형 성장에서 기득권을 형성하고 있는 산업자본가들이 혁신형 성장전략의 채택을 막기 때문인데, 한국의

---

10) 산업연구원, 2007.

11) 현대경제연구원, 2013

12) 2005년 이후 이자보상비율(영업이익/이자비용)이 3년 연속 100% 미만인 기업.

13) 한국은행, "2015년도 하반기 금융안정보고서".

14) 김세직·홍승기, 2015.

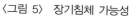

〈그림 5〉 장기침체 가능성

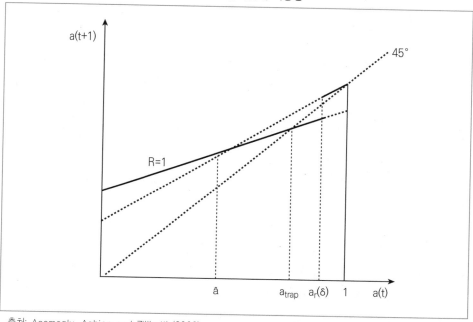

출처: Acemoglu, Aghion and Zilibotti (2006).

경우에 정부주도-재벌중심의 발전전략에서 가장 큰 혜택을 입은 재벌들이 이런 기득권 산업자본가가 될 수 있다. 특히, 재벌기업중심의 개도기식 정책은 기득권 기업과 한계기업에 대한 지원으로 오히려 새로운 기업의 진입과 혁신에 대한 유인을 감소시키는 부작용을 낳을 수 있다.

그러나 한국 경제가 장기 침체에 빠지면 일본과 달리, 경제 위기가 반복적으로 발생하는 남미형 싸이클로 전환될 수 있다. 즉, 〈그림 5〉의 장기침체가 안정적인 균형이 되지 못 할 수 있다. 그 첫 번째 이유는 한국과 일본의 경제 규모의 차이이다. 2013년 기준으로 일본의 GDP는 약 5조 달러로, 한국 GDP의 4배보다 크고 세계 3위 수준이다. 국가채무가 GDP 대비 230% 수준인 일본이 외환위기를 회피할 수 있는 것은 거대한 경제규모와 내국민이 국채를 대부분 수요하고 있기 때문인데, 한국이 장기침체에 빠지고 국가채무가 늘어나면, 외환위기와 경제위기가 다시 발생할 개연성이 높다. 물론 1997년 외환위기 이후 외환보유고를 일정 수준 이상 유지하고 재정건전성 확보를 위한 법적 장치까지 마련했으니 1997년과는 다를 것이라고 말할 수도 있으나, 경기침체가 지속되면 정치적 판단으로 경기 부양책을 주기적으로 남발할 개연성이 커지고 결국 재정건전성의 유지는 어려워질 것이다.

둘째, 재벌에 의한 경제력 집중이 매우 심각한 수준이다. 10대 동족재벌의 매출액 규모는 2003년 GDP 대비 50.6%에서 2012년에는 84.1%로 증가하였으며, 자산총액 비중은 2003년 GDP 대비 48.4%였으나 2012년에는 84%로 증가했다. 2013년 삼성그룹 17개 상장사의 부가가치 생산액은 GDP의 4.7%를 차지했는데, "단일기업 경제(One-firm economy)"라는 말을 들었던 핀란드의 경우에도 핀란드 GDP에서 노키아의 비중이 최고조에 이르렀을 때에도 4% 정도였음을 상기해 보면, 삼성그룹에 의한 경제력 집중은 매우 심각한 수준이다. 따라서 만약 삼성전자가 노키아처럼 몰락하게 된다면, 한국 경제는 파국을 맞을 개연성이 높다.[15] 비록 삼성전자가 도산하지 않더라도, 경제성장률 저하는 중견 재벌들의 도산으로 이어질 개연성이 높고, 중견재벌의 연쇄 도산이 경제위기를 유발할 수도 있음도 유의해야 한다.

셋째, 중국발 경제 위기 발생 가능성이다. 2004년 이래 중국은 한국의 최대 교역대상국이 되었다. 그런데 한국무역협회에 따르면, 중국의 연간 수입증가율은 2010년 40%에 육박했으나, 이후 계속 감소해 2014년에는 1.1% 증가, 2015년 들어 마이너스로 돌아섰다. 특히 중국의 가공무역 비중 감소는 한국의 대중국 수출에 구조적 위험요인이 되고 있다. 따라서 중국 경제가 경착륙하거나 거품 붕괴로 경제위기가 발생할 경우, 대중국 의존도가 높은 한국 경제에 큰 충격을 줄 가능성이 있다.

중국발이든 삼성발이든 일단 경제위기가 발생하면, 재벌체제는 경제위기를 확대재생산할 것이다. 1997년 외환위기 사례나 남미 사례를 참고해 생각해 보면, 이 경우 한국도 양극화와 경제위기가 반복되는 나락으로 떨어질 수 개연성이 있다.

---

15) 박상인, 2016을 참고하라.

IV. 혁신형 경제로 이행을 위한 정부의 역할

1. 혁신형 경제와 시장경제체제

한국경제가 혁신형 경제로 이행하지 못한다면, 일본의 잃어버린 20년을 답습하거나 중남미처럼 경제위기와 양극화의 심화가 반복되는 악순환에 빠질 개연성이 있음을 살펴보았다. 그렇다면 무엇을 어떻게 해야만 한국경제가 혁신형 경제로 이행할 수 있을까?

현재 한국 정부는 단지 R&D 지출 수준과 비중을 늘림으로써 혁신형 경제로 이행하고자 하는 우를 범하고 있다. 한국은 R&D 지출 수준에서는 세계 최고인데, 예를 들어, 2015년 Bloomberg Global Innovation Index에서는 1위를 그리고 2012년 IMD 비즈니스 R&D 지출(Business Expenditure on R&D) 지수에서는 2위를 차지했다. 그러나 혁신 성과 면에서는 지출보다 훨씬 뒤지고 있다. 예를 들어, 2014－15년 WEF global competitiveness index에서 혁신 성과는 144개국 중 24위에 머물고 있다.

왜 이런 일이 벌어지는 것일까? 우선, Aghion, Akcigitz and Howit(2013)이 혁신형 경제의 제도적 전제 조건으로 지적한 자본시장의 발달 및 재산권 보호가 한국의 경우 매우 낮은 수준이다. 2014－15년 WEF global competitiveness index에서 재산권 및 지적재산권 보호는 각각 64위와 68위였다. 또한 VC(Venture Capital) 접근성과 은행건전성은 각각 107위와 120위로, 자본시장의 미발달과 관치금융의 폐해를 고스란히 반영하고 있다. 나아가 소액주주보호와 이사회 효과성도 각각 119위와 126위를 차지해 기업지배구조의 낙후성을 여실히 드러냈다.

나아가, 재벌기업중심의 개도기식 정책은 기득권 기업과 한계기업에 대한 지원으로 오히려 새로운 기업의 진입과 혁신에 대한 유인을 감소시키는 부작용을 낳고 있다. 즉, 재벌의 경제력 집중은 혁신기업의 시장 진입을 막고, 내부거래를 통해 경쟁을 제한함으로써 기술혁신과 시장의 활력을 떨어뜨리고 있는 것이다. 1960년대 미국 자동차 산업에서 과도한 수직계열화로 자동차 부품 산업의 경쟁력 향상이 이뤄지지 않았던 사례나 1980년대 통신장비 생산업체 Western Electric이 AT&T의 분할로 독립회사가 된 이후 정보통신 장비 산업에서 발생한 기술혁신의 예를 생각해 보면, 재벌 계열사 간의 일감몰아주기가 산업의 기술혁신을 저해하는 악영향도 끼치고 있음을 이해할 수 있다. 특히, 독립적 기업들로 구성된 인터넷 게임 산업과 재벌 계열사 간 일감몰아주기의 대표적 예인 SI산업을 비교해 보면, 일감몰아주기가 산업 생산성에 미치는 악영향을 쉽게 알 수 있다.[16]

더욱이, 최근 재벌의 문어발식 확장은 전형적인 수직계열화와 무관한 영역으로 사업 확장을 포괄하고 있는데, 이를 통해 골목상권 침해하고, 경제·사회적 양극화 심화시키는 부작용도 낳고 있다.

Aghion, Akcigitz and Howit(2013)은 혁신형 경제의 제도적 전제 조건으로, 자본시장의 발달 및 재산권 보호 제도 확립이 필요하고, 시장에로의 진입과 퇴출 장벽이 없어야 함을 지적하고 있다. Aghion, Akcigitz and Howit(2013)이 이야기하는 혁신형 경제의 제도적 전제 조건은 바로 시장경제체제가 제대로 작동되기 위한 제도적 전제이기도 하다. 따라서 혁신형 경제로 이행은 개도기식 발전전략과 경제구조의 대변혁을 통해 시장경제체제를 정립하는 것이라고 할 수 있다.

2. 시장경제체제 정립을 위한 정부의 역할[17]

"Reinventing the Bazaar: A Natural History of Markets"라는 저서에서 맥밀런(J. McMillan)은 시장거래란 거래당사자가 거래 자체를 거부(veto)할 수 있고(비록 관습이나 법규의 제약을 받으나) 자유롭게 거래조건에 동의할 수 있는 자발적 교환이라고 정의하였다. 시장경제체제란 시장거래가 제도화되고 법적인 보호를 받는 체제로, 전체 사회의 자원 배분과 관련된 주요 의사결정이 바로 법과 제도로 보호된 시장거래를 통해 이뤄지는 경제체제라고 할 수 있다.

그러면 시장경제체제 정립에 필요한 법과 제도에는 어떤 것들이 있는가? 먼저, 거래당사자가 거래 자체를 거부할 수 있고 거래조건에 자발적으로 동의할 수 있는

---

16) Park, S., H. Bok, and M. Paek, 2014.
17) 이 절은 박상인(2013)에서 일부를 발췌해 재정리한 것이다.

법과 제도가 구비되어야 한다. 따라서 사유재산권의 정립 및 보호야말로 시장경제 체제의 가장 기본이 되는 법제도라고 할 수 있다. 그런데 사유재산권의 보호는 단지 실체법적인 차원에서 재산권의 정립을 통해서만 이뤄질 수 있는 것이 아니다. 재산권과 관련된 분쟁이 발생할 경우에, 분쟁 해결을 위한 공정한 사법적 절차와 재산권 침해에 대한 적정한 손해배상 제도가 확립되어야만 사유재산권의 보호가 실질적으로 이뤄지는 것이다.

재산권 보호는 수직적 재산권 보호와 수평적 재산권 보호로 나누어 생각해 볼 수 있다. 수직적 재산권 보호란 파워엘리트나 지배계급으로부터 사회적 약자의 재산권이 보호되는 것을 의미하며, 수평적 재산권 보호는 사회적으로 동등한 지위를 가진 계약 당사자 간의 재산권 보호를 지칭한다.[18] 그런데 이 중 경제발전과 더 밀접한 관련을 가지는 것은 수직적 재산권이다.[19] 즉, 파워엘리트나 지배계급의 착취로부터 보호받을 수 있는 수직적 재산권은 사회구성원들의 근로와 사업 의욕을 증진시켜 경제의 발전으로 이어진다는 것이다.

사유재산권의 보호가 실질적으로 이뤄지기 위해서는 법치주의의 확립이 당연히 전제되어야 한다. 즉 사회적, 경제적, 정치적 지위와 무관에게 만인에게 평등한 법의 적용과 집행이 보장되지 않는 사회에서 사유재산권 보호가 잘 이뤄질 수 없다.

한편 현대 시장경제체제에서 주요한 구성원 중 하나가 바로 주식회사제도의 기업이다. 주지하듯이, 주식회사제도는 필연적으로 소유와 경영의 분리를 가져오는데, 주식회사제도가 제대로 작동되기 위해서는 이른바 분식회계, 배임, 횡령 등의 범죄를 억제할 수 있는 법제도의 확립과 강력한 처벌의 집행이 필요하다. 주식회사제도가 가장 잘 발달되었다고 평가할 수 있는 미국의 예를 보면, 이런 주식회사제도의 근간을 훼손하는 범죄를 얼마나 엄격히 처벌하고 있는지 잘 알 수 있다.[20]

현대 시장경제체제의 기초가 되는 법제도로 사유재산권, 법치주의, 주식회사제도 등이 잘 확립되어 있더라도, 시장경제체제라는 유인체계에서 모든 이기적 행위

---

18) Acemoglu and Johnson (2005)를 참고하라.

19) Acemoglu, Johnson, and Robinson (2001)은 사회·경제·정치적으로 더 우월한 지위를 가진 개인이나 집단으로부터 부당한 침해를 받지 않도록 보장받는 재산권의 확립 여부가 유럽의 식민지배를 받았던 지역들에서 경제발전 여부를 결정지었음을 실증적으로 보여 준 바 있다.

20) 엔론(Enron)의 분식회계 사건이 대표적인 예이다.

가 어떤 상황에서도 이런 의도대로 작동하는 것은 아니다. 따라서 시장경제체제의 원활한 작동을 위해 정부의 역할이 여전히 필요하다. 이런 정부의 역할로 공정거래 정책과 노동 3권을 보장하는 정책, 시장실패를 보정하는 정책 등을 들 수 있다.

예를 들어, 기업들은 담합해 시장 가격을 높이거나 시장지배적 지위를 남용해 시장에서의 거래 조건을 유리하게 만들고 싶어 한다. 이런 기업들의 불공정거래 행위들도 기업들의 이기심, 즉 이윤최대화 동기에서 비롯된 것이다. 그러나 이런 이기적 행위가 시장경제체제에서 바람직한 자원 배분을 가져오는 것은 아니며, 오히려 시장경제체제의 작동을 막는 반(反)시장적 행위이다. 따라서 시장경제체제를 채택한 세계 각국들은 경쟁법을 엄격히 집행해 이런 불공정거래행위를 통한 이기적 욕구충족을 방지하고 있는 것이다.

다시 말하자면, 모든 사익추구행위를 허용하는 것이 아니라 사회적 이익과 정합성을 가지는 사익추구행위만을 (예를 들어, 비용 절감 노력, 제품 품질 향상, 신제품 개발 등의 행위들을) 합법화하여, 개인의 사익추구라는 에너지를 사회 전반에 긍정적인 결과를 가져올 수 있도록 유인하는 것이 시장경제체제이다.

그런데 공정한 경쟁의 결과라고 하더라도 경쟁의 패자가 생기기 마련이다. 따라서 시장경제체제의 기본 법제도가 잘 확립되고 공정한 경쟁이 보장되도록 잘 작동되어도, 공정한 경쟁의 패자에게도 최소한의 인간다운 생활을 보장할 수 있는 사회적 장치가 마련되어야만 사회통합이 이뤄지는 체제라고 할 수 있을 것이다.

한 가지 유의할 점은 이런 사회통합이 시장경제체제의 논리와 모순되는 것이 아니라는 것이다. 왜냐하면 공정한 경쟁에서 도태된 사회구성원에게도 적어도 '인간다운 삶에 필요한 만큼'은 누릴 수 있는 제도를 만드는 것은 구성원들의 체제에 대한 지지도를 높이고 결국 체제의 안정을 가져오게 된다. 즉, 누구나 '인간다운 삶에 필요한 만큼'은 누려야 한다는 사회통합은 시장경제체제의 공공재라고 파악할 수 있다. 따라서 현 체제로부터 가장 큰 혜택을 누리는 고소득자들이 사회통합이라는 공공재 생산에 더 많은 지불의사를 가진다고 가정하는 것은 합리적이며, 누진세율에 기초한 소득세를 재원으로 하는 소득재분배정책이나 사회복지정책은 합리적인 사회적 선택이라고 할 수 있을 것이다.

V. 시장경제체제 정립을 위한 재벌개혁

1. 재벌에 의한 경제력 집중의 심각성

Ⅳ장에서 혁신형 경제로 이행은 개도기식 발전전략과 경제구조의 대변혁을 통해 시장경제체제를 정립하는 것임을 살펴보았다. 그런데 정부주도－재벌중심의 경제발전을 이룩한 한국의 경우, 시장경제체제 정립의 선결 조건은 바로 재벌에 의한 경제력 집중의 해소라고 할 수 있다.

그렇다면 경제력 집중은 어떤 상태를 의미하는가? 20세기 초 미국의 진보적 운동에서는 경제력 집중(existence of economic power)을 특정 게이트키퍼에게 잘 보이는지 여부가 사람들의 경제적 미래를 좌우하는 상황(a situation in which someone's economic future depended on their pleasing on particular gatekeeper)이라고 정의한 바 있다.21) 즉, 경제력 집중은 특정인의 사회적, 경제적, 정치적 영향력이 너무 커지는 비정상적 상황이라고 할 수 있다. 이런 의미에서, 오늘날 한국 사회에서 재벌의 경제력 집중은 너무나 명백하다. 〈표 2〉는 총수일가의 영향력 오남용 사례들을 정리한 것이다.

〈표 2〉 재벌의 경제력 집중을 보여주는 사례들

재벌의 영향력	사 례
법조계에 대한 영향력	사례 1: 한겨레신문의 보도에 의하면, '삼성 비자금' 특별검사를 지낸 조준웅 변호사의 아들 조아무개(38)씨가 비자금 사건 선고 이듬해인 2010년 1월 삼성전자 과장으로 입사한 것으로 확인됐음. 삼성전자에선 통상 신입 입사 뒤 과장 진급까지 8년 이상 걸리는 데 견줘, 사법시험 준비와 어학연수 외에 회사업무 경력이 없는 조씨가 과장으로 바로 입사한 것을 두고 의혹이 일고 있음. 사례 2: 2012년 8월 6일에 취임한 김창석 대법관은 서울고법 형사 4부 부장판사로 삼성SDS의 신주인수권부사채의 저가발행 파기환송심에서 이건희 회장에게 특경가법상 배임협의를 적용하여 유죄를 인정하면서도 형량은 추가하지 않아 결과적으로 이건희 회장이 집행유예를 확정 선고 받는데 결정적 역할을 한 사람임.

---

21) Becht and DeLong (2005).

	사례 3: 2013년 4월 18일, 삼성특검 사건 재판 가운데 최악의 판결로 꼽히는 2심 담당 재판관이었던 서기석 헌법재판관에 대한 인사청문 경과 보고서가 국회에서 채택되고, 대통령에 의해 임명됨.
정치계와 관계에 대한 영향력	2005년 참여연대가 제기한 삼성그룹이 '금융산업구조개선에관한법률'(금산법) 제24조를 위반 사건은 금산법 개정을 통해 삼성생명의 삼성전자 지분 보유를 합법화시키는 것으로 종결됨. 특히, 삼성생명의 삼성전자에 대한 지분 중 금산법 한도를 초과분에 대해서만 의결권을 제한하고 삼성카드의 삼성에버랜드에 대한 지분 중 금산법 한도 초과분은 유예기간을 두고 단계적으로 매각하도록 한다는 입법예고안에도 불구하고, 최종적인 법 개정안은 삼성그룹의 입장을 대폭 반영한 부칙 조항들을 추가하는 것으로 귀결됨. 이 개정안 부칙에 의해 삼성생명의 삼성전자에 대한 지분 7.25%는 금산법 제24조 적용 예외가 되고, 나아가 부칙 6조는 삼성카드와 삼성생명이 과거 법위반행위에 대한 승인신청을 한 것만으로 벌칙이나 과태료 부과를 면제해 주었음.
학계에 대한 영향력	재벌의 학계에 대한 영향력은 연구비나 사외이사라는 당근을 이용해 행사됨. 2012년 9월 10일자 연합뉴스 보도에 의하면, 10대 재벌 그룹 상장계열사들이 지난 1년 간 새로 선임된 사외이사의 40% 이상을 교수가 차지하고 있으며, 검찰, 행정부 공무원, 국세청, 공정거래위원회, 판사, 관세청 등 정부 고위 관료나 권력기관 출신이 37.7%를 차지하였음.
언론계에 대한 영향력	한화그룹은 김승연 회장이 배임·횡령 혐의 등으로 불구속 기소됐다는 공소장을 받았으나, 이 사실을 1년이 지나도록 공시하지 않았음. 이와 같은 공시 의무 위반이 발생하는 경우에, 통상적으로 한국거래소는 해당 주식거래를 정지시킨 뒤 상장폐지 실질심사 대상인지 여부에 대해 판단하는 시간을 일주일 정도 가지나, 한화그룹의 공시 의무 위반을 유례없이 빠른 속도로 대응해 이틀만인 일요일에 상장폐지 실질심사 대상이 아니라는 결론을 내렸음. 그러나 조선일보를 제외한 중앙일보, 동아일보, 한겨레, 경향신문은 이례적인 이 사건을 1면 기사로 다루지 않음.

출처: 박상인(2013).

　　사실 현재 한국에서 일어나는 재벌세습과 경제력 집중의 심화라는 악순환은 특정 가문에 의한 경제력 집중의 가장 극심한 폐단이라고 할 수 있는데, 이런 재벌세습과 경제력 집중의 심화는 시장경제체제의 근간이 되는 법과 제도를 무력화하고 있다. 아래의 〈표 3〉에서 요약하고 있듯이, 최근에 발생하는 재벌세습은 3단계 과정을 거치고 있다. 먼저, 1단계로 증여받은 종자돈을 이용해 종자기업의 지배권을 획득한다. 2단계로 종자기업의 규모를 키우는데, 이때 전형적으로 사용되는 수법이 부당내부거래이다. 마지막으로 3단계에서는 종자기업 중심으로 재벌의 출자구조를 재편하는 것이다. 이 때 가장 애용되던 수단이 신규 순환출자였으며, 지주회사체제

〈표 3〉 재벌세습 과정 사례들

	종자돈으로 종자기업 지배하기	부당내부거래로 종자기업 키우기	종자기업을 이용해 그룹 전체 세습하기
삼성그룹 이재용 씨	이건희 회장으로부터 61억여 원을 증여 받은 이재용 씨는 비상장계열사들의 주식 등을 인수하고, 3년 내 상장차익으로 약 800억 원을 확보한다. 이 중 약 48억 원을 삼성에버랜드 전환사채를 배정받는데 사용하고, 31.37%의 지분을 가진 최대주주가 된다.	1998년 삼성에버랜드는 삼성생명의 주식 345만 주를 주당 9천 원에 취득했는데, 이듬해 다른 계열사들은 주당 70만원에 삼삼성생명 주식을 취득했다. 나아가 삼성에버랜드의 자산규모는 1999년에 비해 20011년에 5배 이상 증가한다. 전환사채를 인수한 해인 1996년부터 2010년 말까지 15년 동안, 삼성에버랜드로부터 획득한 이재용 씨의 연 평균 투자수익률은 약 52%이다.	1998년 삼성에버랜드가 삼성생명의 주식 345만 주를 함으로써, 20.7% 지분을 가진 삼성생명의 최대주주가 된다. 2010년 말 현재 이건희 회장의 삼성생명, 삼성전자 등의 보유 주식 가치는 약 10조 원인데, 결국 약 61억을 증여받아 약 10조 원이 필요한 삼성그룹의 지배권을 세습할 수 있는 상황이다.
현대차그룹 정의선 씨	정의선 씨는 2001년 2월 신설회사 현대글로비스에 15억 원을 출자하여 지분의 59.85%를 확보한다.	현대차그룹 계열사들의 일감몰아주기로 2001년부터 2005년 사이에 현대글로비스의 자산규모는 약 16배로 급증하였으며, 2001년부터 2010년 말까지 정의선 씨의 투자수익률은 연 평균 약 290%이다.	현대글로비스 중심의 지주회사제도로 전환 또는 기존 순환출자를 유지하면서 현대글로비스를 통해 현대모비스를 장악하는 방식으로 현대차그룹을 승계할 것으로 예상된다. 현대글로비스에 출자한 15억 원으로 사실상 정몽구 씨에게 현대자동차 주식 등 약 6.7조원을 증여받는 것과 같은 효과를 낼 수 있다.
SK그룹 최태원 씨	최태원 씨는 1994년 ㈜SK로부터 SKC&C 지분 70%를 2억8천만 원에 매입한다.	SK 텔레콤 등의 계열사의 일감몰아주기로 SKC&C의 자산규모는 1999년에서 2008년까지 10년 사이에 약 8배 증가하고, 1994년부터 2010년 말까지 최태원 씨가 올린 투자수익률은 연 평균 약 221%이다.	2001년에 SKC&C는 ㈜SK의 주식을 매수해 지분을 10.8%로 늘였고, SK글로벌은 보유하던 ㈜SK의 주식 11.6%를 매도함으로써, SKC&C가 ㈜SK의 최대주주가 된다. 이후 지주회사제도 전환을 이용해 SKC&C에서 ㈜SK로 이어지는 지배구조가 공고해 진다. 최태원 씨가 상속받은 730억 원과 무관하게 SKC&C 지분 인수로 SK그룹을 세습한 결과가 되었다.

출처: 박상인(2012).

로의 전환에 이용되기도 한다.

　이런 3단계 세습과정을 통해 재벌 2세나 3세는 그룹 지배에서 핵심적 역할을 하던 기업의 지분을 직접 증여 받을 필요가 없을 뿐만 아니라, 내부거래를 통해 종자기업을 키우고 상장 및 기업결합의 과정을 통해 엄청난 자본이득을 올리면서 개인 재산도 증식하게 된다. 예를 들어, 이재용 삼성전자 부회장은 61억 원을 증여 받은 후, 이런 과정을 거쳐 현재 10−12조 원의 재산을 가지게 되었다.

　이런 재벌세습 과정에서 사회·경제적 약자인 소액주주의 재산권이 침해되었다. 부당내부거래를 이용한 터널링(tunneling)22)은 지원주체 기업들의 주주에게 귀속되어야 할 이득을 지원객체 기업의 대주주인 총수일가에게 이전하는 것이다. 따라서 사유재산권의 확립이라는 측면에서 볼 때, 재벌 총수일가의 내부거래를 이용한 터널링은 사회·경제·정치적으로 더 우월한 지위를 가진 개인이나 집단으로부터 사회·경제·정치적으로 열등한 지위를 가진 개인이나 집단의 재산권이 부당하게 침해받는 전형적인 사례라고 할 수 있다.

　재벌세습과 총수의 지배력 유지 과정에서, 현대 시장경제체제의 주요한 기반 중 하나인 주식회사제도의 근간을 흔드는 범죄가 총수일가에 의해 자행되기도 한다. 잘 알려진 바와 같이, 삼성그룹이 이재용으로 세습과정에서 이건희 회장은 삼성에버랜드 전환사채와 삼성SDS BW 헐값 매각과 관련해 배임 혐의로 기소된 바 있으며, 대법원에서 결국 삼성SDS BW 헐값 매각 과정에서의 배임과 조세포탈로 유죄를 선고받았다. 이런 시장경제체제의 근간을 위협하는 행위들을 규율하는 최종적 수단은 사법적 강제이다. 그러나 명백하고 엄중한 위법의 경우에도 법원은 집행유예라는 솜방망이 처벌을 내림으로써 법치주의가 심각히 손상되었다. 주지하듯이, 1128억 원 조세포탈과 969억 원 배임 등의 혐의로 기소되었던 이건희 삼성그룹 회장은 징역 3년에 집행유예 5년을 선고 받은 바 있다.

　이상의 논의에서 알 수 있듯이, 재벌의 경제력 집중을 해소하지 않고는 시장경제체제의 정립은 요원하다. 따라서 재벌개혁은 시장경제체제의 근간을 바로 잡고 혁신형 경제로 이행하기 위한 전제이다.

---

22) 터널링은 지배주주가 의결권(voting right)과 이익청구권(cash flow right)의 차이를 이용해 자신의 이익청구권이 낮은 계열사로부터 이익청구권이 높은 계열사로 부(富)를 이전함으로써 자신의 이익을 극대화하는 행위이다.

　재벌 개혁은 총수일가의 이익이 사회적 이익과 정합성을 갖도록 제도적 장치를 마련하는 것이라고 할 수 있다. 즉, 황제경영과 불법, 편법적 세습을 봉쇄함으로써, 가장 능력 있는 경영자에 의해 기업이 운영되어 가장 많은 이윤을 내는 것이 대주주 자신의 이익을 최대화 하는 방법이 되게 하자는 것이다. 이 경우 '누가 경영자가 되는가?'라는 결정의 결과는 사회적으로 수긍될 수 있을 것이다. 건전한 주식회사제도의 작동을 위해서 경영자의 사익추구를 견제할 수 있는 대주주와 기관투자자들이 필요한데, 총수일가와 국민연금 등이 이런 역할을 수행할 수 있다.

　재벌 개혁을 통해 또한 자본주의와 법치주의에 대한 왜곡된 시각을 교정하고, 기업가 정신을 고양할 수 있다. 부의 축적을 불법과 편법으로 여기는 사회의 시각이 변화하는 계기가 되고, 공정한 경쟁과 노력의 결과로서 부의 축적과 공평한 조세부담을 통한 부의 승계를 사회적으로 인정받게 함으로써 건전한 자본주의 발달의 초석이 될 것이다.

　재벌개혁과 금산분리의 확립은 또한 금융시장의 성장과 벤처 캐피털의 활성화를 가능하게 할 것이다. 세습하려는 재벌은 경쟁자를 제거하고 시장의 진입 장벽을 쌓음으로써 산업 혁신을 저해하게 된다. 그러나 정상적인 방식으로만 부를 축적해 자손에게 물려줄 수밖에 없다면, 재벌 총수일가는 벤처 캐피털 역할을 수행하면서 장래성이 있는 혁신가와 파트너십을 형성해 시장에서 혁신을 유인할 것이다. 이런 금융시장의 발달은 창조적 파괴를 통한 혁신과 성장의 필수요건임은 이미 논의한 바 있다.

2. 2013년 이스라엘 재벌개혁의 시사점[23)]

　그렇다면, 어떻게 재벌의 경제력 집중 문제를 해소할 수 있을까? 이에 대한 대답은 최근 이뤄진 이스라엘의 재벌개혁에서 찾을 수 있다. 이스라엘의 재벌은 비교적 최근인 1990년 중반 이후 공기업의 민영화 과정에서 급속히 형성되었다. 그 결과, 이스라엘은 선진국들 중에서 경제력 집중이 가장 심각한 나라 중 하나가 되었는데, 2010년대 초에 이스라엘의 10대 기업집단은 이스라엘 시가총액의 41%를 차지

---

23) 이 절은 박상인(2016)에서 일부를 발췌해 재정리한 것이다.

했다.

이스라엘의 대기업집단과 한국의 재벌은 많은 공통점을 지니고 있다. 이스라엘 재벌 역시 다양한 영역에서 많은 계열사들을 거느리고 있으며, 다층적 계열사 출자 구조를 통해 궁극적으로 단일 집안에 의해 지배되고 있다. 또한 다수의 이스라엘 재벌은 금융회사와 비금융회사를 동시에 지배하고 있었다. 그러나 주지하듯이, 한국의 재벌에 의한 경제력 집중 정도는 이스라엘 재벌의 경제력 집중보다 높으며,[24] 한국 재벌의 정책 결정에 대한 영향력과 경제력 집중의 폐해는 훨씬 심각하다.

재벌의 경제력 집중을 우려한 이스라엘 정부는 2010년에 '경제 전반의 경쟁력 강화 위원회(The Committee on Increasing Competitiveness in the Economy)'를 구성해 금산 복합 재벌에 의한 문어발식 확장과 경제력 집중을 해소하기 위한 정책을 검토하기 시작했다. 이런 정부 차원의 준비와 맞물려 2011년에 코티지 치즈(cottage cheese) 가격 인상과 주택 임대료 폭등으로 촉발된 시위가 이스라엘 건국 이래 최대 시위로 확산되면서 재벌의 경제력 집중이 이스라엘에서 가장 중요한 정치 이슈가 되었다. 결국 2012년에 치러진 이스라엘 의회(Knesset) 선거는 사상 처음으로 경제 이슈가 주요 선거 쟁점이 되었고, 이후 구성된 이스라엘 의회는 '경제 전반의 경쟁력 강화 위원회'가 제시한 재벌개혁 안을 거의 원안대로 입법화했는데, 2013년 12월 9일에 이스라엘 의회는 역사적인 재벌개혁 법안인 '경제력집중법(Concentration Law)'을 만장일치로 통과시켰다.

이 재벌개혁 법은 3가지 주요 내용을 담고 있다. 먼저, '지주회사-자회사' 2층 구조의 지주회사 체제의 기업집단만을 허용하고, 2019년까지 기존의 기업집단들도 이 조건을 충족해야 한다. 둘째, 주요 금융기관과 주요 비금융회사를 동시에 보유하는 것을 금지한다. 주요 금융기관은 자산이 400억 세켈(Israel Shekels)[25]을 초과하는 은행, 보험사, 증권사, 자산운용사 등을 포함한 모든 금융기관으로, 그리고 주요 비금융회사는 매출 또는 부채가 60억 세켈 이상이거나 독점사업자로서 매출 또는 부채가 20억 세켈 이상인 비금융회사로 정의한다. 마지막으로, 민영화, 공공입찰, 정부 라이선스 취득 등에 '경제력 집중 우려 기관'(concentrated entities)의 참여 여부를

---

24) 예를 들어, 한국 10대 재벌이 시가총액에서 차지하는 비중은 43.3%이다.
25) 약 112억 달러에 해당되는 금액.

권고하는 위원회(The Committee for the Reduction of Economic-wide Concentration)을 설립했다. 그런데 경제력 집중 우려 기관에는 주요 금융기관, 주요 비금융회사 외에도 필수 설비를 지닌 운송·통신·에너지 기업, 신문·방송·포털을 포함한 미디어 기업들도 포함된다. 미디어 기업들이 포함된 이유는 경제력 집중의 폐해 중 하나가 재벌의 언론에 대한 과도한 영향력임을 인지한 결과이다.[26]

한편 경제력 집중 우려 기관의 참여 여부를 권고하는 위원회는 이스라엘 경쟁당국(Israel Antitrust Authority (IAA))의 수장, 국가경제자문회의(National Economic Council) 의장, 재무부의 차관보(General Director)로 구성되고 IAA 수장이 의장을 맡으며, IAA가 사무국 역할을 수행한다.

〈표 4〉 2013년 이스라엘 재벌개혁 개요

주요 이슈	주요 내용
기업소유지배구조	'지주회사-자회사' 2층 구조의 기업집단만 허용. 기존 기업집단은 6년 안에 이 조건을 충족해야 함. 새로운 지주회사에 대해서는 즉시 적용.
금산 분리	주요 금융기관과 주요 비금융회사의 동시 보유 금지. (주요 금융기관은 자산이 400억 세켈을 초과하는 은행, 보험사, 증권사, 자산운용사를 포함한 모든 금융기관; 주요 비금융회사는 매출 또는 부채가 60억 세켈 이상이거나 독점사업자로서 매출 또는 부채가 20억 세켈 이상인 비금융회사)
민영화, 공공입찰, 정부 라이선스 획득 등 참여 자격	경제력 집중 우려 기관(concentrated entities)의 민영화, 주요 공공입찰, 라이선스 획득 등에 참여 허용 여부를 권고하는 위원회(The Committee for the Reduction of Economic-wide Concentration) 설립.

출처: 박상인(2016).

이 역사적 법안의 통과로 출자 단계를 축소해야 할 이스라엘 기업집단은 20~40개에 이를 것이라고 추정되고 있다. 또 금산분리의 시행으로 이스라엘 최대 기업집단 중 하나인 델렉그룹(Delek Group)은 보험회사와 투자회사를 소유하고 있는 피닉스 지주회사(Phoenix Holdings)와 연안 천연가스전에 상당한 지분을 가지고 있는 에너

---

26) 히브루대학교 캔델(Kandel) 교수와의 인터뷰 내용을 근거로 함.

지 부문 중 하나를 매각해야만 한다. 결국 2019년까지 이스라엘 시가총액의 40%에 해당되는 45개 정도의 기업들이 매각될 예정이다.

이스라엘의 이런 개혁 조치는 경제력 집중의 해소와 금산분리를 확립하기 위해 20세기 초반에 미국에서 단행한 일련의 조치와 맥락을 같이한다. 이스라엘 정부와 지식인들은 재벌의 경제력 집중이 재벌의 정치적 영향력 및 미디어에 대한 영향력을 과도하게 증가시켜 결국 국가적, 사회적 의사결정이 재벌 총수의 이해에 따라 왜곡될 가능성을 우려했다. 또한 금산분리가 되지 않을 때 발생하는 이해상충이 궁극적으로 경제의 경쟁력을 떨어뜨릴 것이라고 걱정했다. 예를 들어, 산업자본이 소유한 은행을 통해 경쟁 사업자 또는 잠재적 경쟁 사업자에게 불리한 여신 조건을 제시함으로써 경쟁을 약화시킬 수 있다는 것이다. 나아가 경제력 집중이 궁극적으로 시스템 리스크를 야기할 수 있다는 점과 검증되지 않은 2세로의 경영권 승계 및 내부거래를 통한 재벌총수 일가의 터널링이 발생하는 문제점을 인식하고 있었던 것이다.

VI. 결 론

한국은 2차 세계대전 이후 급속한 경제발전을 이룩한 몇 안 되는 국가 중 하나이다. 기적으로 불리는 이런 경제발전은 정부주도−재벌중심의 주식회사 대한민국 모형을 통해 달성되었다. 이런 한국의 발전모형은 미비한 제도와 조정의 실패 문제를 극복하고 모방형 경제 발전에 매우 효율적이었다. 그러나 이런 발전 전략은, 경제가 발전되어 미비한 제도나 조정 실패 문제가 해소된 이후, 혁신형 경제로 이행에 오히려 걸림돌이 되었다. 따라서 혁신형 경제로 이행하기 위해, 개도기식 발전전략과 경제구조의 대변혁을 통해 시장경제체제를 정립하는 것이 필요함을 살펴보았다. 그런데 정부주도−재벌중심의 경제발전을 이룩한 한국의 경우, 시장경제체제 정립의 선결 조건은 바로 재벌에 의한 경제력 집중의 해소라고 할 수 있다. 2013년 이스라엘의 재벌개혁은 경제력 집중의 해소 필요성과 방법을 시사하는 좋은 사례라고 할 수 있다.

한국의 경제 발전 경험과 당면한 문제가 정부 주도로 급속히 성장을 하고 있는 국가들에게 함의하는 교훈은 무엇일까? 정부 또는 국가 주도의 모방형 성장에서 혁신형 성장으로 적절히 이행하기 위해서는 지속가능한 시장경제체제의 정립이 필요한데, 이는 정부 또는 국가 주도 성장에서 형성된 기득권자와 이해 상충을 야기할 수 있다. 따라서 사회적 약자의 재산권을 실질적으로 보호하고 자본시장의 발달과 시장에로의 진입과 퇴출 장벽을 제거할 수 있는 제도적 확충을 동반하는 경제발전 전략이나 개혁이 필요하다.

참고문헌 📖

김세직·홍승기. (2015). "한국 은행산업의 부가가치와 생산성". 『경제분석』. 21(3): 35-74.

박상인. (2012). 『벌거벗은 재벌님』. 창해.

박상인. (2013). "사회통합과 경제민주화". 『응용경제』, 2013년 9월호.

박상인. (2013). 『순환출자구조를 가진 재벌의 지주회사체제로 전환에 관한 연구』. 서울대학교 시장과 정부 연구센터 정책보고서.

박상인. (2016). 『삼성전자가 몰락해도 한국이 사는 길』. 미래를 소유한 사람들.

홍명수. (2006). 『재벌의 경제력 집중 규제』. 경인문화사.

Acemoglu, D. (2009). *Introduction to Modern Economic Growth*. Princeton University Press.

Acemoglu, D., P. Aghion and Zilibotti. (2006). "Distance to Frontier, Selection, and Economic Growth". *Journal of the European Economic Association*, 4(1): 37-74.

Acemoglu, D. and S. Johnson. (2005). "Unbundling Institutions". *Journal of Political Economy*, 113, 949-995.

Acemoglu, D., S. Johnson, and J. A. Robinson. (2001). "The Colonial Origins of Comparative Development: An Empirical Investigation". *American Economic Review*, 91, 1369-1401.

Aghion, P. and P. Howitt. (1992). "A Model of Growth through Creative Destruction". *Econometrica*, 60(2), 323-351.

Aghion, P., U. Akcigitz, and P. Howit. (2013). "What Do We Learn From Schumpeterian Growth Theory?".

Becht, M. and J. B. DeLong. (2005). "Why Has There Been So Little Block Holding in

America?" in: Morck, Randall K. (Ed). *A History of Corporate Governance Around the World*. Chicago: University of Chicago Press, 613-666.

Glaeser, E. La Porta, R., Lopez-de-Silanes, F., and Shleifer, A. (2004). "Do Institutions cause growth?". *Journal of Economic Growth* 9, 271-303.

Högfeldt, P. (2005). "The History and Politics of Corporate Ownership in Sweden". in: Morck, Randall K. (Ed). *A History of Corporate Governance Around the World. Chicago*: University of Chicago Press, 517-579.

Hosh, T. and A. Kashyap. (2001). *Corporate Financing and Governance in Japan*. Cambridge: MIT Press.

Kim and Park (2012). "Too Big To Go To Jail? Limits of Public Enforcement in Emerging Mark". mimeo.

Krugman, P. (2009). *A Country is Not a Company*. Harvard Business Review Classics.

Lucas Jr., R. (1993). "Making a Miracle". *Econometrica*, 61(2), 251-272.

McMillan, J. (2003). *Reinventing the Bazaar: A Natural History of Markets*. Norton.

Morck, R. (2011). "Finance and governance in developing economies". NBER Woring Paper 16870.

Park, S. (2011). "Government and Economic Development of Korea". *Korean Journal of Policy Studies*.

Park, S., H. Bok, and M. Paek. (2014). "Business Group, Captive Market and Innovations". mimeo.

Rodrik, D. (1995). "Getting Interventions Right: How South Korea and Taiwan Grew Rich". *Economic Policy*, 55-107.

Trindade, V. (2005). "The Big Push, Industrialization and International Trade: The Role of Exports". *Journal of Development Economics* 78, 22-48.

제 2 장

과학기술정책 거버넌스와
기술지원제도의 현황과 이론적 평가

[권 일 웅]

> 제2장
과학기술정책 거버넌스와 기술지원제도의 현황과 이론적 평가

I. 서 론

　　최근 한국을 포함한 많은 국가들은 인구성장률의 둔화, 인구의 노령화와 함께 경제성장률의 둔화를 겪고 있다. 따라서 과거의 자본과 노동과 같은 생산요소의 투입증대를 통한 경제성장은 한계에 도달하였으며, 주어진 생산요소로 더 많은 생산을 할 수 있는 기술혁신을 강조하게 되었다.

　　또한 최근 기술 동향은 경제, 사회, 문화, 제도 등 다양한 요인들과 상호작용을 하며 복합적, 융합적인 방향으로 나아가고 있다. 따라서 과학기술정책 역시 기술혁신과정에 대한 정부의 투자와 보조 같은 투입 중심의 정책에서 연구개발과 정부, 산업, 교육, 제도 등의 연계를 강조하는 종합적인 정책으로 변화하고 있다. 특히, 일부 개발도상국가들은 정부의 강력한 주도 하에 경제, 사회 전반을 포괄하는 종합적 혁신정책을 추구하고 있으며, 이에 따라 기술경쟁은 더 이상 기업 간의 특정 기술 분야에서의 연구 성과의 경쟁이 아니라 국가 간의 혁신체제의 경쟁으로 바뀌어 가고 있다.

　　이러한 변화에 따라 과학기술정책에 대한 이론적 기반도 변화하고 있다. 과거에 신고전주의 경제학에서 강조하던 시장의 실패 접근방법은 혁신이 연구, 개발, 상품화, 이윤창출이라는 선형적 단계를 거친다고 가정하고 각 단계별 시장의 실패를 보정할 수 있는 정책개발에 초점을 맞추어 왔다. 하지만 최근 통합적, 융합적 기술개발에 따라 경제, 사회, 제도 전반의 시스템적 실패에 초점을 맞추는 혁신체제론이 강조되고 있다.

이렇게 급변하는 연구개발 환경 속에서 우리나라의 과학기술정책도 중요한 변화가 요구되고 있다. 우리나라의 R&D 투자는 양적으로 크게 성장하여 2015년 GDP의 4.15%로 세계 1위를 차지하였다. 하지만 세계지적재산권기구(WIPO)의 글로벌 혁신지수는 2015년 세계 14위에 머무르고 있으며, 세계경제포럼(WEF)의 국가경쟁력 지수는 세계 26위에 그쳐 R&D 투자의 질적 향상이 요구되고 있다. 이에 따라 아래에서 논의할 바와 같이 우리나라의 과학기술정책은 최근 정권에서 다양한 개혁을 추구하고 있지만 개혁의 일관성이 떨어져 오히려 불확실성을 증대시키고 있으며 실질적인 지원제도에는 오히려 큰 변화가 없다는 비판이 제기되고 있다.

따라서 본 연구에서는 우리나라의 과학기술정책의 거버넌스 구조와 기술혁신 지원제도에 대한 현황을 파악하고 시장의 실패 접근방법과 시스템 실패 접근방법이라는 두 가지 이론적 모형을 적용하여 과학기술정책의 주요 쟁점을 분석하고자 한다.

II. 이론적 기반

본 절에서는 과학기술정책에 대한 다양한 이론적 기반을 비교 분석하고자 한다. 과학기술정책을 포함한 정부가 정책을 통해 시장에 개입하는 것에 대한 대표적인 이론적 근거는 신고전주의 경제학에서 강조하는 '시장의 실패'(market failure) 주장이다. 또한 진화론적 경제학과 국가의 혁신정책 시스템에 대한 연구를 통해 새롭게 등장한 혁신체제론에서 강조하는 '시스템 실패'(system failure) 주장이 주목을 받고 있다. 그리고 자본 및 요소 시장개방과 국제화를 통해 최근에 강조되고 있는 '매임 없는 다국적 기업'(footloose multinationals) 주장이 있다.

1. 시장의 실패

과학기술정책에 대한 신고전주의 경제학의 전통적·이론적 근거는 '시장의 실패'에 있다. 즉, 시장에서 민간 기업들의 혁신활동에 문제가 발생하는 경우에만 정부가 과학기술정책 등을 통해 시장에 개입해야 한다는 주장이다. 이러한 주장은 시장의 실패가 발생하지 않는 경우에는 정부가 시장에 개입을 하지 말아야 한다는 것을 의미하기 때문에 과학기술정책의 범위에 대한 매우 엄격한 기준을 제시한다고 볼 수 있다.

이러한 주장은 완전경쟁시장(perfectly competitive market)에서 정부의 개입 없이도 소비자와 기업이 단순히 개인의 효용과 이윤을 추구할 때 경제에서 가장 효율적인 최적 결과가 도출된다는 이론적 결과에 기반하고 있다.[1] 따라서 완전경쟁시장이 정상적으로 작동할 때에는 정부가 시장에 개입할 이유가 없으며, 정부는 완전경쟁시장이 정상적으로 작동하지 않아서 시장상황이 최적결과(optimum)에서 멀어질 때에만 개입을 고려해야 한다. 여기서 주목할 점은 '시장의 실패' 주장은 사회적 최적(social optimum)을 먼저 설정하고 이와 실제 시장균형상황(market equilibrium)과의 차이(difference)를 측정하여 시장균형을 사회적 최적 방향(direction)으로 이동시키는 것을 정책목적으로 제시한다는 것이다. 따라서 '시장의 실패' 접근방법은 정책의 목표, 방향, 그리고 개입정도를 제시하는 장점을 가지고 있다.

반면에 '시장의 실패' 접근방법은 아래에서 논의할 바와 같이 시장의 실패를 일으키는 일반적 원인에 초점을 맞추고 있다(예: 불완전한 정보, 외부성, 규모의 경제 등). 반면 이러한 실패가 구체적으로 어디에서 어떠한 현상으로 발생하는지에 대해서는 명확히 제시하고 있지 않다. 물론 시장 실패의 일반적 원인이 상대적으로 심각하게 나타날 수 있는 분야(예: 기초연구)를 찾아가면 보다 구체적인 정책 대상을 발견할 수는 있다. 하지만 아래에서 논의할 '시스템 실패'의 접근방법은 실패가 발생하는 구체적 위치와 현상을 가장 먼저 논의하는 것과 비교할 때 차이가 있다고 볼 수 있다.

앞에서 언급한 바와 같이 '시장의 실패' 접근방법은 과학기술정책의 범위에 대해 매우 엄격한 기준을 제시한다. 예를 들어, 특허 중에서 제품으로 시장에서 실제

---

1) 경제학에서는 이를 후생경제학 제1정리(First Welfare Theorem)라고 부른다.

로 상품화되는 비율은 매우 낮게 나타나고 있다. 따라서 혹자는 정부가 당연히 새로운 기술의 상품화 비율을 높이는 정책을 사용해야 한다고 주장할 수 있다. 하지만 '시장의 실패' 접근방법에 따르면 이렇게 상품화 비율이 낮은 이유가 불완전 정보, 외부성, 규모의 경제 등과 같은 시장의 실패 원인에 의한 것인지를 먼저 확인해야 한다. 만약 이러한 원인들이 심각하게 발견되지 않는다면 상품화 비율이 낮은 것은 소비자가 시장에서 실제로 원해서 소비자의 복지/효용을 증대시킬 수 있는 상품을 개발하지 못한 기업의 책임이므로 정부가 정책적으로 개입할 이유가 없다고 판단하게 된다.

　　마찬가지로 혹자는 우리나라 기업의 '녹색기술' 수준이 국제적 수준과 비교해서 뒤쳐져 있으니 정부가 정책적으로 '녹색기술'에 대한 기업의 연구개발투자를 증대시키기 위한 노력을 해야 한다고 주장할 수 있다. 하지만 역시 '녹색기술' 투자에 있어서 시장의 실패 원인들이 발견되지 않는다면 기업이 스스로 판단하여 투자를 결정하는 것이 가장 효율적이며 따라서 정부가 개입할 이유가 없다고 판단할 수 있다. 이러한 시장의 실패 원인을 보다 구체적으로 살펴보면 아래와 같다.

1) 규모와 범위의 경제(Economies of Scale and Scope)

　　규모와 범위의 경제는 기업이 생산의 규모와 생산제품의 범위를 증대시켰을 때 평균 생산비용이 감소하는 경우를 가리킨다. 예를 들어, 생산초기에 고정비용(예: 공장부지 확보, 설비투자)이 많이 드는 경우에는 생산량이 증가할수록 생산 단가에서 차지하는 평균 고정비용은 감소하게 되어 규모의 경제(economies of scale)가 발생하게 된다.

　　이와 같이 비용이 감소하는 것은 나쁜 것이 아니지만 규모 혹은 범위의 경제가 존재하게 되면 최적의 결과(optimum)와 시장의 균형을 '상대적'으로 비교하였을 때 차이가 발생하는 시장의 실패가 발생할 수 있다. 예를 들어, 시장에서 제품을 추가로 생산할 때 드는 비용(즉, 한계비용)을 지불할 의사가 있는 소비자가 있다면 추가로 생산하는 것이 가장 효율적이다. 그런데 고정비용이 크게 존재하게 되면 기업은 이윤을 확보하기 위해 한계비용에 추가하여 평균고정비용을 보정해 줄 수 있는 정도의 가격을 책정하려 할 것이다. 그렇게 되면 한계비용만큼은 지불할 의사가 있는 소비자가 제품을 구매하지 못하게 되어 생산이 이루어지지 않는 비효율성이 발생하게 된다.

또한 규모나 범위의 경제가 존재하는 경우 대기업의 생산비용이 중소기업의 생산비용 보다 당연히 낮게 나타날 것이다. 이 경우 대기업은 가격을 낮추어 중소기업을 시장에서 몰아내고 독점적 위치를 차지할 수 있게 된다. 이렇게 독점적 위치를 차지한 대기업은 소비자에게 한계비용 이상의 높은 가격을 부과할 수 있게 되고 그러면 앞에서와 같이 한계비용만큼은 지불할 의사가 있는 소비자가 제품을 구매하지 못하게 되어 생산이 이루어지지 않는 과소생산의 비효율성이 발생하게 된다.

연구개발의 경우 초기 고정비용 투자가 크게 발생할 수 있다. 또한 일단 개발된 새로운 기술과 정보는 추가적 비용 없이 제품에 적용될 수 있어서 한계생산비용은 매우 낮게 나타난다. 또한 다양한 연구개발 분야의 시너지를 활용할 경우 투자비용이나 연구개발 성과가 더 높아지는 범위의 경제가 존재할 수 있다. 따라서 연구개발에서 규모와 범위의 경제가 발생할 가능성이 높다고 볼 수 있다. 이러한 경우에는 시장에서 과소생산의 문제가 발생할 수 있기 때문에 연구개발투자 증대를 위한 정책적 개입이 정당화 될 수 있다.

2) 정보의 비대칭성

혁신분야에 있어 정보의 비대칭성은 중요한 시장실패의 원인이 될 수 있다. 예를 들어, 새로운 제품을 개발한 기업은 제품의 장점과 약점에 대해 많은 정보를 가지고 있지만 소비자는 새로운 제품에 대해 상대적으로 적은 정보를 가질 수밖에 없다. 이러한 상황을 정보의 비대칭성(Information Asymmetry) 상황이라고 한다.

이러한 정보의 비대칭성이 있는 경우 신제품에 문제가 많은 데도 불구하고 장점만을 강조, 확대하여 좋은 제품인 것처럼 판매하는 기업이 발생할 수 있다. 신제품의 경우 기존에 소비자가 경험을 하지 못하였기 때문에 기업의 과장 광고를 판별하기 어렵게 된다. 이러한 기업이 많을수록 합리적인 소비자는 기업의 제품에 대한 설명을 어느 정도 과장이 있다고 믿고 평가절하하게 된다. 이 경우 실제로 높은 비용을 지불해 가면서까지 좋은 신제품을 개발한 기업이 가장 큰 피해를 받게 된다. 즉, 상대적으로 낮은 비용으로 질이 낮은 제품을 개발한 기업이 가장 큰 이득을 얻는 역선택(adverse selection)의 문제가 발생하게 된다. 따라서 정직한 혁신적 기업들마저 좋은 신제품을 힘들여 개발하려하지 않는 시장의 실패가 발생한다.

이러한 문제점은 신생기업에 있어 은행 혹은 투자자와의 관계에서도 동일하게 발생할 수 있다. 소비자와 마찬가지로 투자자들도 장기적으로 시장성이 높은 신제품에 투자하려 하지만 신기술에 대해 기업만큼 많은 정보를 가지지 못하고 있기 때문에 투자를 꺼리는 문제가 발생하게 된다. 이 경우 신생기업 혹은 중소기업들은 적절한 투자를 받지 못하여 소비자가 원하는 좋은 아이디어가 있음에도 불구하고 상품화하지 못하는 시장의 실패가 발생할 수 있다.

이러한 정보의 비대칭성 문제를 해결하기 위해서는 정부가 제품의 기술을 인증해주는 제도라든지 기업의 기술에 대한 가치평가와 보증을 하는 정책 등을 통해 시장에 개입하는 것이 정당화 될 수 있다.

3) 외부성

새로운 제품이나 기술은 정의상 당연히 기존에 시장에 없었던 것이기 때문에 적절한 시장이나 가격이 형성되어 있지 않은 경우가 많다. 이러한 경우 제품이나 기술을 개발한 기업이 시장을 통해 얻는 가격(즉, 개인의 수익)이 이들 제품이나 기술이 사회전체에 기여하는 사회적 수익과 차이가 발생할 수 있다. 이와 같이 개인적 수익(private returns)이 사회적 수익(social returns)과 차이가 나는 경우 그 차이를 외부성(externality)이라고 부른다. 특히 사회적 수익이 개인적 수익보다 큰 경우를 긍정적 외부성(positive externality)이라고 부르며, 그 반대를 부정적 외부성(negative externality)이라고 부른다.

예를 들어, 특정 기업이 혁신적인 신제품의 개발을 통해 개인적 수익을 얻음과 동시에 기술개발에 참여한 근로자의 지식습득, 지역 및 국가의 이미지 개선, 관련 산업의 기술혁신 자극과 같은 추가적인 긍정적 혜택이 '만약에' 발생하게 되면 긍정적 외부성이 있다고 평가할 수 있다. 이렇게 긍정적 외부성이 발생하는 경우에 개별 기업은 개인적 수익만을 생각하기 때문에 사회적 입장에서 보면 상대적으로 연구개발 투자를 적게 하고 있다고 평가할 수 있다. 이러한 경우에는 정부가 연구개발 투자를 촉진할 수 있는 정책적 개입을 고려해 볼 수 있다.

아래에서 논의할 바와 같이 구체적 정책 개입으로는 해당 연구개발 투자를 정부 혹은 공공기관에서 직접 실시하는 방안, 연구개발 투자 촉진을 위해 혁신기업들에게 비용을 절감해 주는 방안, 혹은 보다 근본적으로는 사회적 수익을 개별기업들이 가져갈 수 있도록 지적재산권을 보호하는 정책 등을 고려할 수 있다.

4) 조정의 실패(Coordination Failure)

전통적인 시장의 실패 요인으로는 앞에서 언급한 규모의 경제, 정보의 비대칭성, 외부성이 강조되어 왔다. 하지만 현실적으로 중요한 또 하나 시장의 실패는 조정의 실패에서 발생을 한다. 이러한 조정의 실패는 다음에 논의할 혁신체제론과 밀접한 관계를 가지는 요인이기도 하다.

예를 들어, 현재 공인인증서를 통해 인터넷에서 실명인증을 하고 있는데 이 보다 더 편리하고 보안이 강화된 신기술을 개발하였다고 가정해 보자. 만약 모든 민간/공공 기관이 이러한 신기술을 도입하면 소비자나 기관들 모두 혜택을 받게 되어 효율적일 수 있다. 그런데 이러한 신기술이 처음 개발되었을 때 다른 기관들은 아직 도입하지 않았는데 먼저 혼자서 도입하려는 기관은 거의 없을 것이다. 이와 같이 모두 함께 바꾸면 효율적이지만 혼자만 바꾸면 비효율적인 경우에 아무도 먼저 바꾸려 하지 않는 조정의 실패가 발생하게 된다.

신고전주의 경제학에서는 시장의 균형에 초점을 맞추고 있으나 시장에 여러 개의 균형이 존재할 때 어떤 균형이 선택되는지에 대한 이론은 매우 취약하다. 그렇기 때문에 전통적인 신고전주의 경제학에서는 조정의 실패를 강조하고 있지 않다. 하지만 현실적으로 이러한 조정의 실패는 중요한 시장의 실패 요인이 될 수 있다. 따라서 정부가 선도적인 역할을 하여 시장균형을 바꾸려는 정책적 개입이 정당화 될 수 있다.

2. 시스템의 실패

과학기술정책에 대한 혁신체제적(innovation system) 접근방법은 Lundvall(1992), Nelson(1993), Edquist(1997) 등에 의한 국가의 혁신체제에 대한 연구에서 시작되었다. 특히 이러한 혁신체제적 접근방법은 아시아 국가들을 중심으로 국가의 개발전략으로 강조되면서 최근 많은 관심을 받고 있다.[2]

'시스템 실패' 접근 방법은 혁신 시스템에서 실패 혹은 약점을 발견하고 정책적 개입을 통해 보정하는 것을 목적으로 한다. 따라서 시장의 실패가 발생하였을 때만 정책개입을 정당화하는 '시장 실패' 접근방법 보다 더 포괄적인 접근방법이라고 볼 수 있다. 그 밖에도 '시스템 실패' 접근방법과 '시장 실패' 접근방법에는 몇 가지 중요한 차이점이 존재한다.

특히 시장 실패 접근방법은 '왜' 정부의 정책적 개입이 필요한지 알려주며 또한 '얼마나' 개입을 해야 하는지에 대한 기준이 명확하다. 반면 이러한 정책적 개입이 현실에서 '어디서', '어떻게' 필요한지를 구체적으로 제시하지는 않는다.

시스템 실패 접근방법은 현실의 혁신 시스템 안에서 만족스럽지 않은 부분이 무엇인지 확인하는데서 출발하기 때문에 '어디에' 정책적으로 개입해야 하는지 직접적으로 진단이 가능하다. 하지만 시장 실패 접근방법과 같이 사회적 최적(social optimum)을 설정하지 않기 때문에 정부가 '얼마나' 정책적으로 개입해야 하는지에 대한 설명은 부족하다고 볼 수 있다. 그렇기 때문에 시장 실패 접근방법과 시스템 실패 접근방법은 오히려 상호보완적인 관계라고 볼 수 있다.

이와 같은 시장 실패 접근방법과 시스템 실패 접근방법의 차이점은 혁신과정에 대한 이해의 차이에서 발생한다고 볼 수도 있다. 극단적으로 단순화하여 설명하자면 신고전주의 경제학에서는 보통 혁신을 '연구'에서 '개발', '상품화', '이윤창출'이라는 일방적이고 선형적인 과정으로 설명하고 있다.

반면 혁신체제론에서는 혁신이 다양한 제도, 참여자, 중계자들이 다양한 채널을 통해 쌍방향적인 의사소통과 영향력을 행사하여 이윤 창출에 이르는 보다 복잡한 과정으로 설명하고 있다. 특히 Swann(2010)은 이러한 복잡한 시스템에서 자주 발생하는 '시스템 실패'의 위치를 다음과 같이 유형화 하고 있다.

---

2) Tassey(2009)는 동남 아시아 국가들이 개발전략으로서 기술, 교육, 경제, 정보 등 다양한 기반 설비와 산업, 정부 등을 포괄하는 혁신시스템을 구축하여 혁신정책을 추구하는 것을 강조하면서 미국 기업들이 개별적으로 이러한 국가경제와 경쟁하게 되면 절대로 이길 수 없을 것임을 지적하고 있다.

1) 인프라스트럭쳐 실패(Infrastructure Failure)

인프라스트럭쳐는 사회간접자본 혹은 사회기반설비라고도 불리며 과학기술정책에서는 도로, 철도, 공항, 통신과 같은 물리적 설비(physical infrastruture)와 대학, 연구소, 국가자산과 같은 과학기술 설비(science and technology infrastructure)로 나누어볼 수 있다.

이러한 인프라스트럭쳐의 실패가 발생하는 이유는 대규모 투자의 필요성과 수익이 발생하는 시점이 장기적이어서 투자재원을 조달하기가 어렵기 때문이다. 이러한 이유는 시장의 실패 접근방법에서 논의한 규모의 경제와 정보의 비대칭성, 외부성 등과도 밀접한 연관이 있다(Tassey 2005, 2009).

2) 제도의 실패(Institutional Failure)

제도의 실패는 크게 경성(hard) 제도의 실패와 연성(soft) 제도의 실패로 구분된다. 경성 제도의 실패는 법률체제와 같은 형식적 제도가 혁신을 제한할 때를 가리킨다. 형식적(formal) 제도란 구체적이고 목적을 가지고 설계된 제도를 가리키며, 경성 제도의 실패의 예로서는 지적재산권이나 계약법이 설계나 집행에 있어서 적절히 작동하지 않는 것을 들 수 있다.

연성 제도의 실패는 정치적·사회적 문화와 가치 같은 비형식적(informal) 제도의 실패를 가리킨다. 이러한 연성 제도는 혁신 참여자들 간의 협력과 위험부담, 변화에 대한 개방성, 창업에 대한 지원 등에 영향을 미칠 수 있다.

3) 상호작용의 실패(Interaction Failure)

혁신 시스템에 참가하는 다양한 이해관계자들의 상호관계에 문제가 발생하는 것을 상호작용의 실패라고 부른다. Carlsson and Jacobson(1997)은 상호작용의 실패를 강한 네트워크 실패와 약한 네트워크 실패로 구분하고 있다.

강한 네트워크 실패는 정부 혹은 기업 내부자들의 관계가 지나치게 강해서 기업 외부자들과의 관계가 너무 약해지는 문제점을 가리킨다. 기업 내부자들이 강하고 지속적인 유대관계를 맺는 경우 내부의 네트워크는 강해져서 기업 내 혁신활동에 긍정적인 영향을 가져올 수도 있으나 기업 외부에서 일어나는 현상에 대한 이해가 부족해져 객관적인 판단을 하지 못하는 문제가 발생할 수 있다. 이러한 문제는 기업 외부의 환경변화에 대응하지 못하고 지나치게 근시안적인 시각을 같게 되는 현상으로 증세가 나타나기도 한다.

약한 네트워크의 실패는 상호보완적인 기술과 참여자들의 관계가 너무 약하여 협동이 이루어지지 않거나 자원이 효율적으로 사용되지 않고, 서로 학습하지 못하는 문제를 가리킨다. 이러한 문제는 구성원들 간의 공통된 기술적 비젼을 설립하지 못하여 조정의 실패를 가져오기도 한다.

4) 전환의 실패(Transition Failure)

전환의 실패는 기업이 환경의 변화에 적응하지 못하고 기존의 기술 패러다임에 묶여 있는 문제점을 가리킨다. Smith(2000)는 기업이 새로운 기술개발에 적응하지 못하는 문제점을 서술하면서 새로운 기술은 기존의 기술과 경쟁해야 할 뿐만 아니라 기존의 기술이 내재되어 있는 전반적 시스템과 경쟁해야 함을 지적하였다. 이러한 시스템은 과학적 기술, 공학적 관습, 절차, 기반시설, 제품 성격 등을 포함하여 그렇기 때문에 새로운 기술이 이러한 시스템과 경쟁하기란 쉽지 않다.

5) 역량과 학습의 실패(Capability and Learning Failures)

역량과 학습의 실패는 기업의 능력과 자원의 부족이 학습과 혁신을 제한하는 문제를 가리킨다. 대부분의 기업은 자신의 제품과 직접적으로 연관된 제한된 범위 안에서의 기술적 역량을 보유하고 있다. 따라서 약간만 자신의 영역에서 벗어나도 새로운 기술과 수요의 변화에 대해 이해하고 적응하는 능력이 부족하다. 이러한 역량과 학습의 실패는 기존 기술 환경에 더욱 고착되게 되고 이는 다시 역량과 학습의 실패를 심화시키는 악순환을 가져올 수 있다.

3. 매임 없는 다국적기업(Footloose Multinationls)

신고전주의 후생경제학에서는 사회적 복지를 보통 소비자 효용과 기업 이윤의 합으로 고려하고 있다. 이러한 정의는 암묵적으로 소비자들이 기업의 주주로서 기업의 이윤을 배당받는다는 것을 전제하고 있다. 앞에서 논의한 바와 같이 시장 실패 접근방법은 이러한 사회적 복지를 최대화 하는 사회적 최적(social optimum)을 목적으로 하면서 실제 시장균형과의 차이를 줄이는데 초점을 맞추고 있다.

그런데 자본 및 요소시장의 개방과 국제화로 인해 특정 국가 기업의 주주가 그 국가의 소비자가 아닌 상황이 발생하고 있다. 예를 들어, 삼성전자의 외국인 지분율은 약 49%에 이르고 있기 때문에 삼성전자의 이윤 전부를 한국의 사회적 복지에 반영하여 극대화하려는 노력은 한국 정부의 정책목표로 더 이상 고려하기 어려워졌다.

이와 같이 최근에는 수많은 대규모 다국적 기업들이 발생하였으며, 이들은 특정 국가에 억매이지 않고 가장 유리한 조건을 제시하는 국가로 쉽게 자본을 이동시키는 소위 매임 없는 다국적 기업(footloose multinationals)의 특성을 보이고 있다. 따라서 각국 정부는 이러한 다국적 기업의 투자를 유치하기 위한 경쟁을 하고 있는 실정이다.

따라서 정부 정책의 목적을 '국내' 사회적 후생을 극대화하는 것으로 한정하게 되면 전통적인 신고전주의 경제학에서 정의한 시장의 실패 접근방식과 괴리가 발생할 수 있다. 예를 들어, 이미 한 기업에서 개발한 기술을 다른 기업이 다시 비용을 들여 자체 개발하는 것은 비효율적이다. 그러나 만약 먼저 기술을 개발한 기업이 해외지분이 높은 다국적 기업이라면 순수 국내기업이 기술을 자체 개발하는 것이 국내 정책의 입장에서 보면 정당화 될 수도 있다.

Ⅲ. 과학기술정책 거버넌스

과학기술정책은 한 국가의 혁신시스템에 있어서 앞 절에서 논의한 시장의 실패, 시스템의 실패, 혹은 매임 없는 다국적 기업에 의한 실패 등 실패 혹은 문제점 내지 약점을 인식하는데서 출발하게 된다. 그리고 제한된 자원이라는 현실적 제약 하에서 정부는 이렇게 인식된 문제점들의 우선순위를 명시적 혹은 암묵적으로 결정해야 한다. 이러한 일련의 인식과 의사결정 과정을 과학기술정책의 거버넌스 구조라고 볼 수 있다.

본 절에서는 한국의 과학기술정책 거버넌스 구조의 변화를 살펴보고 이론적, 정책적 논점을 정리, 분석하여 미래 혁신 거버넌스 구조에 대한 시사점을 도출하고자 한다.

1. 역대 정부의 과학기술 환경변화 인식

과학기술정책은 시장의 실패, 시스템의 실패, 매임 없는 다국적 기업의 문제 등 혁신 시스템의 문제점 내지 약점을 인식하는데서 출발하게 된다. 특히 이러한 문제점을 인식하는 한 가지 방법은 과학기술 환경의 변화를 인식하고 이에 따라 혁신 시스템이 어떻게 변화해야 하는지 분석하는 것이다.

홍성주 외(2013)는 역대 정부의 과학기술 환경변화 인식을 다음 표와 같이 정리하였다.

〈표 1〉 역대정부의 과학기술 환경변화 인식

	노무현 정부	이명박 정부	박근혜 정부
주요 과학기술 환경변화 인식	• 지식기반 사회 • 기술 진보 • 국제화 및 규범화 • 사회적 수요	• 세계 경제화 • 글로벌 과제 • 정세 불안 • 과학기술진보 • 저출산 및 고령화	• 세계 경제성장 둔화/다극화 • 에너지자원 환경문제 • 지식재산권 분쟁 • 일자리 문제 • 저출산 및 고령화

출처: 홍성주 외. (2013) p. 119.

2000년대 초반 많은 학자들은 20세기에 생산직 근로자(blue collar workers)에서 사무직 근로자(white collar workers)로 경제가치 창출의 중심이 변화한 것처럼 21세기에는 '지식 근로자'(knowledge workers)로 중심이 변할 것을 예측하였다. 이에 따라 노무현 정부는 '지식기반 사회'를 주요 과학 트렌드로 선정하고 기술진보, 국제화 및 규범화, 사회적 수요 등을 강조하였다.

2000년대 중반에는 글로벌 금융위기를 겪으면서 세계경제 흐름 및 글로벌 트렌드 문제에 집중하는 모습을 보이고 있다. 따라서 환경변화의 중심어로 '세계 경제화', '글로벌 과제', '정세 불안', '저출산 및 고령화' 등 과학기술에 직접적으로 연관된 환경변화 보다는 과학기술을 포괄한 경제 사회 전반의 환경변화를 강조하는 모습을 보이고 있다.

2010년 초반에는 급속한 경제성장의 둔화와 인구노령화 등에 따른 청년실업 문제 등이 확산되면서 과학기술 환경변화의 중심어로 '세계 경제성장 둔화/다극화', '에너지자원 환경문제', '일자리 문제', '저출산 및 고령화' 등을 강조하여 '지식 재산권 분쟁'을 제외하고는 역시 과학기술과 직접적으로 연관된 환경변화가 아니라 경제 사회 전반의 환경변화에 대한 인식을 중시하고 있다.

따라서 과학기술 환경변화의 인식에 이명박 정부와 박근혜 정부가 유사한 패턴을 보이는 반면 노무현 정부와 차이를 보인 것을 볼 수 있다. 특히 노무현 정부에서는 과학기술 중심적 시각에서 과학기술과 상호작용하는 대내외 트렌드를 중심으로 환경인식 프레임을 설정한 것과는 달리 이명박, 박근혜 정부에서는 세계 경제화와 저출산, 고령화와 같은 경제, 사회 전반의 환경변화에 대응하는 수단으로서 과학기술 환경인식 프레임을 설정하였다는 것을 볼 수 있다(홍성주 외, 2013).

이와 같이 과학기술 환경인식 방식에 있어 과학기술을 중심으로 연계된 대내외적 환경을 고려할 것인지, 아니면 대내외적 환경을 중심으로 과학기술을 고려할 것인지는 중요한 이론적, 정책적 쟁점사항이라고 볼 수 있다.

2. 역대 정부의 과학기술정책 거버넌스

이러한 과학기술 환경인식 방식의 차이는 과학기술 정책이 행정체계에서 차지하는 위치에도 큰 변화를 가져왔다. 아래 〈그림 1〉은 역대 정부의 과학기술정책 관련 주요 행정체계의 변동내용을 보여주고 있다.

과학기술을 중심으로 대내외 환경변화를 고려했던 노무현 정부에서는 2004년 10월 과학기술정책의 종합조정, 기획, 평가를 담당하는 주무 부처로 과학기술부를 재편하면서 부총리 부처로 격상시켰으며, 과학기술혁신본부를 신설하여 국가과학기술위원회의 사무국 역할을 수행하도록 하였다(홍성주 외, 2013).

<그림 1> 과학기술혁신정책 관련 주요 행정체계 변동

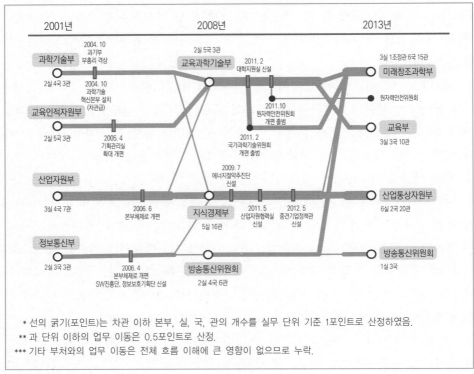

* 선의 굵기(포인트)는 차관 이하 본부, 실, 국, 관의 개수를 실무 단위 기준 1포인트로 산정하였음.
** 과 단위 이하의 업무 이동은 0.5포인트로 산정.
*** 기타 부처와의 업무 이동은 전체 흐름 이해에 큰 영향이 없으므로 누락.

출처: 홍성주 외. (2013) p. 134.

이명박 정부에서는 경제, 사회적 환경의 변화를 중심으로 과학기술정책의 역할을 고려했던 만큼 독립된 과학기술부를 폐지하고 교육인적자원부와 통폐합하여 교육과학기술부를 출범시켰다. 그리고 과학기술부의 기능 일부를 산업자원부에 이관하여 지식경제부로 개편하였다. 또한 정보통신부는 방송통신위원회를 제외하고 지식경제부로 통폐합되었다. 특히 국가과학기술위원회에 부여되었던 정부 R&D 예산 조정배분권을 기획재정부로 이관하였다. 이는 과학기술에 특화된 부처를 없애고 과학기술을 경제적, 사회적 환경변화에 대응하기 위한 수단으로서 관련부서와 통합한 것으로서 앞에서 논의한 환경변화의 인식방식과 일치하는 변화라고 볼 수 있다.

하지만 분산된 혁신정책에 대해서 예산 조정배분권을 가지지 못하는 국가과학기술위원회의 조정기능이 실질적으로 작동하지 못한다는 비판에 따라 2011년에는 비상설자문기구인 국가과학기술위원회를 장관급 상설 행정위원회로 개편하였다. 특히 사무처를 통해 과학기술정책, R&D 예산배분, 조정 및 R&D 성과평가를 직접 총괄하는 강력한 조정 기능을 부여하였다(임길환 2015).

그러나 2013년 박근혜 정부에서는 교육과학기술부의 과학기술 관련 업무와 방송통신위원회 및 지식경제부의 일부 업무를 이관하는 반면 교육부와는 분리하여 미래창조과학부를 설치하고, 국가발전에 필요한 새로운 부가가치, 일자리, 성장 동력을 창출하기 위한 부처로서 역할을 정의하였다(홍성주 외, 2014). 반면 지식경제부는 산업통상자원부로 개편하여 국제화와 산업정책의 연계성을 강화하고자 하였다. 그러나 국가과학기술위원회는 폐지되어 비상설자문기구인 국가과학기술심의회로 격하되었고, 사무처의 모든 기능은 미래창조과학부로 이관되어 범부처적인 상위조정 기능이 약화되었다. 다만 2015년 "정부 R&D 혁신 방안"을 통해 미래창조과학부 내 과학기술전략본부를 별도로 조직하여 상위조정 기능을 강화하였으나 독립된 사무국 형태가 아니라 미래창조과학부 1차관실 소속이며 본부장도 1급 실장으로 R&D 집행부처를 상대로 실질적인 조정기능에는 한계가 있을 것으로 보인다(임길한 2015).

이러한 과학기술정책 거버넌스 체계의 변화는 다른 국가에 비해 짧은 기간 안에 매우 큰 폭으로 나타나고 있는 것을 볼 수 있다. 특히 과학기술 컨트롤 타워의 권한과 기능에 대한 논란과 과학기술전담부서의 설치에 대한 논란이 주요 쟁점으로 나타나고 있는 것을 볼 수 있다.

3. 과학기술정책 거버넌스의 주요 쟁점에 대한 이론적 분석

앞에서 논의한 역대 정부의 과학기술정책 거버넌스의 변화를 살펴보면서 세 가지의 주요 쟁점사항에 주목하였다. 첫째는 과학기술 환경변화의 인식에 있어서 과학기술을 중심으로 관련 경제, 사회 현상을 고려할 것인지 아니면 경제, 사회 환경변화의 인식을 중심으로 그 대응방안의 하나로서 과학기술을 고려할 것인지 하는 쟁점이다. 둘째는, 과학기술정책 행정체계에 있어서 과학기술 컨트롤 타워의 권한과 기능에 대한 쟁점이다. 셋째는, 과학기술전담부서의 설치 여부에 대한 쟁점이다.

　이들 쟁점은 서로 밀접하게 연관되어 있다. 즉, 과학기술 중심의 환경 인식은 전담부서를 필요로 하며 이를 지원할 수 있는 예산 배분과 집행 기능을 가진 강력한 컨트롤 타워가 요구되기 때문이다. 마찬가지로 경제, 사회 환경변화 중심의 인식은 전담부서 보다는 타부처와의 통합을 통해 자율적인 조정기능을 강조하기 때문에 강력한 컨트롤 타워가 필요하지 않을 수 있다.

　이러한 쟁점에 대한 일반적 정답은 존재하지 않으며 기술적, 경제적, 사회적 상황에 따라 해결책이 달라진다고 보아야 한다. 그러한 맥락에서 앞의 2절에서 논의한 이론적 기반을 바탕으로 이러한 쟁점을 분석해 보고자 한다.

　특히 '전담부서 유지'라는 쟁점 사항을 예시로 시장 실패 접근방식과 시스템 실패 접근방식에 따른 분석을 시도하고자 한다.

　먼저 시장의 실패 요인에서 규모와 범위의 경제를 보면 이는 해당 기술의 고유한 기술적 특성에서 발생하게 된다. 즉, 고정비용의 필요성과 제품간 기술의 상호보완성 등에 대한 정보가 있어야 하며 해당 산업의 경쟁구조를 파악하여 독점화 정도에 대한 판단을 해야 한다. 이와 같은 전문적 기술적 요인에 대한 정보는 해당 기술과 제품에 특화되어 지식을 축적을 할 수 있는 전담부서가 있는 것이 더 바람직할 수 있다.

　정보의 비대칭성 문제에 대해서는 신제품이나 신기술에 대한 정확한 정보를 정부가 파악하고 소비자에게 전달하여야 하기 때문에 역시 해당 기술과 제품에 특화되어 지식을 축적할 수 있어야 한다. 따라서 정보의 비대칭성 문제가 심각한 경우에는 역시 전담부서의 유지가 바람직할 수 있다.

　외부성은 신제품이나 신기술이 경제, 사회 전반에 다양한 간접적 영향을 미치기 때문에 발생한다. 그렇기 때문에 외부성의 평가를 위해서는 해당 기술 분야에 대한 지식뿐만 아니라 연관 경제, 사회 분야에 대한 이해와 평가가 필요하다. 이를 위해서는 독립된 전담부서 보다는 연관부서와 통합된 형태가 더 바람직할 수 있다. 따라서 모든 시장의 실패 요인이 전담부서 유지를 시사하는 것은 아니라는 것에 주목할 필요가 있다.

　조정의 실패를 해결하기 위해서는 해당 기술의 진화과정에 대한 정확한 이해를 바탕으로 새로운 균형을 제시하고 정부가 리더십을 발휘하여 일관적인 정책을 신속하게 집행하는 것이 중요하다. 이러한 기능은 해당 기술에 대한 이해도가 높고 신속하고 일관적인 정책집행에 유리한 전담부서의 존재가 바람직할 수 있다.

시스템의 실패 요인 중에서 인프라스트럭쳐(infrastructure)의 실패는 기반 설비와 제도의 부재에서 오는 문제점이다. 이러한 문제는 과학기술 전담부서에서 독립적으로 해결할 수 있는 것이 아니라 국토교통부, 교육부 등과의 밀접한 조율이 필요하기 때문에 이들 부서와의 통합이 바람직할 수 있다.

제도의 실패는 해당 시장과 기술에서 필요로 하는 법률적, 규제적 개선 수요에 대한 정확한 이해가 필요하다. 따라서 해당 시장과 기술에 대해 정보를 습득하고 축적할 수 있는 전담부서가 상대적으로 유리할 수 있다.

전담부서를 통한 해당 기술 관계자들과의 밀접한 관계는 내부자들 간의 강한 네트워크를 구성하여 오히려 외부 환경 변화를 인식하지 못하는 강한 네트워크의 실패를 가져올 수 있다. 또한 상호보완적인 다른 기술 분야와의 조정과 융합에 필요한 네트워크를 구성하지 않아 약한 네트워크의 실패도 가져올 수 있다. 특히 다른 기술과의 융합과 응용 등 기술경계가 급속히 변화하는 분야에서는 이러한 네트워크 실패를 가져올 수 있는 전담부서가 상대적으로 불리할 수 있다.

또한 기술과 문화의 경계가 급속한 속도로 변화하는 경우에 공학적, 과학적으로만 접근하다 보면 이러한 변화를 학습하고 대응할 수 있는 역량이 감소할 수 있다. 이러한 경우에도 전담부서가 상대적으로 불리할 수 있다.

물론 이러한 이분법적인 분석은 논의의 편의를 위해 대단히 단순화한 것으로 실제에는 보다 다양하고 복잡한 사례가 발생할 수 있다. 그럼에도 불구하고 〈표 2〉에 요약한 바와 같이 이러한 분석은 전담부서의 유지와 폐지에 대한 결정이 어떤 요인들에 의해 영향을 받고 결정되어져야 하는지 보다 종합적이고 체계적인 판단을 할 수 있는 근거를 제시해 준다.

〈표 2〉 전담부서 쟁점에 대한 이론적 분석

(○: 해결에 적합; △: 해결에 도움; ×: 해결에 부적합)

	전담부서 유지	전담부서 폐지
시장의 실패		
• 규모와 범위의 경제	○	△
• 정보의 비대칭성	○	×
• 외부성	△	○
• 조정의 실패	○	△
시스템의 실패		
• 인프라스트럭쳐 실패	×	○
• 제도 실패	○	△
• 강한 네트워크 실패	×	○
• 약한 네트워크 실패	×	○
• 전환/역량 실패	△	○

Ⅳ. 기술혁신지원제도

과학기술정책 거버넌스에 따라 정부가 정책적으로 지원할 분야가 결정되면 해당 분야의 연구개발 투자와 성과를 증대시키기 위한 실질적 지원제도가 마련되어야 한다. 그러한 지원제도는 보통 기술혁신지원제도라고 불리며, 재정지출 방식에 따라 조세지원, 금융지원, 기술개발(출연), 인력지원, 구매지원, 법과 제도적 인프라, 기타 간접지원제도로 구분된다. 본 절에서는 이러한 지원제도의 현황과 효과성에 대해 분석하여 정책적 시사점을 논하고자 한다.

1. 기술혁신지원제도의 이론적 개념

기술혁신지원제도는 정부가 기업의 기술혁신에 영향을 미칠 수 있는 여러 가지 다양한 정책 수단을 인위적으로 조작함으로써 기업의 기술혁신을 촉진하기 위한 목적으로 정부가 개발, 시행하는 제도로 정의될 수 있다. 이러한 기술혁신지원제도는 궁극적으로 기업의 혁신성을 제고하여 경쟁력을 높이고 아울러 산업의 구조조정을 원활히 돕는 것을 목적으로 한다(신태영 외, 2006).

　일반적인 기업혁신지원제도는 기업이 다음과 같은 연구개발 이윤함수를 극대화하려한다고 암묵적으로 가정하고 있다.

$$\Pi = P(I,G)(E[B] - \beta V[B]) - C(I) \qquad\qquad [식\ 4-1]$$

[식 4−1]에서 $P(I,G)$는 연구개발에 성공할 확률을 가리킨다. 또한 I는 기업의 자체 연구개발 투자이며 G는 정부의 연구개발 투자액이다. 연구개발에 성공할 확률은 보통 투자액에 따라 증가한다고 볼 수 있다.

　연구개발에 성공한 경우에 기업이 기대할 수 있는 기대수익을 $E[B]$라고 표기하였다. 또한 수익에 대한 불확실성을 $V[B]$로 표기하였다. 식에서 β는 기업의 불확실성에 대한 기피도라고 정의할 수 있다. 기대수익이 높을수록, 반면 수익의 불확실성이 낮을수록 기업에 이득이 된다고 볼 수 있다.

　기업의 자체 연구개발 투자에는 비용이 따를 수 있으며, 이러한 직, 간접적인 비용을 $C(I)$로 표기하였다.

　신고전주의 경제학에서는 기업은 이러한 연구개발 이윤함수를 극대화할 수 있도록 자체 연구개발 투자액을 결정한다고 보고 있다. 이 경우 [식 4−1]의 이윤함수를 극대화하는 최적 연구개발 투자비는 아래 등식에 의해 결정된다.

$$\frac{\partial \Pi}{\partial I} = \frac{\partial P(I,G)}{\partial I}(E[B] - \beta V[B]) - \frac{\partial C(I)}{\partial I} = 0 \qquad\qquad [식\ 4-2]$$

　즉, 연구개발 투자의 한계수익과 한계비용이 일치하는 점에서 최적 투자규모가 결정되게 된다.

　정부의 기술혁신지원제도는 앞 절에서 논의한 시장의 실패 혹은 시스템의 실패 접근방법 등에 의해 확인된 기술, 산업 분야에 있는 기업의 연구개발 투자를 증대시키기 위한 제도라고 볼 수 있다. 따라서 이러한 기술혁신지원제도는 [식 4−2]에서 연구개발 투자의 한계수익을 증대시키거나 한계비용을 감소시킬 수 있도록 설계되어야 한다.

2. 조세지원제도

연구개발조세지원제도는 기업의 연구개발 투자를 촉진하기 위한 목적으로 연구개발투자에 대한 세액공제를 제공하는 제도이며, 특히 연구인력개발비 세액공제, 연구인력개발 설비투자 세액공제 등 기업이 투자한 연구개발비 지출금액의 일부를 세액공제하는 방식을 주로 활용하고 있다.

연구개발조세지원제도는 정부가 운영하는 조세감면제도 중 그 규모가 가장 큰 제도 중 하나이다. 〈표 3〉을 보면, 2014년 기준 연구개발 관련 조세감면 규모는 약 3조 3천억 원으로 전체의 9.6%를 차지하고 있다.

〈표 3〉 연도별 R&D 조세감면 추이

(단위: 억원, %)

구분	2011	2012	2013	2014	2015(추정)	2016(추정)
R&D 조세 감면액(A)	26,643	31,523	34,983	33,093	32,659	32,757
국세 감면액(B)	296,021	333,809	338,350	343,383	356,656	353,325
R&D 조세감면율(A/B)	9.3	9.4	10.3	9.6	9.2	9.3

출처: 산업기술백서(2015), p. 198.

이론적으로는 [식 4-2]에서 투자액에 대한 조세감면은 연구개발투자의 한계비용을 낮춰주는 역할을 한다. 따라서 연구개발투자 증진에 직접적인 영향을 끼칠 수 있다. 또한 연구투자액에 비례하여 조세감면 절대액이 증가하기 때문에 연구개발투자액이 많은 기업에 자연스럽게 혜택을 더 많이 준다는 면에서도 유리한 정책이라고 볼 수 있다.

하지만 대기업이 상대적으로 중소기업 보다 더 많은 연구투자를 하고 있기 때문에 대기업에게 상대적으로 많은 혜택이 돌아간다는 단점이 있다. 실제로 2013년 기준으로 대기업은 총 35조 7,782억 원을 R&D에 투자하여 2조 860억의 조세감면 혜택을 받았다. 반면 중소기업은 10조 7,818억 원을 투자하여 9,227억 원의 조세혜택을 받았다. 따라서 조세혜택의 비율로 보면 대기업이 약 70%의 비중을 차지하고 있으며 중소기업은 약 30% 비중을 차지하고 있다(산업기술백서 2015).

제2절에서 논의한 바와 같이 대기업은 이미 규모의 경제를 소진하였을 가능성이 높으며, 정보의 비대칭성 문제도 적기 때문에 중소기업에 비해 시장의 실패 가능성이 낮다. 또한 대기업은 중소기업에 비해 인프라스트럭쳐, 네트워크, 전환, 학습역량 등이 강하기 때문에 시스템 실패의 가능성도 상대적으로 낮다. 따라서 혁신정책의 주요대상은 중소기업이 되어야 한다는 이론적 결론과는 배치되는 문제점을 가지고 있다.

또한 우리나라에서 조세감면제도는 정부의 재정운영 상황 및 조세정책에 따라 과세의 형평성을 고려하여 한시적으로 운영되며 잦은 변경을 겪고 있다. 실제로 R&D 조세감면제도는 조세특례제한법을 통해 한시적으로 운영되며 2015년 일몰 예정이었으나 현재는 연장된 상태이다. 이러한 조세감면제도의 불안정성은 [식 4−2]에서 명시적으로 고려하지는 않았지만 수익의 불확실성, $V(B)$과 동일한 효과를 가져 오기 때문에 기업의 연구개발 투자의욕을 감소시킨다고 볼 수 있다.

또한 최근 세수 부족 등으로 국가 재정이 악화되자 R&D 조세지원 규모를 축소하고 있는 중이다. 예를 들어, 연구 및 인력개발비 설비투자 세액공제율은 향후 대기업은 3%에서 1%로, 중소기업은 10%에서 6%로 감소될 예정이다(산업기술백서 2015).

반면 신태영 외(2006)와 이도형 외(2011)는 기술혁신 지원제도 중에서 조세감면제도를 가장 효과적인 정책으로 주목하고 있다. 또한 국제적으로도 조세지원제도를 운영하는 국가가 2004년 18개국에서 2013년 27개국으로 증가하고 있다. 따라서 한국의 조세지원제도의 불확실성과 축소방향은 연구개발투자에 부정적인 영향을 미칠 것으로 우려된다.

3. 기술금융지원제도

기술금융은 '기술을 기반으로 사업화하는 기업과 관련된 투자, 융자, 출연, 보증, 복합행위가 기술평가를 통하여 이루어지는 일련의 과정 및 절차'로 정의될 수 있다(양동우 2008). 기술금융은 공급주체에 따라 정부의 출연, 보조금, 기금 등의 융자금 등으로 공급되는 정책금융, 은행의 대출금 또는 창투자 등의 투자금으로 시장에 기반한 일반금융, 그리고 정보의 기술평가 보증으로 민간금융의 융자를 유도하는 보증금융 등으로 나누어 볼 수 있다.

대기업은 민간 금융 및 자본시장을 통해 자본조달이 용이하며 상대적으로 풍부한 내부 자본을 활용하여 기술혁신을 추진할 수 있기 때문에 정책금융은 보통 중소기업을 지원 대상으로 하고 있다. 예산기준으로 중소기업 정책자금 융자지원 내역을 보면 〈표 4〉와 같다.

〈표 4〉 중소기업 정책자금 융자지원 내역 및 추이

(단위: 억원)

구분	지원사업	예산		융자조건		
		2014	2015	융자한도	융자기간	지원기준
창업기	창업기업지원	13,000	13,000	45억	8년이내	업력 7년미만
	투·융자복합금융	1,500	1,000	20-45억	5년이내	미래성장성
성장기	개발기술사업화	3,500	3,000	연간 20억	8년이내	기술보유기업
	신성장기반	8,350	10,270	45억	8년이내	업력 7년이상
재도약기	재도약지원	1,700	1,990	45억	8년이내	재도전기업
긴급경영	긴급경영안정	1,000	1,000	10억	5년이내	자금애로기업
합계		29,050	30,260			

－융자조건은 대표 조건만 제시하였다.
출처: 산업기술백서(2015), p. 207.

2014년 예산기준으로 총 2조 9,050억 원이 지원되었으며, 업력 7년 미만 과 예비창업자에게 지원되는 '창업기업지원'이 1조 3,000억 원으로 가장 큰 비중을 차지하고 있으며, 업력 7년 이상의 시설투자기업에게 지원되는 '신성장기반' 지원사업이 8,350억 원으로 높은 비중을 차지하고 있다.

이러한 정책금융사업은 기업의 금융비용을 감소시켜 주기 때문에 〈식 4 − 2〉에서 연구개발투자의 한계비용을 감소시켜 연구개발투자를 촉진하는 효과를 가져 온다. 또한 조세지원과 달리 중소기업 지원에 우선을 두고 있기 때문에 앞에서 논의한 중소기업에 상대적으로 편중된 시장의 실패와 시스템의 실패 문제를 해결하는데 도움이 된다고 볼 수 있다. 하지만 지원된 자금이 실제로 연구개발을 위해 쓰이지 않고 운영자금으로 활용되는지 확인하기가 어려운 단점이 있다. 특히 이렇게 지원된 자금이 운영자금으로 활용되는 경우에는 생산성이 낮은 한계기업을 양산하여 전반적인 국가 생산성을 저하시키는 역효과를 가져올 수 있다.

또한 일반적인 지원대상은 시장과 시스템 실패의 가능성이 높은 중소기업을 중심으로 하지만 중소기업들 중에서 실제로 지원을 받는 개별기업을 선정하는 기준은 업력, 미래성장성, 특허보유, 사업전환 등으로 시장과 시스템 실패와 직접적으로 연관이 없는 기준들이 많다. 그렇다면 역시 시장과 시스템 실패의 해결 없이 민간 금융시장에서 융자를 받지 못하는 한계기업만을 지원하는 역선택(adverse selection)의 문제는 없는지 우려해 볼 수 있다.

보증금융은 '정부 및 지자체의 출자기관인 신용보증기금, 기술보증기금, 지역신용보증재단 등이 중소기업의 신용 또는 담보의 보강을 해당 기업이 은행으로부터 대출을 받을 수 있도록 지원하는' 제도이다(산업기술백서 2015). 2014년 기준 신용보증기금의 경우 총 45.3조 원을 공급하고 있으며, 기술보증기금은 19.6조원을 공급하고 있다.

이러한 보증은 해당 기업에 대한 신용 및 기술 평가를 통해 이루어지기 때문에 시장의 실패 요인 중에 하나인 이들 기업에 대한 정보의 비대칭성 문제를 직접적으로 해결하는 장점을 가진다. 하지만 이러한 장점은 기업의 신용 및 기술 평가가 정확하고 신속하게 이루어질 때 실효성을 가진다. 하지만 미래 불확실성이 높은 기술에 대한 시장가치를 시장이 아닌 소수의 전문가가 얼마나 정확히 평가할 수 있는가에 대한 우려가 있을 수 있다. 특히 이러한 신용 및 기술 보증이 실제로 민간금융에서 얼마나 신뢰를 받는지에 대한 모니터링과 분석이 부족한 것으로 보인다.

4. 인력지원제도

기술혁신은 결국 연구자의 창의력에 전적으로 의존하기 때문에 과학기술정책에서 인력의 중요성은 매우 크다. 세계 주요국에서도 숙련된 인재를 경제성장의 핵심요소로 보고 핵심 연구 인력의 확보 및 육성에 주력하고 있다. 기업 측면에서도 지식경제시대에 경쟁력을 유지하거나 향상시키기 위해 인적자원의 중요성을 강조하고 있다(산업기술백서 2015).

특히 2014년도 중소기업실태조사에 따르면 직종별 인력 부족률에서 판매직이 3.23%로 가장 높게 나타났고 이어서 기술직과 연구직이 각각 2.58%와 1.88%로 높게 나타났다(중소기업실태조사 2014). 이에 따라 정부는 2003년 '중소기업 인력지원 특별법'을 제정하였으며 2005년부터 중소기업 인력지원 기본계획을 5년 단위로 2차례 수립하게 되었다. 또한 제2차 '과학기술인재육성, 지원 기본계획(2011-2015)'을 확정하였다. 이에 따른 2015년 시행계획을 살펴보면 5대 영역별 15개 중점 추진 과제로 총 3조 6,072억원을 투입하였다. 특히 기업과 인프라 영역을 살펴보면 아래 〈표 5〉와 같다.

〈표 5〉 연구인력지원사업 현황(기업영역, 인프라영역)

(단위: 백만원)

영역	중점과제	주관부처	2014 집행액	2015 예산
기업영역	기업연구 인력의 수요 대응력 제고	고용부, 환경부, 산업부, 미래부, 국방부, 해양부 등	797,656	984,855
	기업의 교육기부 활동 촉진	교육부	4,414	4,064
	연구 잘하는 기업 육성	미래부, 중기청, 고용부	85,014	75,213
인프라영역	해외인력 활용 강화	미래부, 교육부, 고용부	84,575	99,339
	여성과학자 및 원로과학자 활용 촉진	미래부, 고용부	20,958	36,729
	과학기술 인력정책 기반 확대	미래부, 특허청, 교육부, 인사혁신처, 행자부	19,003	2,748

출처: 산업기술백서 2015.

기업영역에서는 '기업연구 인력의 수요 대응력 제고'가 가장 높은 비중을 차지하고 있으며 세부과제로는 고용부의 '내일배움카드', '국가기간전략사업 직종훈련 확대' 미래부의 '연구개발 고급인력 양성' 등을 포함하고 있다. 또한 '연구 잘하는 기업 육성'에서는 고용부의 '국가직무능력표준(NSC) 개발, 보급', 미래부의 '이공계 전문기술연수 확대', 중기청의 '연구마을' 등의 세부과제를 포함하고 있다.

인프라영역의 '해외인력 활용 강화'에서는 교육부의 '정부초청 장학사업'(GKS)으로 외국인 석·박사 과정 이공계 유학생 확대'와 고용부의 'K–Move 사업추진' 등의 세부사업이 있으며, '과학기술 인력정책 기반 확대'에서는 미래부의 '사이언스 TV 보급 확대', '우수과학기술인의 포상의 지속적, 안정적 추진' 등의 세부사업을 포함하고 있다.

이러한 연구인력 지원 사업을 유형별로 나누어 보면 다음과 같다. 첫째, '공공연구기관 연구인력 기업파견', '경력 연구인력채용', '신규 석·박사 인규인력 채용' 등에 연구인력 고용시에 인건비를 지원하는 R&D 인건비 지원사업이 있다. 둘째, 군 미필 이공계 석·박사 졸업생을 병무청이 선정한 지정업체에서 연구전담요원으로 활용하여 병역의무를 대체하는 '전문연구요원제도'와 같은 우수 연구인력 유치지원 사업이 있다. 셋째, '이공계 인력중개센터 지원 사업', '고(高)경력 과학기술인 지원센터' 등의 연구인력 매칭사업이 있다.

하지만 2절의 이론적 논의에서 강조하였듯이 인력이 중요하다고 해서 반드시 정부가 지원해야 하는 것은 아니다. 또한 중소기업의 연구인력 부족률은 중소기업 실태조사에서 현 인원 대비 부족인원의 비율로 계산되는데 '부족인원'의 개념적 정의가 명확하지 않은 문제점이 있다. 그리고 민간시장에서 기업들이 인력의 중요성을 충분히 인식하고 인력양성에 투자한다면 정부의 정책적 개입이 필요 없을 수도 있다. 따라서 인력지원 정책의 이론적 근거를 보다 명확히 분석해 볼 필요가 있다.

하지만 시장의 실패 관점에서 보면 연구 인력지원은 규모의 경제나 정보의 비대칭성 문제보다는 연구 인력의 외부성(externality)에서 이론적 근거를 찾을 수 있다. 즉, 연구 인력은 새로운 제품과 기술의 개발을 통해 개인의 이득 외에도 사회전반에 긍정적인 영향을 미칠 수 있기 때문에 긍정적 외부성이 존재할 수 있으며 따라서 연구인력 양성과 고용을 지원하는 것은 정당화 될 수 있다. 또한 앞에서 논의한 것처럼 중소기업은 정보의 비대칭성 문제 등으로 인해 연구개발투자가 사회적 최적에 비해 부족할 수 있으므로 중소기업의 연구인력 인건비를 지원하여 [식 4−2]에서 강조한 연구개발 투자의 한계비용을 낮추어 주는 것이 정당화 될 수 있다.

　　시스템 실패의 관점에서 보면 연구 인력지원은 대표적인 인프라스트럭쳐 실패에 대한 대응정책이며 역량과 학습의 실패에도 도움을 줄 수 있다고 볼 수 있다.

5. 기술혁신지원제도의 이론적 기반

　　기술혁신지원제도에는 앞에서 논의한 제도 외에도 포상·인증제도, 구매지원제도 등의 간접지원제도와 정부가 직접 연구비를 투자, 지원하는 직접지원제도가 있다. 하지만 본 연구에서는 분석의 범위를 앞에서 논의한 조세지원제도, 기술금융지원제도, 인력지원제도로 한정하였다.

　　이러한 기술혁신지원제도의 이론적 근거를 요약하면 〈표 6〉과 같다.

〈표 6〉　기술혁신지원제도의 이론적 근거

(○: 해결에 적합; △: 해결에 도움; ×: 해결에 부적합)

	조세지원	기술금융지원	인력지원
시장의 실패			
• 규모와 범위의 경제	△	×	×
• 정보의 비대칭성	×	○	○
• 외부성	○	○	○
조정의 실패	×	×	×
시스템의 실패			
• 인프라스트럭쳐 실패	×	×	○
• 제도 실패	×	×	×
• 강한 네트워크 실패	×	×	×
• 약한 네트워크 실패	×	×	×
• 전환/역량 실패	△	△	△

　　조세지원제도의 경우 연구개발투자가 가지는 긍정적 외부성에 의해 시장에서 사회적 최적과 비교하여 상대적으로 적은 연구개발투자가 이루어지는 경우, 연구개

발투자의 한계비용을 낮추어 연구개발을 촉진시키는 역할을 수행한다. 하지만 정보의 비대칭성 문제가 상대적으로 심각한 중소기업보다는 연구투자비 규모가 큰 대기업에 혜택이 더 크게 돌아가기 때문에 정보의 비대칭성 문제를 해결한다고 보기는 어렵다. 또한 조정의 실패 등 기타 시장의 실패나 시스템의 실패 요인들을 해결하는 수단이라고 보기 어렵다.

기술금융지원의 경우 중소기업을 중점적으로 지원하고 있으며 기술에 대한 평가를 통한 대출과 보증을 지원하기 때문에 정보의 비대칭성 문제를 해결하는 대표적 수단이라고 볼 수 있다. 또한 이를 통해 연구개발투자를 증대시키는 것은 앞에서 언급한 외부성의 문제 해결에도 도움이 된다고 볼 수 있다. 하지만 역시 조정의 실패와 같은 기타 시장의 실패 요인이나 시스템의 실패 요인들을 해결하는 수단이라고 보기 어렵다.

인력지원사업의 경우 역시 중소기업을 중점적으로 지원하기 때문에 정보의 비대칭성 문제와 외부성의 문제 해결에 도움이 된다고 볼 수 있으나 기타 시장의 실패와 시스템 실패 요인을 해결하는 것으로 보이지 않는다.

따라서 현재 우리나라의 기술혁신지원제도는 외부성과 정보의 비대칭성 문제라는 시장의 실패 요인을 해결하는데 집중되어 있으며 조정의 실패와 시스템 실패 요인들에 대한 고려가 상대적으로 부족하다는 것을 알 수 있다.

앞의 2절에서 논의하였듯이 시장의 실패 접근방법은 혁신을 일방향적(one-way)이며 선형적(linear)인 단계로 이해하는 경향이 있다. 최근 기술혁신지원제도 논의에서 자주 등장하고 있는 창업과 연구에서 상품화와 중견기업으로 성장이라는 '혁신의 전단계 지원'이라는 정책방향도 이러한 일방향적이고 선형적인 혁신 단계를 가정하고 있다. 따라서 최근 강조되고 있는 시스템 실패에 대한 대책이 상대적으로 부족하다고 평가할 수 있다.

V. 결 론

본 연구에서는 과학기술정책에 있어서 거버넌스와 기술혁신지원제도에 초점을 맞추어 우리나라의 현황과 관련 이론을 소개하였다. 그리고 시장의 실패와 시스템 실패 이론에 기반하여 거버넌스와 기술혁신지원제도 전반에 대한 이론적 분석을 시도하였다.

그 결과 우리나라 과학기술정책의 거버넌스 구조는 정권의 변화와 함께 매우 큰 폭으로 변동되어 왔으며 주요 쟁점사항에 대한 체계적, 이론적 논의가 부족하였다는 것을 볼 수 있었다. 그리고 시장의 실패와 시스템 실패 이론에 따라 각 쟁점이 가지는 장단점을 평가하고 경제, 사회, 기술적 환경에 따라 유동적인 가중치를 두어 쟁점을 해결해 가는 방안을 제시하였다.

기술혁신지원제도의 경우 대부분의 정책이 시장의 실패 접근방식에 기반한 선형적 혁신과정을 가정하고 있는 것으로 나타났다. 즉, 최근 강조되고 있는 혁신체제론에 기반한 시스템 실패 요인에 대한 대책은 상대적으로 미약한 것으로 나타났다. 이러한 문제점은 점차 복잡하고 융합화되는 기술발전 경향을 볼 때 개선되어야 할 점으로 보인다.

반면 과학기술정책의 범위와 내용은 매우 넓고 다양하다. 따라서 본 연구에서 다루지 못한 영역도 많다는 것을 강조할 필요가 있다. 특히 연구관리전문기관의 역할과 운영실태, 국가 R&D과제 선정과 평가절차, 창업의 역할과 지원정책 등에 대한 이론적, 실증적 분석이 다루어지지 못하였다. 그리고 최근 글로벌 시장의 발달과 함께 강조되고 있는 '매임 없는 다국적기업'이라는 이론적 접근방법에 대한 분석도 구체적으로 다루지 못하였다. 이러한 분석은 향후 연구에서 추가, 심화될 필요가 있을 것이다.

참고문헌

신태영·송종국·안두현·이우성·정승일·송치웅·손수정·김현호·허현희·한기인. (2006). "기술혁신지원제도의 효과분석과 개선방안". 정책연구 2006-04. 한국산업기술진흥협회.

양동우. (2008). "중소기업육성을 위한 기술금융 개선방안 및 정책과제". 기은연구. 여름.

이도형·강영준·길부종·최아름. (2011). "기술혁신형 기업 육성을 위한 기술혁신지원제도의 현황 및 정책적 이슈". 한국과학기술기획평가원.

임길환. (2015). "국가R&D 정책 평가: 지원체계 및 재정 운용을 중심으로". 2015. 국회예산정책처. 한국산업기술진흥협회. 산업기술백서.

홍성주·신태영·엄미정·전찬미·원영재·양설민. (2013). "한국 과학기술혁신정책 장기 추세 분석". 정책연구 2013-04. 과학기술정책연구원.

Carlsson B. and Jacobsson, S. (1997). "In Search of Useful Public Policies: Key Lessons and Issues for Policy Makers" in Carlsson, B. (ed.). *Technological Systems and Industry Dynamics*. Dordrecht: Kluwer Academic Publishers.

Edquist, C. (1997). Systems of Innovation, Technologies, Institutions and Organization. London: Pinter Publishers.

Lundvall, B. A. (1992). National Systems of Innovation: Toward a Theory of Innovation and Interactive Learning. London: Pinter Publishers.

Nelson, R. R. (1993). National Innovation Systems. *A Comparative Analysis*. Oxford: Oxford University Press.

Smith, K. (2000). "Innovation as a Systemic Phenomenon: Rethinking the Role of Policy". *Enterprise and Innovation Management Studies*, 1, 73-102.

Swan, G. M. P. (2010). "The Economic Rationale for a National Design Policies". BIS Occational Paper No.2.

Tassey, G. (2005). "Underinvestment in Public Good Technologies". *Journal of Technology Transfer*, 30(1), 89–113.

Tassey, G. (2009). "Rationales and Mechanisms for Revitalizing U.S. Manufacturing R&D Strategies". Unpublished Paper. National Institute of Standards and Technology.

제3장

한국의 재정정책과 재정개혁

[김 상 헌]

> 제 3 장

한국의 재정정책과 재정개혁

Ⅰ. 머리말

한국은 1960년대 박정희 정부 시기 국가주도의 경제개발을 적극적으로 수행했으며, 그 결과 고도성장을 달성한 바 있다. 1993년부터는 민간부문을 활용하기 시작하였으며, 민간주도 성장으로의 전환이 이루어지게 되었다. 이 과정에서 1997년 외환위기를 맞닥뜨렸고 외환위기를 극복하는 데 정부가 큰 공헌을 하기도 하였다.

대한민국 재정정책의 역사를 크게 보았을 때 재정이 건전하게 유지되어 왔을 뿐 아니라 경제성장을 이룩하는 데 있어서 정부가 큰 역할을 수행했다는 점은 부인할 수 없는 사실이다. 정부주도의 경제성장을 추구하는 신흥국들이 한국의 재정정책에 특별한 관심을 가지게 되는 것도 이러한 인식에 바탕을 두고 있다. 따라서 한국의 재정정책이 어떻게 변화하였고, 어떠한 개혁노력을 통하여 현재와 같은 상황에 이르고 있는지를 고찰하는 것은 의의가 크다고 하겠다.

이와 같은 맥락 하에서 본고에서는 한국의 재정현황, 재정정책의 변천과정 그리고 최근의 주요 재정개혁 사례를 고찰함으로써 재정의 경제부흥 효과를 기대하는 국가들에 도움을 주고자 한다. 구체적으로, 최근의 한국 재정현황을 그림과 표를 통해 살펴보고, 역대 정권별 재정정책의 특징을 중심으로 재정정책의 변천과정을 살펴볼 것이며, 노무현 정부 때 실시한 주요 재정개혁 사례의 개요 및 쟁점을 살펴보고자 한다.

II. 한국의 재정현황

한국의 재정현황을 파악하기 위하여 큰 틀에서 정부의 범위에 관한 논의를 살펴 본 후 중앙정부를 중심으로 재정규모, 수입 측면, 지출 측면을 살펴보도록 하겠다. 그리고 한국 재정의 건전성을 재정수지와 국가채무를 통해 고찰할 것이다.

1. 정부의 범위

간단하게 정부의 정의부터 살펴보면, 정부는 좁은 의미에서는 행정부를 의미하고, 넓은 의미에서 보면 행정부, 입법부, 사법부, 나아가 공공기관까지 포함한다. 그렇다면 실제에 있어 정부의 범위는 어디까지인가? 라는 질문이 제기될 수 있겠다.

〈그림 1〉 SNA 2008의 공공부문 범위

공공부문(Public sector): 정부에 의해 통제를 받는 기구			
일반정부부문 (General government sector): 비시장기구 (Non-market institution)		공기업부문 (Public corporation sector): 시장기구 (Market institution)	
중앙정부 (Central government) 주정부 (State government) 지방정부 (Local government)	사회보장기금 (Social security funds)	비금융공기업 (Non-financial corporations)	금융공기업 (Financial corporations)

자료: UN(2008), "SNA 2008"을 바탕으로 작성.

이 질문에 답하기 위해 SNA 2008(system of national account 2008, UN)을 살펴본다. SNA는 한 국가의 종합적인 경제수준과 각 경제주체간의 경제활동을 국제적으로 합의된 개념과 분류체계 및 체계방식에 따라 각종 계정과 표로 작성되어 있는 통합된 통계시스템이다. SNA의 부문분류의 기본 단위는 제도단위(institutional units)라고 할 수 있다. SNA 2008에 따르면, 공공부문은 크게 일반정부부문과 공기업으로 나뉘며, 일반정부는 중앙정부와 지방정부로, 공기업은 비금융공기업과 금융공기업으로 구분된다.

한국은 재정의 범위를 SNA와 달리 일반정부부문에 한정하고 있으며, 한국의 재정체계는 크게 중앙정부재정과 지방정부재정으로 구분되고 있다. 중앙정부재정은 다시 일반회계와 특별회계를 합한 예산과 기금으로 나뉘며, 지방정부재정은 일반재정과 교육재정으로 나뉜다. 지방정부재정에서의 일반재정은 예산(일반회계+특별회계)과 기금을, 교육재정은 교육비특별회계를 의미한다. 최근 한국 공기업 부채와 관련한 논의가 지속적으로 이루어지고 있는 실정이다. 이에 대한 실질적인 논의의 진전

〈그림 2〉 한국 재정의 범위

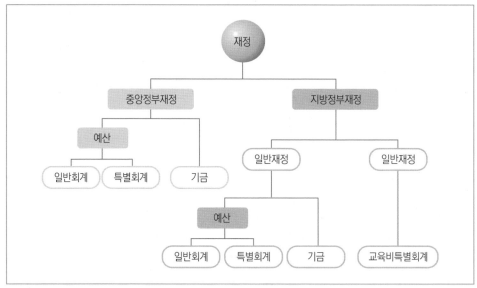

자료: 국회예산정책처(2015), "2015 대한민국 재정".

을 위해서는 공기업 부문의 정부의 범위로의 포섭이 요구된다. 그러나 공기업의 범위와 관련해서도 논란이 현재진행 중임을 고려할 때, 심도 있는 고찰이 필요하다. 이하에서는 일국의 재정을 대표하는 중앙정부를 중심으로 한국의 재정현황을 고찰하고자 한다.

2. 중앙정부의 재정규모

2016년도 예산안에 따르면, 총수입은 391.5조원, 총지출은 386.7조원으로 각각 전년대비 9.1조원, 11.3조원 증가하였다. 총수입 중에서 국세수입과 세외수입을 합한 세입예산은 250.3조원, 기금수입은 141.2조원이다. 총지출 중 일반회계와 특별회계를 합한 세출예산은 263.1조원, 기금지출은 123.6조원이다.

〈표 1〉 한국 중앙정부의 재정규모

(단위: 조원, %)

구분	2015년도 예산	2016년도 예산안	증감	%
총수입	382.4	391.5	9.1	2.4
예산	248.8	250.3	1.5	0.6
(국세수입)	221.1	223.1	2.0	0.9
기금	133.6	141.2	7.6	5.6
총지출	375.4	386.7	11.3	3.0
예산	260.1	263.1	3.0	1.2
기금	115.3	123.6	8.3	7.2

자료: 기획재정부(2015), "2016년도 예산안 개요".

그리고 한국 중앙정부 총예산은 지속적으로 증가해 왔음을 알 수 있다. 특히, 글로벌 금융위기 시기인 2008년과 2009년의 경우, 전년대비 예산은 대폭 증가한 바 있다. 2010년 이후 전년대비 예산 증가율은 소폭 하향세를 보여 왔으나, 2015년의 경우, 경제활성화를 목적으로 많은 예산이 편성되었다.

<표 2> 한국 중앙정부 총예산(총지출) 추이

(단위: 조원, %)

구분	2008	2009	2010	2011	2012	2013	2014	2015	2016
예산액	257.2	284.5	292.8	309.1	325.4	342.0	355.8	375.4	386.7
증가율	8.52	10.61	2.92	5.57	5.27	5.10	4.04	5.51	3.01

주: 1) 2008-2015년 자료는 국회확정 기준.
　　2) 2016년 자료는 예산안 기준.
자료: 1) 2007-2015년 자료는 열린 재정, "세출/지출 예산편성현황"을 바탕으로 계산.
　　　2) 2016년 자료는 기획재정부(2015), "2016년도 예산안 개요".

<그림 3> 한국 중앙정부 총예산(총지출) 추이

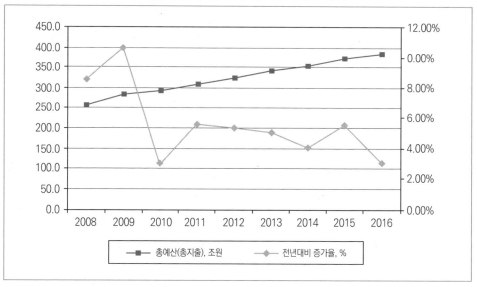

자료: 1) 2008-2015년 자료는 열린 재정, "세출/지출 예산편성현황"을 바탕으로 계산.
　　　2) 2016년 자료는 기획재정부(2015), "2016년도 예산안 개요".

3. 수입측면의 재정현황

　　보다 구체적으로, 수입측면에서 한국의 재정현황을 보도록 하자. 세입 항목별로 국세(수납)액 추이를 살펴보면(2014년 기준으로), 부가가치세, 소득세, 법인세, 교통

〈그림 4〉　한국 세입 항목별 국세(수납)액 추이

(단위: 조원, 총국세 대비 %)

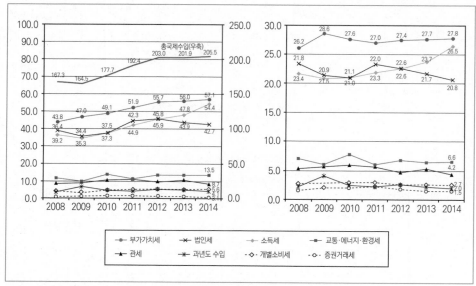

자료: 국회예산정책처(2015), "2015 대한민국 재정"을 바탕으로 작성.

에너지환경세의 순서로 규모가 큰 것을 알 수 있다. 부가가치세는 총국세수입 대비 27.8%를 차지하고 있다. 특히, 소득세는 2012년까지 법인세와 비슷한 규모를 유지하다가 2013년 이후 그 비중이 급격히 증가하고 있으며, 반면에 법인세의 비중은 감소하고 있다. 유류제품에 부과되는 교통에너지환경세는 6.6%를 차지하고 있는데, 단일품목에 대한 세금 부과로서 그 규모가 상당한 수준이다.

조세부담률은 경상GDP에서(국세와 지방세의 합인) 조세가 차지하는 비중으로 특정 국가 국민들의 조세부담 정도를 측정하는 지표이며, 국민부담률은 경상GDP에서 조세와 사회보장기여금이 차지하는 비중을 의미한다. 조세부담률과 국민부담률은 특정 국가 국민들의 조세부담 정도를 측정하는 대표적인 지표로서 OECD, IMF 등 국제기구 및 국내외 재정학계에서 국가들의 재정 및 경제현황을 비교·분석하기 위한 참고자료로 널리 활용된다. 한국의 조세부담률 및 국민부담률 추이를 살펴보면, 2012년에는 각각 18.7%, 24.8%를, 2013년에는 17.9%, 24.3%로 미국의 조세부담률

〈표 3〉 주요국의 조세부담률과 국민부담률 비교

(단위: %)

구분	2008	2009	2010	2011	2012	2013
한국	19.3	18.2	17.9	18.6	18.7	17.9
	24.6	23.6	23.2	24.0	24.8	24.3
미국	19.1	17.0	17.6	18.5	18.9	19.3
	25.4	23.3	23.7	24.0	24.4	25.4
독일	22.4	22.2	21.3	21.9	22.5	22.7
	35.3	36.1	35.0	35.7	36.5	36.7
스웨덴	33.0	33.2	32.3	32.6	32.4	33.0
	43.9	44.0	43.1	42.3	42.3	42.8
OECD 평균	24.9	23.8	24.0	24.4	24.7	–
	33.6	32.7	32.8	33.3	33.7	34.1

주: 1) 각국의 첫 번째 줄은 조세부담률.
    2) 각국의 두 번째 줄은 국민부담률.
자료: OECD, "Revenue Statistics".

및 국민부담률과 비슷한 수준이다. 그러나 한국의 조세부담률과 국민부담률은 각각 스웨덴의 조세부담률 및 국민부담률 수준의 절반을 조금 상회하는 수준으로서 OECD 평균에도 미치지 못하고 있다.

4. 지출측면의 재정현황

다음으로 지출측면을 살펴보도록 하자. 한국의 분야별 재정지출 추이를 살펴보면, 보건·복지·고용 분야는 2016년도 예산안 기준으로 총지출 대비 31.8%를 차지하고 있으며, 그 비중이 2007년 26.2%임을 고려할 때, 5.6%p 증가하여 그 증가율은 21.4%로 나타났다. 참고로 보건·복지·고용 분야 지출의 성격은 사회복지지출의 성격을 가진다. R&D 분야의 경우 2016년 총지출 대비 비중이 4.9%에 불과하지만, 그 지출액은 지속적으로 증가해 왔으며, 총지출 대비 비중 역시 2008년 4.2% 대비 0.7%p 증가하여 16.7%의 증가율을 보였다. SOC 분야의 경우 2009년 25.5조원으로 그 지출 수준이 정점에 다다랐지만, 이후 하락 추세를 보이며, 2016년 23.3조원에 이르고 있다.

〈그림 5〉 한국 분야별 재원배분 추이

(단위: 조원, 총지출 대비 %)

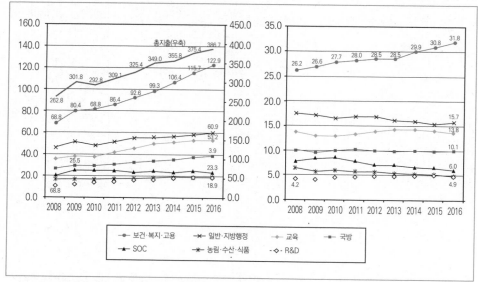

자료: 1) 2008-2015년 자료는 국회예산정책처(2015), "2015 대한민국 재정"을 바탕으로 작성.
　　　2) 2016년 자료는 기획재정부(2015), "2016년도 예산안 개요"를 바탕으로 작성.

　　특히, 한국의 사회복지지출 수준은 OECD 국가들과 비교할 경우, 낮은 수준을 보이는 것을 알 수 있다. 국가 간 비교를 위해 GDP 대비 사회복지지출 비중을 살펴보면, 2014년을 기준으로 한국의 GDP 대비 사회복지지출 비중은 10.4%로 상대적으로 낮은 사회복지지출 수준을 보이고 있는 미국의 절반을 조금 상회하는 데 그치고 있으며, OECD 평균 수준의 절반에 미치지 못하는 수준이다. 그러나 한국의 GDP 대비 사회복지지출 비중은 2008년 8.2%에서 2014년 10.4%로 2.2p% 증가하였으며, 그 증가율은 26.8%이다. 같은 기간 동안 OECD 평균의 경우 2008년 19.7%에서 2014년 21.6%로 증가하였으며, 그 증가율은 9.6%임을 고려할 때, 한국의 사회복지지출 증가 속도가 상당한 수준임을 알 수 있다. 즉, 사회복지지출 수준을 GDP 대비로 살펴보면, OECD 국가들과 비교할 경우 아직 낮은 수준을 보이는 것으로 판단할 수 있지만, 그 증가속도를 고려할 때, 저성장·고령화에 직면한 한국에서 사회복지지출의 확대 논의는 조심스럽게 접근할 필요가 있다. 더욱이 사회복지지출이

〈표 4〉 주요국의 사회복지지출 비교

(단위: GDP 대비 %)

구분	2008	2009	2010	2011	2012	2013	2014
한국	8.2	9.4	9.0	9.0	9.6	10.2	10.4
미국	16.4	18.5	19.3	19.0	18.7	18.6	19.2
독일	25.0	27.6	26.8	25.5	25.4	25.6	25.8
스웨덴	27.2	29.4	27.9	27.2	27.7	28.2	28.1
OECD 평균	19.7	21.9	21.7	21.4	21.6	21.7	21.6

자료: OECD, "Social Expenditure Database".

대부분 의무지출[1]의 성격을 가지고 있음을 고려할 때 더욱 그러하다.

5. 재정건전성 현황: 재정수지와 국가채무

한 국가의 재정건전성과 재정의 지속가능성을 판단하는 가장 대표적인 지표는 재정수지와 국가채무이다. 한국의 재정수지는 2014년 기준으로 통합재정수지는 8.5조원으로 GDP 대비 0.6% 흑자이며, 관리재정수지는 −29.5조원으로 GDP 대비 −2.0%이다. 통합재정수지는 당해연도의 일반회계, 특별회계, 기금을 모두 포괄한 수지로 재정이 경제에 미치는 영향을 파악하는 데 용이하며, 관리재정수지는 통합재정수지에서 사회보장성기금 수지를 제외한 수치로서 재정건전성 판단에 용이하다. 즉, 관리재정수지를 기준으로 할 때, 최근 관리재정수지는 지속적인 적자를 기록하고 있으며, 2009년에는 글로벌 금융위기의 여파로 GDP 대비 −4.1% 수준의 적자를 기록한 바 있다. 따라서 다양한 국제기구 및 기관에서 한국의 재정건전성에 대한 긍정적 평가에도 불구하고 한국의 재정건전성에 대한 섣부른 장밋빛 전망은 지양되어야 할 것이다.

---

1) 의무지출이란, 정부 재정지출 필요 사항 중 지출 근거와 요건이 법령에 근거하여 지출규모가 결정되는 지출로서, 향후 축소가 어려운 경직성 지출을 의미한다.

〈표 5〉 한국 재정수지 추이

(단위: 조원, GDP 대비 %)

구분	2008	2009	2010	2011	2012	2013	2014
통합재정수지	15.8	−17.6	16.7	18.6	18.5	14.2	8.5
비율	1.5	−1.7	1.4	1.5	1.4	1.0	0.6
관리재정수지	−11.7	−43.3	−13.0	−13.5	−17.4	−21.1	−29.5
비율	−1.1	−4.1	−1.1	−1.1	−1.3	−1.5	−2.0

주: 2008, 2009년 자료는 공자기금과 외평기금 간의 이자거래를 금융활동의 일환으로 판단하여 제거한 수치.
자료: e-나라지표, 기획재정부.

〈그림 6〉 한국 재정수지 추이

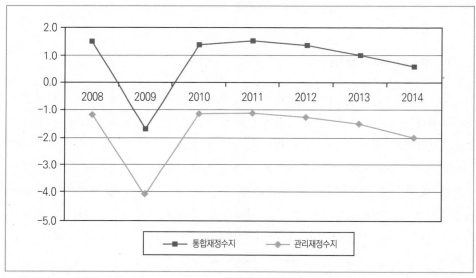

주: 2008, 2009년 자료는 공자기금과 외평기금 간의 이자거래를 금융활동의 일환으로 판단하여 제거한 수치.
자료: e-나라지표, 기획재정부.

한국의 국가채무는 중앙정부채무와 지방정부순채무의 합을 기준으로 할 때, 2014년 530.5조원에 달하며 GDP 대비 비율은 35.7%에 육박한다. 더욱이 2008년 GDP 대비 국가채무 비율이 28.0%였던 점을 고려하면, 2008년에 비해 2014년 GDP 대비 국가채무 비율은 7.7%p 증가하였으며, 그 증가율은 27.5%에 달한다. 최근 국

〈표 6〉 한국 국가채무 추이

(단위: 조원, GDP 대비 %)

구분	2008	2009	2010	2011	2012	2013	2014
국가채무	309.0	359.6	392.2	420.5	443.1	489.8	530.5
비율	28.0	31.2	31.0	31.6	32.2	34.3	35.7
중앙정부 채무	297.9	346.1	373.8	402.8	425.1	464.0	503.0
지방정부 순채무	11.0	13.5	18.4	17.6	18.0	25.7	27.4

주: 국가채무(D1)는 중앙정부채무와 지방정부순채무의 합.
자료: 열린 재정, "국가채무(D1)".

가채무 관리 문제와 관련하여, 지방정부의 재정건전성 문제 역시 강하게 제기되고 있다. 2014년 지방정부순채무는 국가채무 대비 5.2%에 불과한 것으로 보이지만, 그 채무 증가율은 2008년 대비 149.1%에 달했다는 사실을 상기할 필요가 있다.

〈그림 7〉 한국 국가채무 추이

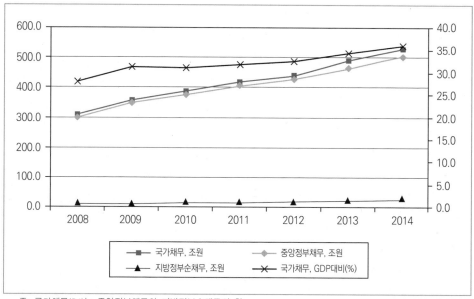

주: 국가채무(D1)는 중앙정부채무와 지방정부순채무의 합.
자료: 열린 재정, "국가채무(D1)".

III. 한국 재정정책의 변천

본 장에서는 한국의 재정정책의 변천 과정을 역대 정권별로 구분하여 살펴보고 자 한다. 박정희 정부(1961-1979), 전두환 정부(1981-1988), 노태우 정부(1988-1993), 김영삼 정부(1993-1998), 김대중 정부(1998-2003), 노무현 정부(2003-2008), 이명박 정부(2008-2013)로 구분하여 정권별 재정정책의 주요 특징을 살펴봄으로써 지금까지 우리나라 재정정책의 흐름 및 변천을 살펴보고자 한다.

1. 박정희 정부(1961-1979)

박정희 정부(1961-1979)는 경제성장을 위한 재정정책을 펼쳤다. 1960년대 초 한국은 세계 최빈국의 경제에 처해 있었는데, 이를 타개하기 위해 박정희 정부는 경 제개발 5개년 계획을 수립하여 빈곤 탈출 및 자립 경제 구축을 이루고자 하였다. 또 한, 국가기간산업의 육성과 중화학공업 중심의 경제제일주의를 추진하기 위하여 경 제성장을 중심으로 확장적인 재정정책을 추진하였다.

박정희 정부 때 시행한 재정정책의 주요 내용을 구체적으로 살펴보면, 주민소 득 증대, 기간산업 및 고속도로 건설, 중화학공업 육성 등으로 요약된다. 먼저, 주민 소득 증대를 위한 재정지원 정책의 내용은 다음과 같다. 박정희 정부는 국민들이 심 각한 빈곤을 겪고 있는 상황을 타개하기 위하여 식량증산 사업을 시행하였다. 이를 위해 고미가정책과 이중곡가제도를 도입하였으며, '양곡관리기금법'을 제정하고 '농 산물가격안정기금법'을 개정하였다. 양곡관리기금과 농산물가격안정기금은 이중곡 가제도, 추곡수매제도 등의 운영을 통해 농수산물의 수급조절과 가격안정, 농어가 소득증대에 지대한 역할을 수행하는 공헌을 하였다. 정부는 또한, 새마을운동의 성 공적인 추진을 위하여 적극적인 재정지원을 하였다. 농어촌 기간도로, 농어촌 전화, 통신, 하천정비, 농로정비, 주택개량, 용수시설 등 다양한 사업을 추진하였다.

기간산업 및 고속도로 건설을 위한 재정투자정책은 기간산업과 고속도로 건설 을 통해 산업화의 기반을 구축하고자 한 정책이다. 대표적인 기간산업과 고속도로 건설로는 울산과 여천의 화학단지 건설, 경인고속도로와 경부고속도로 등 고속도로 건설, 포항종합제철, 울산과 거제의 조선소 등을 들 수 있다.

중화학공업 육성을 위한 재정지원정책과 관련된 내용은 다음과 같다. 1970년 대에 접어들면서 경제적으로 산업구조를 고도화해야 할 필요성이 커지게 되어 1973 년 박정희 대통령은 중화학공업화를 선언하고 본격적으로 추진하였다. 박정희 정부 는 산업전반에 대한 부가가치 효과가 가장 큰 철강, 비철금속, 석유화학, 기계, 조 선, 전자 등 6개 중화학공업분야를 중점적인 육성분야로 선정하였다. 정부는 1962 년 제1차 경제개발 5개년계획에 종합제철소 건설을 포함하였지만 재원조달에 실패 하여 그 계획이 좌절되었다. 그러나 정부는 1965년 제2차 경제개발 5개년계획에서 다시 종합제철소 건설을 추진하게 되어 전폭적인 재정지원을 투입하였다. 이로 인 해 포항종합제철은 세계적인 제철소로 성장하게 되었다.

2. 전두환 정부(1981-1988)

전두환 정부는 경제안정을 위한 재정정책을 펼쳤는데 그 배경은 다음과 같다. 1970년대에 고도성장을 달성하였지만, 그 이면으로 심각한 구조적 문제점이 발생하 게 되었다. 제1차 및 제2차 석유파동의 발생, 중동건설 붐, 중화학공업 집중 투자 등으로 인해 인플레이션이 심화되었을 뿐 아니라 경상수지가 악화되었으며, 부동산 투기가 증가하였다. 이는 1980 – 1998년 재정정책의 기본방향을 안정적인 성장기반 의 구축으로 전환하는 계기로 작용하게 되었다.

특히 전두환 정부는 재정건전성의 확립에 재정정책의 우선순위를 두었다. 박정 희 정부 때 시행한 정부주도형 고도성장정책은 적자재정과 물가상승을 야기하는 문 제점을 발생시켰다. 따라서 전두환 정부는 재정건전성을 확립하는데 우선순위를 두 는 재정정책을 실시했다. 이와 같은 정책으로 영기준예산제도의 도입, 양입제출(세입 내 세출) 원칙의 고수 등이 있다.

3. 노태우 정부(1988-1993)

노태우 정부는 6·29 선언을 통해 집권하여 민주화를 강조하였고, 여소야대의 정치구조 하에 처하게 되었는데, 이는 노태우 정부가 복지 및 분배 중심의 재정정책을 수행하게 하는 요인으로 작용했다. 이와 같은 재정정책 기조 하에 추곡수매가격을 지속적으로 인상하여 재정지출을 확대하고, 국민연금제도 및 의료보험제도를 도입하였다. 또한, 1992년까지 246만호의 주택을 건설하여 부동산가격을 안정화하기 위해 노력을 경주하였다.

특히, 노태우 정부에서는 정치논리가 지배하여 통합재정수지적자가 대폭 확대되어 1989년의 190억원에서 1991년에는 4조 2,000억원으로 증가하였다. 이와 같은 큰 폭으로 증가된 재정적자는 노무현 정부 시기 재정정책의 안정화 기조가 흔들리게 되는 요인이 되었다.

4. 김영삼 정부(1993-1998)

김영삼 정부는 경제안정을 위한 재정정책 기조 하에 세계화를 추진하는 데 우선순위를 두는 재정정책을 펼쳤다. 김영삼 정부가 출범하기 전 특히 국내 제조업의 경쟁력 약화로 인해 경제성장이 둔화되기 시작하였다. 대외적으로는 중국과 동남아 국가들이 지역 블록화를 강화하여 한국 경제를 위협하였다. 따라서 1995년 세계무역기구(WTO)에 가입함으로써 세계화 추진을 위한 발판을 마련하였으며, 한국 경제의 체질 강화를 시도하였다.

또한, 김영삼 정부는 신경제 100일 계획과 신경제 5개년 계획을 추진했으며, 금융실명제, 부동산실명제, 금융소득종합과세제도를 추진했다. 이와 더불어 우루과이 라운드 등 국제무역질서가 재편되어 농산물 시장을 개방할 수 밖에 없는 상황이 되었다. 이러한 상황 하에서 김영삼 정부는 농어촌특별세를 신설하여 농어촌의 경쟁력을 강화하기 위한 재원을 조달하고자 노력하였다.

5. 김대중 정부(1998-2003)

김대중 정부(1998-2003)는 IMF 외환위기를 맞닥뜨림에 따라 경제위기 극복을 위한 재정정책을 펼쳤다. 따라서 금융부문, 재벌부문, 노동부문, 공공부문에 대한 개혁을 4대 개혁과제로 제시하고 대규모의 공적자금을 투입하였다. 이로 인해 재정적자 및 국가채무가 증가하여 정부는 재정지출의 효율성 제고의 필요성을 느끼게 되었다. 따라서 예비타당성조사제도, 총사업비관리제도, 성과주의 예산제도 등을 도입하였으며, 기금관리를 강화하여 재정지출의 효율성을 제고하고자 하였다.

이와 더불어, 김대중 정부는 국민기초생활제도[2])를 도입함으로써 생산적 복지를 실현하고자 하였으며, 실업자 및 저소득층의 생활을 안정시키기 위하여 한시보호제도를 추진하였다. 이를 통해 1998년부터 저소득층에게 생활보호지원을 하고 단기 공공근로사업을 통해 실직자들에게 일자리를 제공하였다. 또한, 김대중 정부는 국민연금, 의료보험, 산재보험, 고용보험 등 4대 사회보험의 내용을 크게 보완하여 사회안전망을 강화하고자 하였다.

6. 노무현 정부(2003-2008)

노무현 정부(2003-2008)는 형평성과 재정혁신을 강조한 재정정책을 펼쳤다. 노무현 정부는 민주성과 형평성의 가치를 강조하여 참여, 분배, 자율, 균형발전 등과 관련이 있는 정책을 추진하기 시작했다. 이와 같은 정책기조 아래 노무현 정부는 지방의 재정적 측면에서의 분권을 강화하기 위하여 중앙정부와 지방정부 간 기능조정 및 재원이양, 자주재원 확대 및 균형발전 촉진, 지방재정 운영의 자주성 확보 등 3가지를 개혁과제로 제시하였다. 이에 따라 지방교부세 법정률 인상, 국고보조금 정비 및 자주재원화, 포괄보조금제 운영, 지방양여금제도 개선 등 다양한 개혁을 추진하였다. 또한, 취약계층을 위한 사회복지정책을 추진했으며, 양극화 및 고령화의 심화가 진행됨에 따라 복지지출을 확대하였다.

아울러, 노무현 정부는 재정수요는 급증하고 조세수입은 감소하는 상황에서 재

---

2) 국민기초생활제도는 국민최저생활을 보장하기 위하여 도입하였으며, 근로와 복지를 연계한 제도이다.

정혁신을 위한 제도들을 도입했다. 노무현 정부는 4대 재정개혁 수단으로써 국가재정운용계획, 총액배분자율편성 예산제도, 성과관리제도, 디지털예산회계시스템 등을 도입하여 재정혁신을 도모하고자 하였다.

7. 이명박 정부(2008-2013)

이명박 정부(2008-2013)는 2008년 글로벌 금융위기 및 2010년 유럽 재정위기에 대응하기 위해 경기회복을 위한 재정정책을 펼쳤다. 따라서 비상경제상황실, 위기관리대책회의 등 비상경제정부를 구축하였으며, 대규모 수정예산과 추가경정예산을 편성하여 확장적인 재정정책을 추진하였다. 상반기에 재정의 60% 이상을 집행하여 신속한 재정집행을 추진하였으며, 법인세 및 소득세의 세율을 인하하기도 하였다.

또한, 이명박 정부는 민간투자를 활성화하고자 노력했으며 재정운용의 효율성을 제고하고자 하였다. 이에 따라 조직개편 뿐 아니라 예산절감을 통해 '작고 효율적인 정부'를 구현하고자 하였다. 특히, 복지, R&D 등 재정사업의 전달체계 개선을 통해 낭비되는 비용을 줄이고 수혜자에게 실질적인 혜택이 증대되도록 하였으며, 조세지출예산제도(tax expenditure budget)를 도입하여 조세지출과 세출예산의 연계성을 강화하고자 하였다.

IV. 한국의 주요 재정개혁

현재 세계 대부분의 국가들에서 공공서비스 지출 및 사회보장 지출의 급속한 증가가 발생하고 있으며, 이는 필연적으로 재정적자와 국가부채의 문제를 야기하여 재정건전성의 문제가 중요한 화두가 되고 있다. 특히, 최근 미국의 금융위기로 시작된 세계 경제의 불황과 PIIGS 재정위기는 국가재정의 중요성을 더욱 강조하고 있다. 이러한 배경 하에서 재정건전성 및 공공부문의 효율성과 책임성 확보를 위한 노력의 일환에서 미국과 OECD 국가들을 중심으로 재정제도 개혁이 단행되었다. 이러한 재정제도 개혁은 공통적으로 거시적 예산결정 방식(macro budgeting) 및 성과와 결과에 따른 책임성을 강조하고 있다.

　　세계적인 추세에 따라 우리나라 역시 노무현 정부 때 재정건전성 강화를 목적으로 예산개혁을 포괄하는 재정개혁을 단행하였다. 즉 노무현 정부 시기 4대 재정개혁의 일환으로 국가재정운용계획, 총액배분자율편성 예산제도, 성과관리제도, 디지털예산회계시스템이 도입되었다. 이하에서는 각각의 제도의 의의, 특징, 주요 쟁점을 중심으로 구체적으로 살펴보도록 하겠다.

1. 국가재정운용계획

1) 국가재정운용계획의 의의

　　중기재정계획이란 단년도 예산편성 방식의 한계를 극복하고자 중장기적 관점에서 사업의 투자 우선순위 및 시기를 검토함으로써 재원배분의 일관성·효율성·건전성을 제고하는 것을 목적으로 하는 제도이다. 2004년 도입된 한국의 국가재정운용계획은 5년 기간의 중기재정계획이라고 할 수 있다. 현재의 국가재정운용계획은 1982년 전두환 정부에서 도입한 중기재정계획을 전략적 재원배분을 강조하면서 발전시킨 제도이다. 2006년 제정되어 2007년부터 시행된 『국가재정법』은 제7조에서 국가재정운용계획의 수립 및 제출 의무를 다음과 같이 규정하고 있다. 국가재정법 제7조 제1항은 "정부는 재정운용의 효율화와 건전화를 위하여 매년 당해 회계연도부터 5회계연도 이상의 기간에 대한 재정운용계획(이하 "국가재정운용계획"이라 한다)을 수립하여 회계연도 개시 120일 전까지 국회에 제출하여야 한다."라고 규정하고 있다.

2) 국가재정운용계획 관련 쟁점

　　지금까지 국가재정운용계획이 운영되어 오면서 몇 가지 문제점을 표출하고 있다(박형수 외, 2012). 먼저 중장기 목표 설정 및 정책수단의 제시가 이루어지지 않고 있다는 점이 비판받고 있다. 국가재정운용계획의 목표인 전략적 재원배분이 의미를 가지기 위해서는 계획의 목표가 분명히 설정되어야 하며 이를 뒷받침할 수 있는 수단이 강구되어야 한다. 그러나 국가재정법에서 통합재정수지에 대한 전망과 관리계획을 포함하고 국가부채에 관한 관리계획을 첨부하도록 하고 있으나 이에 포함될 범위가 명확하게 규정되어 있지 않아 목표가 명확히 설정되지 않고 있다. 다음으로 재정목표가 결정되면 이를 달성하기 위한 세부계획을 국가재정운용계획에 담아야 하는데, 현재의 국가재정운용계획은 재정목표를 달성하기 위한 정책수단을 구체적으로 제시하지 않고 있다(나아정·곽승준, 2009).

둘째, 목표 및 전망의 지나친 변경이 문제점이라고 할 수 있다. 우리나라는 경제지표에 정부의 영향력이 많이 미치기 때문에 당초 수립한 목표의 달성에 대한 정부의 부담이 크다고 할 수 있다. 이런 상황에서는 목표달성을 위해 국가재정운용계획의 목표 및 전망을 빈번하게 변경하게 된다. 특히 국가재정운용계획은 연동계획으로 작성하고 있어 목표와 전망의 변경이 자주 나타나게 된다. 물론 목표 변경의 불가피성도 일정 부분 존재한다. 국가재정운용계획이 5년 단위로 작성되는 것은 우리나라 대통령임기와도 관련이 되어 있는데, 매년 연동계획의 틀 안에서 국가재정운용계획이 작성되기 때문에 남은 임기가 5년 미만일 경우 차기 대통령이 추구하고자 하는 계획을 제약할 수 있게 된다. 이런 상황에서는 목표 및 전망의 변경이 불가피한 측면이 있다.

이에 따라 국가재정법 개정 과정을 통하여 국가재정운용계획 운용상의 문제점들을 개선하고자 하였다. 2006년 제정 당시에는 5년 동안의 재정수입, 재정지출, 재정수지, 국가채무 전망 및 재원배분 방향 등을 포함할 것을 명시하였는데, 2010년 개정을 통해 재정지출의 유형별(의무지출·재량지출) 구분, 재정수입의 증가율 및 근거, 첨부서류의 제출, 국가재정운용계획 제출 이전 수립방향의 상임위원회 보고 등이 추가되었다. 2013년 개정에서는 국가재정운용계획의 국회제출 시기가 회계연도 개시 '90일 전'에서 30일 앞당긴 회계연도 개시 '120일 전까지'로 변경되었으며, 가장 최근인 2014년 개정에서는 첨부서류로서 중장기 조세정책운용계획을 포함시켰고, 국가재정운용계획 수립방향의 국회 상임위 보고시기를 명확화 하였다. 하지만 여전히 제도적으로 계획 달성여부에 대한 구속력이 존재하지 않아 국가재정운용계획의 실효성이 부족하다는 지적이 존재하고 있다.

2. 총액배분자율편성 예산제도

1) 총액배분자율편성 예산제도의 의의

총액배분자율편성 예산제도란 중앙예산기관에서 총 지출규모와 부처별·분야별 지출한도를 설정하고, 각 부처가 해당 한도 내에서 사업별로 예산을 요구하면, 다시 중앙예산기관이 각 부처 예산요구안을 기준으로 사업별로 재정원칙 및 기준 준수 여부를 확인하는 등의 협의·보완 과정을 거쳐 정부예산안을 편성하는 제도이다. 2004년 도입된 총액배분자율편성 예산제도는 2005회계연도부터 적용되었다. 총액배분자율편성 예산제도는 예산편성에 있어 분권 또는 분업의 원리를 강화하여 예산편성의 효율성을 제고하고자 하였으며, 국정철학과 부합하는 전략적인 국가재원배분을 도모하고자 도입되었다. 또한, 예산편성 과정에서 재정당국이 재정총량에 대한 제약 등에 대한 정보를 국무위원들 및 지출부처와 공유함으로써 재정건전성 유지에 대한 정부 내 공감대를 확산시키고자 하였다.

일반적으로 예산편성 방식은 상향식(Bottom-up)과 하향식(Top-down) 두 가지로 구성된다. 상향식 예산편성 방식이란 개별 사업별 예산, 분야·부처별 예산, 지출총액 순으로 재원을 배분하는 방식을 말하며, 하향식 예산편성 방식이란 지출총액에서 시작하여 분야·부처별 예산, 개별사업별 예산 순으로 재원을 배분하는 방식을 의미한다. 실제의 예산편성과정에서는 상향식과 하향식 방식이 모두 병행되어 사용되는데 어디에 더 강조점을 두는지에 따라 예산편성방식이 상향식인지 하향식인지로 달라지게 된다. 총액배분자율편성 예산제도는 이전의 예산편성 방식에 비해 하향식 예산편성 방식이 강조된 것으로 볼 수 있다.

현실적으로 하향식 접근과 상향식 접근의 병행 필요성이 존재한다. 하향식 접근을 통하여 국정철학에 부합하도록 재정정책 기조 및 정책방향을 설정하거나 사업간 우선순위 설정 등 국정운용의 관점이 투영될 필요가 있는 반면, 동시에 상향식 접근을 통하여 지출부처가 보유한 풍부한 정보를 바탕으로 예산편성 방향 및 세부 사업에 대한 의사결정을 반영해야 할 필요가 있다.

2) 총액배분자율편성 예산제도의 특징

총액배분자율편성 예산제도의 특징을 기존 예산제도와 대비하여 설명하기로 한다. 총액배분자율편성 예산제도는 크게 ① 재원배분의 순서, ② 예산편성의 주기의 두 가지 측면에서 기존 예산제도와 구별된다(김상헌, 2014).

첫째, 재원배분의 순서가 변화하였다. 기존 예산제도는 중앙예산기관이 부처의 예산 요구에 따른 예산 심사를 거쳐 최종 지출규모를 결정하는 예산편성을 강조하는 반면에, 총액배분자율편성 예산제도 하에서는 총 지출규모에 관한 검토를 먼저 하고, 부처에게 지출한도를 통보하며, 부처는 자율적으로 예산편성을 하고 예산 요구를 하면 중앙예산기관이 최종적으로 예산을 검토하게 된다.

둘째, 예산편성 주기가 변화하였다. 기존 예산제도에서는 4개월 정도에 걸쳐 예산편성이 이루어져 시간이 부족해 예산편성과정에서 충분한 논의가 이루어지는 것이 불가능하였다. 총액배분자율편성 예산제도 도입 이후에는 9개월에 걸쳐 예산편성이 이루어져 기존 예산제도와 비교했을 때 비교적 장기적으로 예산편성이 이루어지게 되었다. 또한, 중앙예산기관의 예산 삼의 기간이 1개월 단축되고, 부처의 예산요구서 작성 기간이 확대되어 각 부처의 전문성을 바탕으로 한 심도 있는 예산편성이 가능하도록 변화하였다.

<표 7> 예산편성 주기의 비교

기존 예산제도		Top-down 예산제도
• 신규 및 주요 계속사업 계획 제출 (2월말, 각 부처 → 재정당국) • 예산안 편성지침 통보 (3월말, 재정당국 → 각 부처)	1월	• 중기사업계획 제출 (1월말, 각 부처 → 재정당국) − 신규 및 주요 계속사업, 중기지출 전망 등 포함
	2월	• 재정당국의 사전준비 : 작업반 활동, 거시 경제 전망, 성과평가 결과 분석 등
• 각 부처 예산 요구(5월말) − 부처별로 전년대비 대폭 증액 요구(30% 이상 수준) ※ 재정당국 내부의 분야별 지출규모 검토 실시	3월	• 5개년 지출총액과 분야별·부처별 지출한도에 관하여 협의(1~4월)
	4월	• 국가재정전략회의(4월말) − 대통령 주재, 지출한도에 관한 행정부 내의

		논의·협의 실시 • 지출한도 통보(4월말)
• 재정당국 예산 편성(6~9월) – 사업별 소요액 점검 – 분야별 재원배분 – 지출 총액 결정	5월	• 각 부처 예산 요구(5~6월말)
	6월	– 통보받은 지출한도와 편성기준에 따라 각 부 처의 사업 우선순위를 반영하여 재원을 배분 하여 예산요구(각 부처 → 재정당국)
	7~ 9월	• 재정당국 예산 편성(7~9월) – 지출한도와 예산편성의 원칙과 기준을 감안 한 점검 및 보완 – 국가재정전략회의 이후 발생한 여건 변화 반영
• 정부예산안 국회제출(10.2) • 국회 예산심의(10~12월)	10~ 12월	• 정부예산안 국회제출(10.2) • 국회 예산심의(10~12월)

자료: 김상헌(2014).

3) 총액배분자율편성 예산제도 관련 쟁점

총액배분자율편성 예산제도는 사업 관련 전문성을 갖고 있는 사업 부처에게 할당된 예산 내에서 자율적으로 예산을 편성하도록 함으로써 예산편성의 효율성을 극대화하고자 하고 있다. 이러한 논리에 근거하여 사업 부처는 부처의 자율성이 가장 중요하고, 중앙예산기관의 최종 예산 검토 과정은 불필요한 과정이라고 주장하고 있다. 사업 부처는 중앙예산기관의 예산 검토 과정이 부처의 재량권 및 자율권을 침해한다고 주장한다. 반면 중앙예산기관은 부처의 자율적인 예산편성도 중요하지만 최종적으로 부처가 제출한 예산에 대해 심의·조정하는 과정을 통해 재정건전성을 확보할 수 있기 때문에 이 과정은 필수불가결하다고 주장한다.

우리나라는 총액배분자율편성 예산제도의 도입 당시 참여정부의 분권, 참여, 자율이라는 가치 아래 도입한 측면이 크다. 그러나 제도 도입 당시와 지금은 상황이 많이 변화한 것을 생각해볼 필요가 있다. 최근 우리나라는 국가부채가 증가하고 있고, 고령화 및 저출산에 따른 복지지출, 국민연금 및 공무원연금 등 재정지출 수요가 확대되고 있기 때문이다. 이와 같은 변화된 상황을 고려한다면 총액배분자율편성 예산제도를 재정건전성 제고 수단으로 활용할 필요가 있다고 하겠다. 또한, 총액배분자율편성 예산제도의 취지가 부처의 재량권을 강화하는 것이긴 하지만, 중앙예산기관의 최종적인 예산 심의 과정이 생략될 경우 방만한 예산편성으로 이어지게 되고 재정건전성이 악화되는 상황이 야기될 수 있다. 아무리 부처가 사업에 대한 정보를 많이 갖고 있다고 해도 관료는 예산극대화 경향 등의 행태를 보일 수 있기 때문에 중앙예산기관의 최종적인 예산 심의 과정이 없을 경우 방만한 예산편성이 이루어질 수 있다. 따라서 중앙예산기관의 최종적인 예산 심의 과정을 통해 거시적인 입장에서 재정건전성을 관리할 수 있는 과정은 필수적이라고 하겠다.

한편, 총액배분자율편성 예산제도가 성공적으로 운영되기 위한 선결조건으로 중앙예산기관의 사업 효과에 대한 정보 취득력, 이익집단 및 국회의 영향력, 엄밀한 사후평가의 수행 및 환류 등이 거론되고 있는데 한국의 현실을 살펴보면 세 가지 선결조건이 충족되지 않고 있는 것을 쉽게 알 수 있다(김상헌, 2014). 즉, 개별사업 효과에 대한 정보력은 사업부처가 중앙예산기관에 비해 더 많이 보유하고 있으며, 이익집단 및 국회의 영향력에 취약하며, 엄밀한 사후평가가 이루어지지 않고 있는 실정이다.

이와 같은 한국의 현실을 고려해 볼 때 총액배분자율편성 예산제도의 실효성을 제고하기 위한 방안을 강구해야 하는데, 단기적 방안과 중장기적 방안으로 구분할 수 있다(김상헌, 2014). 단기적 방안으로는 중앙예산기관과 사업부처 간 개별 사업에 대한 정보 교류를 적극적으로 추진하여 정보의 비대칭성을 감소시키도록 하는 방안이 있다. 중장기적인 방안으로는 사후평가를 강화하고 사후평가제도를 성숙시키도록 해야 할 뿐 아니라 이익집단의 영향력 행사 방지를 위해 부처가 자율적으로 편성한 예산에 대한 중앙예산기관의 최종적인 검토 과정을 최소한의 범위 내에서 지속할 필요가 있다.

3. 성과관리제도

1) 성과관리제도의 의의

성과관리제도란 기존의 투입·통제 중심의 방식을 벗어나 성과관리를 통해 획득된 성과정보를 바탕으로 정부업무 수행의 책임성을 제고하며, 예산의 편성·심의·집행·결산의 전 과정을 성과위주로 운용하는 제도를 말한다. 성과관리제도를 통해 최우선적으로 달성하고자 하는 것은 정부가 추진하는 재정사업의 효율성을 높이고자 하는 것이라고 할 수 있다.

현행 재정성과관리제도는 다음과 같이 3개의 제도를 중심으로 운영되고 있다.
첫째, 재정성과목표관리제도(Performance Monitoring)이다. 동 제도는 2003년 도입되었으며, 기관별 성과계획서와 성과보고서를 통해 설정된 성과목표의 달성 여부를 모니터링한다. 둘째, 재정사업자율평가제도(Program Review)이다. 동 제도는 2005년 도입되었으며, 매년 부처별 소관 재정사업 가운데 1/3을 평가해 평가결과를 예산편성 및 재원배분에 반영한다. 셋째, 재정사업심층평가제도(Program Evaluation)이다. 동 제도는 2005년에 도입되었으며, 재정사업자율평가 결과, 성과가 미흡한 사업

〈그림 8〉 우리나라의 재정성과관리제도

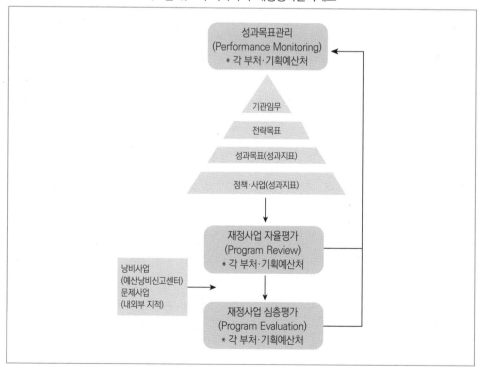

자료: 박형수 외(2012).

이나 비효율적 사업 등 심층 분석이 필요한 사업을 평가하여 개선방안을 도출한다.

각 재정성과관리제도는 『국가재정법』 및 『국가회계법』에 규정되어 있다. 재정성과목표관리제도는 『국가재정법』 제34조 및 제71조, 『국가회계법』 제14조 및 제15조에 근거하며, 재정사업자율평가제도는 『국가재정법 시행령』 제3조에 근거하고, 재정사업심층평가제도는 『국가재정법』 제8조 제6항에 근거한다.

이와 같은 3개의 주요 재정성과관리제도는 각각 별개로 존재하는 것이 아니라 상호 밀접하게 연관되어 있다. 즉, 재정성과목표관리 관련 항목이 재정사업자율평가의 평가항목에 반영되어 있기 때문에 각 부처는 재정성과목표관리제도를 제대로 운영해야 재정사업자율평가의 결과를 긍정적으로 받을 수 있고 사업도 원활하게 추진할 수 있다. 또한, 재정사업자율평가 결과, 성과가 미흡한 사업은 재정심층평가의 대상이 될 수 있기 때문에 재정사업자율평가제도는 재정사업심층평가제도와 밀접하게 연관되어 있다.

2) 재정성과관리제도 관련 쟁점

재정성과관리제도가 효과적으로 운영되기 위해 개선되어야 할 사항으로 크게 성과관리 정보수준의 개선, 제도간의 중복 해소 및 연계 강화, 평가결과의 활용방식 개선 등이 언급되고 있다(박형수 외, 2012).

먼저 성과관리 정보수준의 개선이란 프로그램 예산구조의 개선[3]과 성과지표 및 목표치의 개선으로 구분된다. 프로그램 예산구조 개선과 관련해서 먼저 살펴보겠다. 우리나라는 프로그램 예산구조와 성과목표체계가 별도의 조직에 의해 개발되어 양자간의 일치성이 부족한 실정이다. 프로그램 예산구조는 기존 정부조직 구조를 최대한 반영하여 설정된 반면, 성과목표체계는 성과관리 목적에 맞는 구조로 개발되었다. 또한, 프로그램 예산은 예산구조상의 일관성을 위하여 변경이 쉽지 않게 운용되어 왔다. 이를 해결하기 위해 국가재정법 개정(2010년)을 통해 성과계획서의 내용이 프로그램 예산과 일치하여야 한다는 규정을 추가하였다. 그러나 여전히 성과관리 목적에 부합한다고 보기에는 어려움이 있다. 프로그램 예산구조의 변경이 용이하지 않음으로 인해 양자간의 일치화가 성과목표체계를 프로그램예산구조에 맞

---

3) 프로그램 예산구조는 재정사업의 하부구조를 구성하며 성과관리를 체계적으로 수행할 수 있도록 토대를 제공한다.

추는 방식으로 되었을 가능성이 높으며, 이는 결국 성과관리를 위한 정보생산이라는 본연의 기능을 약화시키게 된다. 또한, 프로그램 예산구조 도입과 함께 총액배분 자율편성 예산제도를 도입함으로 인해 부처의 예산편성에 대한 자율성이 향상되었는데, 성과관리제도를 통해 부처에게 책임을 묻는 것에 대해 부처의 수용성이 낮을 가능성이 있다. 그러므로 총체적인 재정성과관리 과정을 감안하여 프로그램 예산구조를 개선해 나가야 할 것이다.

성과지표 및 목표치의 개선과 관련하여 살펴보겠다. 성과지표와 목표치는 성과관리를 위한 핵심적인 성과정보라고 할 수 있는데, 성과계획서 작성 경험이 축적됨에 따라 점차 성과지표와 목표치 설정의 적정성 및 현실성이 높아지고 있으며 외부기관인 국회와 감사원의 검토 과정을 통해 개선되고 있다. 그러나 환경 변화를 반영하여 성과목표치의 수정 필요성이 있을 때 수정하지 못하므로 유연한 제도의 운영을 어렵게 한다. 따라서 환경 변화를 반영할 수 있는 유연한 제도의 운영이 필요하다고 하겠다. 성과지표와 목표치 달성 여부를 평가함에 있어서는 단년도 평가도 중요하지만 중기적 시각을 갖는 것도 중요하다. 단년도 성과평가와 공무원 순환보직제는 즉각적인 효과를 나타낼 수 있는 성과지표와 목표치를 추구하도록 만들며, 결과에 대한 수용성 및 활용성을 낮추도록 한다. 단년도 중심 성과지표의 목표달성을 평가할 때, 성과지표의 변화에는 재정사업의 성과뿐만 아니라 다른 많은 요인들의 영향이 포함되었을 가능성이 높으며, 심지어 성과지표의 목표 달성이 해당 재정사업 때문인지 아니면 다른 외부요인 때문인지 원인 파악도 어려운 경우가 많다. 만약 다른 요인들의 영향으로 인해 성과지표 개선이 목표치에 미달하였다고 판단한다면 성과평가 결과에 대한 부처의 수용성은 낮아질 것이며 결국 성과평가 결과를 사업 개선에 활용하기에도 어려워진다.

둘째, 제도간의 중복 해소 및 연계 강화가 필요하다. 재정성과목표관리제도, 재정사업자율평가제도, 심층평가제도는 각각의 목적을 가지고 있으며 제도들 간의 연계성이 점차 강화되고 있으나 여전히 개선의 여지가 있다. 재정성과목표관리를 위한 성과계획서와 성과보고서는 정보공개용 외에는 거의 활용되지 않고 있다. 재정사업자율평가는 동일 성과목표 하의 단위사업은 동일 연도에 평가받도록 하고 있으나 실제 평가과정과 내용에서는 성과목표관리제도와의 상호 연관성을 반영하지 않고 있다. 따라서 성과계획서의 내용 등을 반영하여 자율평가 대상을 선정하고 동일한 성과목표 하에서 어떠한 상호작용을 갖는지를 자율평가를 통해 점검할 필요가 있을 것이다. 재정사업 심층평가제도는 자율평가 정보를 활용하여 평가대상 사업 선정에 일부 활용하고 있으나 개선의 여지가 높다. 현재 재정사업 심층평가제도의 운영은 재정사업자율평가 결과 미흡으로 평가받은 사업을 심층평가 대상 후보군으로 고려하고 있지만 자율평가의 세부 정보를 활용하여 연계하는 방안을 개발할 필요가 있다. 이 때 자율평가 방식이 평가지침에 의한 기계적이고 일관적인 평가보다는 평가자의 전문성을 반영한 평가를 하도록 해야 할 것이다. 또한, 정부 내의 다른 평가제도(부처 업무평가, 광역특별회계 평가, 보조금 존치 평가, 복권기금의 복지사업 평가 등)와의 중복을 해소하고 연계를 강화할 필요가 있다.

　　셋째, 평가결과의 활용방식 측면에서의 개선이 필요하다. 특히 재정사업자율평가 결과의 예산연계 방식을 개선할 필요가 있다. 현재는 재정사업자율평가 결과 평가등급이 미흡 이하로 판정받는 경우 일률적인 예산삭감을 하고 있는데, 이는 제도 도입 초기 자율평가에 대한 관심을 높이기 위한 충격요법을 위해 고안되었다. 제도가 도입된지 10년이 지난 이 시점에서 제도의 지속가능성과 효과성을 높이기 위해서는 예산연계 방식의 개선이 이루어질 필요가 있다. 예산 삭감이 어려운 사업이 미흡 이하를 받은 경우, 평가등급의 조정을 통해 예산삭감을 회피하려는 행태가 발생하는데, 이러한 문제가 나타나지 않게 하기 위해서는 평가결과에 사업의 성과 측면과 정책적 중요성을 함께 고려하여 예산편성상 권고사항을 도출할 필요가 있겠다. 특히 의무지출 사업의 경우 자율평가 결과를 예산에 연계시킬 수 없으므로 이에 대한 별도의 관리방안을 마련해야 한다. 또한, 재정사업자율평가의 목적 중 하나는 사업방식의 개선을 이루는 것인데, 현재 이와 같은 기능은 취약하다고 할 수 있다. 따라서 사업방식 개선에 대한 권고를 내실화할 필요가 있으며, 부처는 권고사항에 대해 이행여부와 그 사유를 제출하도록 하여야 할 것이다. 이를 통해 의사소통을 강화하고 사업방식의 개선을 수월하게 이룰 수 있도록 해야 할 것이다.

4. 디지털예산회계시스템

1) 디지털예산회계시스템의 의의

디지털예산회계시스템(dBrain)은 재정계획, 예산편성, 결산 및 평가 등 재정과정의 모든 정보를 실시간으로 분석하여 제공하기 위한 목적으로 구축된 통합재정정보시스템이다. 디지털예산회계시스템은 국가재정운용계획, 총액배분자율편성 예산제도, 성과관리제도, 프로그램 예산제도, 복식부기 발생주의 회계제도 등의 정착을 위한 기반을 제공하고, 통합적인 재정정보의 제공을 통해 재정운영의 투명성을 제고하고자 하며, 공공부문 재정활동의 정확한 파악으로 재정의 낭비요인을 제거하고자하는 목적을 가지고 있다(황혜신, 2010). 주요 선진국에서는 오래 전부터 통합재정관리 시스템을 구축하기 위한 노력을 기울여 왔다. 우리나라는 1990년대 말부터 도입된 재정 정보시스템 '살리미'와 'NAFIS'를 거쳐 2007년에 참여정부가 도입한 4대 재정개혁 중의 하나로 디지털예산회계시스템(dBrain)을 도입하였다.

기존의 재정정보시스템(살리미)과 국가재정정보시스템(NAFIS)은 상이한 운용주체, 시스템 간 상호연계 부족에 따른 공유의 제한, 중앙정부 업무처리 기능 위주 운영으로 인한 효율적 재원배분을 위한 재정정보 제공 미진, 국가재정운용계획, 재정사업 성과관리, 총액배분자율편성 예산제도, 발생주의 회계제도 등 재정제도 혁신과의 괴리라는 한계가 존재했다. 이에 대한 개선을 위해 도입된 디지털예산회계시스템은 기존의 재정정보시스템(살리미)과 국가재정정보시스템(NAFIS)을 통합 및 확대개편하고 성과관리 및 사업관리 기능을 추가하였다. 디지털예산회계시스템은 사업관리시스템과 성과관리시스템 등 다양한 단위업무 시스템으로 구성되어 있다. 이와같은 공로를 인정 받아 디지털예산회계시스템은 2013년 UN 공공행정상(UN Public Service Award) 대상을 수상한 바 있다.

2) 디지털예산회계시스템 관련 쟁점

디지털예산회계시스템 역시 운영상 한계가 존재하며 개선의 여지가 있다. 첫번째로 디지털예산회계시스템은 다양한 단위업무시스템들이 시차를 두고 도입됨으로 인해 아직 시스템 간 연계가 미흡한 측면이 있다(최용락·배득종, 2009). 따라서 이에 대한 개선이 요구되는데 구체적으로, 예산정보관리시스템과 회계결산시스템의 연계가 강화될 필요가 있으며, 예산정보관리시스템과 성과관리시스템의 연계가 요구되며, 회계결산시스템과 성과관리시스템의 연계가 필요하다고 할 수 있겠다. 둘째로 법률적 수준의 근거규정이 미흡한 측면이 있다. 통합재정정보시스템은 공공부문에서 재정자금의 마련, 각 분야로의 배분, 세입·세출 예산의 편성 및 집행, 결산 및 성과 관리 등 재정활동의 전 과정을 온라인으로 처리하고, 재정운영과 관련된 정보를 관리하는 매우 중요한 역할을 하고 있다. 그러나 디지털예산회계시스템이 무엇을 의미하며, 누가 관리하며, 보유하고 있는 DB 또는 정보의 공개는 어떻게 하며, 접근권한은 누구에게까지 부여해야 하는가 등에 관한 근거규정이 대통령훈령인 행정규칙에 규정되어 있어 보다 상위의 수준인 법률적 수준으로 규정될 필요가 있다(황혜신, 2010).

V. 맺음말

이상과 같이 우리나라의 재정현황, 재정정책의 변천 과정, 주요 재정개혁들을 차례대로 살펴본 결과, 향후 우리나라 재정정책의 주요 과제를 다음과 같이 도출할 수 있었다.

첫째, 우리나라는 지금까지 상대적으로 건전한 재정을 토대로 빠른 속도로 경제성장을 이룩하여 왔으며, 개발도상국에게도 벤치마킹의 대상이 되고 있다. 한국 발전의 원동력 중의 하나는 건전한 재정과 이를 통한 경제 부흥이었음을 상기할 필요가 있다.

둘째, 향후 지속적으로 증가하는 재정수요를 고려해볼 때 국가채무를 관리할 필요성이 제기되며, 이 때 재정의 지속가능성을 고려할 필요가 있다. 한국의 특성에 적합한 공공채무 관리 목표를 설정해야 하며, 국가채무를 관리하는 방안으로 거시적 총량 관리와 미시적 운용 관리로 구분하여 관리할 필요가 있다. 즉, 거시적 총량 관리로는 부채 제한 규정을 도입해야 하며, 미시적 운용 관리로는 국채의 유형을 다양화하고 체계적인 위험평가 모델을 구성하여 채권발행의 범주별 관리를 할 필요가 있다.

셋째, 이 시점에서 재원조달 방안에 대한 근본적인 고민과 선택이 필요하다. 박근혜 정부는 비과세 감면 축소나 지하경제 양성화 등을 통해 재원조달을 계획·실행하고 있는데, 장기적으로는 비과세 감면 축소나 지하경제 양성화 등을 통한 가용재원 마련에는 한계가 있다는 것을 명심할 필요가 있다. 또한, 고령화 사회로의 진입에 대비하고 거시경제 불안정성을 사전에 차단하기 위해서는 재정건전성을 확보할 필요가 있다. 글로벌 금융위기의 여파로 인해 저성장이 지속되고 세수입의 감소가 예상되며, 복지지출과 성장잠재력 확충을 위한 재정수요는 지속적으로 증가하고 있다. 따라서 이제는 재원조달 방안에 대한 사회적 논의와 합의가 필요한 시점이다. 부가가치세 세율 인상이 하나의 대안이 될 수 있을 것이다.

넷째, 재정지출의 효율성 증대가 이루어져야 한다. 개별 사업의 효율성 및 효과성에 대한 정보 축적을 통하여 사업의 필요성에 대한 재평가를 할 필요가 있으며, 특히 급속히 증가하는 복지 및 이전지출에 대한 사업 효과성의 평가가 중요하다.

이상과 같은 향후 우리나라 재정정책의 과제를 명심하여 다 같이 고민하고 논의하는 장의 마련을 통해 재정정책의 제고를 도모해야 할 것이다.

참고문헌

김대철·박승준. (2015). 국가재정운용계획 11년 운영 평가 및 과제. 「제도와 경제」, 9(1): 127-156.

김동건. (1989). 한국경제성장과정에서의 재정정책의 공과. 「재정논집」, 3: 29-58.

김명윤. (1983). 1970년대의 경제성장과 재정정책. 「경제연구」, 4(1): 41-60.

나아정·박승준. (2009). 국가재정운용계획의 평가 및 과제. 경제현안분석 제49호. 국회예산정책처.

최광. (2012). 한국 재정의 과거 현재 미래: 고찰과 성찰. 「재정학연구」, 5(2): 53-89.

최용락·배득종. (2009). 디지털예산회계시스템의 사업관리 시스템 개선방향에 관한 연구. 「정부회계연구」, 7(1): 53-73.

김상헌. (2014). 총액배분자율편성예산제도 평가 및 개선방안 연구. 기획재정부.

대한민국 정부. (2012). 「이명박정부 4년 더 큰 대한민국」. 서울: 문화체육관광부.

박형수 외. (2012). 재정제도 및 재정운용 시스템의 개선. 한국조세재정연구원.

황혜신. (2010). 통합재정정보시스템(디지털예산회계시스템) 평가 및 개선방안. 한국행정연구원.

국회예산정책처. (2015). 「2015 대한민국 재정」.

기획재정부. (2015). 「2016년도 예산안 개요」.

_____. 열린 재정.

_____. e-나라지표.

OECD. Revenue Statistics.

OECD. Social Expenditure Database.

United Nations Statistics. System of National Accounts 2008.

제4장

준시장 연구

[정광호]

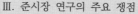

> 제 4 장

준시장 연구

Ⅰ. 준시장 연구방향의 개관

준시장 연구는 정부와 시장의 역할을 조명함에 있어서 정부가 시장의 특성을 왜 그리고 어떻게 활용하는지 살펴볼 수 있는 좋은 연구주제이다. 준시장은 기본적으로 정부실패를 보완하기 위해 정부가 시장의 특성을 정부운용에 도입·활용하는 과정에서 만들어진 일종의 제도이다. 예를 들면, 공공서비스 전달체계를 하나의 제도로 본다면, 여기에 가격, 경쟁, 선택이라는 요소를 접목할 경우 준시장이라는 제도가 만들어질 수 있다. 현재 민영화와 관련된 거의 대부분의 논의는 준시장에 관한 주제에 속한다. 그렇지만 준시장 논의는 민영화뿐만 아니라, 공공선택론, 소비자 주권, 수요자 중심 재정, 나아가 공공서비스 전달체계 전반을 둘러싼 거버넌스의 관점에서 살펴볼 수도 있다. 여기서는 최근 준시장 연구의 배경과 주요 쟁점을 차례로 살펴보고자 한다.

공공부문의 아웃소싱(outsourcing)은 오랜 역사를 갖고 있다. 최근 준시장(quasi-market) 논의도 국가의 아웃소싱 전략의 한 부분이라 볼 수 있다. 준시장은 기본적으로 정부의 공공서비스 제공기제에 경쟁, 선택, 가격과 같은 요소를 도입한 민영화의 한 수단이다. 특히 준시장은 영국의 국가의료서비스(National Health Service)처럼 공공기관끼리의 내부경쟁 기제, 그리고 바우처 방식과 같이 공공서비스제공기관 상호경쟁과 공공서비스 이용자의 선택권을 강조하는 시장기제를 포괄한다. 또한 준시장은 국가에서 재원을 제공하여 운용되기 때문에, 공공서비스 이용자(시민)와 비용지불자(국가)의 분리와 같은 분절된 지불시스템을 가진다. 결국 준시장 논의는 기존 신공공관리론의 핵심 요소 중의 하나인 민영화(privatization) 또는 시장기제(market mechanism)의 활용이라는 주제와 직접 관련되며, 공공서비스 제공기제의 거버넌스 논쟁과도 연결되어 있다. 준시장 논의를 확대하면 지방정부간 경쟁에 관한 티부모델(Tiebout Model)이나 공공재 공급을 둘러싼 정치경제학적 논의와도 이어진다. 구체적으로 준시장과 관련된 주요 쟁점을 살펴보자.

최근 공공서비스 제공과 관련하여 거론되는 준시장은 기본적으로 정부관료제(Hierarchy)의 원리와 시장(Market)의 원리를 절충한 혼합형태의 제도(hybrid institution)이다. 준시장은 공급자간 경쟁과 이용자의 선택권 보장이라는 시장원리를 지향하며, 다양한 규제와 지원정책을 수반하는 제공기제(provision)라고 볼 수 있다. 관점에 따라서는 준시장을 여전히 정부의 특성이 강한 정부운용체제로 볼 수도 있고, 준시장이 갖는 시장의 특성을 감안하여 정부 민영화의 주요 정책산물로 볼 수도 있다. 어떤 관점을 취하든 준시장은 그 나름대로의 특성을 갖는데, 이를 잘 살펴보면 준시장의 본질적 모습과 그 양상에 대한 이해의 폭을 넓히는데 도움이 된다. 차례로 준시장의 주요 특징을 살펴보면 아래와 같다.

첫째, 준시장은 기본적으로 정부 또는 공공기관에 의해 설계–운용되며 시장의 효율성과 정부의 공공성과 책무성을 동시에 추구한다. 물론 실제 운용과정에서 시장의 효율성을 너무 중시하여 과도한 비용절감으로 공공서비스 품질이 저하될 우려도 있다. 한편으로 너무나 지나친 규제로 인해 오히려 실제로는 책무성을 제대로 확보하지 못할 수도 있다. 이러한 특성을 갖는 공공서비스 작동기제로는 영국의 국가의료서비스(National Health Service), 미국의 메디케어(Medicare), 한국의 의료보험과 사회서비스(Social Service)를 들 수 있다. 영국의 NHS는 조세로 운영되나 내부경쟁을 강조하며, 제공주체 또한 정부기관에 속하는 의료조직이며, 이들 의료조직간 내부경쟁(managed competition)을 통해 서비스 효율성을 높이고자 한다. 미국의 메디케어와 한국의 의료보험은 묵시적 바우처(implict voucher) 형태를 취하며, 한국의 사회서비스는 전자바우처(electronic voucher)로 형태로 운영된다.

둘째, 준시장에서 정부는 최종 공공서비스 수요자인 시민의 선호를 대표(대리)해서, 어떤 (비)영리기관과 어떤 서비스를 제공할 것인지 기획하고 이의 공급에 필요한 제반 규제와 재원, 관리체계를 만드는 등 공공서비스의 총체적 운용자 역할을 한다. 공공서비스의 준시장 체계에서 최종 수요자(이용자)인 시민은 공공서비스 생산에 있어서 최종 소비자(production consumer)로 간주된다. 또한 이러한 준시장의 기획과 운용을 책임지는 정부는 어떤 제공기제를 설계하고 이를 어떻게 운영하며 규제할 것인가에 대한 선호를 가지고 최종판단을 내리는 제공기제 소비자(provision consumer)로 인식된다. 결국 공공서비스의 준시장 기제는 기본적으로 정부의 역할을 중시하며, 단지 경쟁과 선택이라는 시장원리를 통해 공공서비스의 효율성과 책무성을 높이고자 하는데 그 목적이 있다. 하지만 준시장 구도하에서 제공되는 공공서비스의 실상을 보면, 이러한 목적이 제대로 달성되지 못하는 경우가 허다하다. 이로 인해 ① 국가가 모든 것을 생산부터 소비까지 책임지는 정부독점을 강화해야 한다는 주장, ② 시장원리를 더욱 제대로 강화해야 한다는 주장, 그리고 ③ 정부의 재정지원 강화 또는 각종 규제강화와 같은 점진적 준시장 개혁이 필요하다는 주장 등 여러 비판이 제기되고 있다.

셋째, 준시장에서 정부는 이러한 제공기제에 대한 소비자(provision consumer)로서 공공 법인과 (비)영리법인 등 다양한 형태의 서비스 제공기관과 계약을 통해 어떤 종류의 공공서비스를 얼마나 어떻게 제공할 것인가에 대한 판단과 규제를 하며, 해당 공공서비스 조달에 필요한 재원도 동시에 제공한다. 예를 들면, 각종 위탁 계약(contracting out), 바우처 등 경쟁입찰을 통해 민간의 제공기관들을 아웃소싱(outsourcing)하는 전략이 대부분 여기에 해당된다. 다만 공급자 중심 기제(supply side mechanism)인지 수요자 중심기제(demand side mechanism)인지에 따라 ① 기존의 공급자간 경쟁에만 초점을 둔 전통적인 계약방식과 ② 공급자간 경쟁과 수요자 선택에 초점을 둔 바우처 방식이 서로 대비되면서 공공서비스의 각종 아웃소싱이 확산되고 있다.

넷째, 공공서비스 준시장에서 재정운용기제는 정부가 주도하여 공공서비스 생산에 필요한 재원을 마련하지만, 때로는 이용자에게 공동부담(copayment)을 지우기도 한다. 가장 대표적 준시장의 재정운용기제를 꼽는다면, 각종 묵시적 또는 명시적 바우처 방식을 들 수 있으며, 기본적으로 이용자가 먼저 해당 공공서비스를 사용한 후 정부가 해당 제공기관에 이를 환급해 주는 형식을 취한다. 공공서비스의 준시장 형성에 필요한 재원은 어디까지나 정부가 주도하여 마련하고 제공한다는 사실이 중요하다. 즉, 준시장 재정운용기제에서도 정부가 재원을 마련하지만, 정부예산을 통한 직접제공 방식(Direct Government)이 아닌 각종 위탁이나 바우처 방식을 활용함으로써 공공서비스 제공기관과 제공자에게 서비스 제공에 대한 대가로 정부가 그 비용을 환급해주는 방식을 취한다는 점이 특징이다. 한국의 의료보험이나 미국의 메디케어(Medicare)가 대표적인 바우처 방식의 준시장 재정운용기제에 해당된다.

　이상에서 살펴본 준시장 논의와 관련하여 이론적으로 네 가지 쟁점이 존재한다. 첫째, 준시장의 성패를 둘러싼 쟁점인데, 준시장도 시장처럼 정보비대칭, 대리인문제, 분배문제와 각종 외부효과(externalities)로 인한 문제점이 발생한다는 것이다. 둘째, 공공서비스 준시장의 운용재원의 조달원천은 정부예산이며, 준시장 관리의 핵심 주체도 정부이기 때문에 준시장의 운용－기획, 관리, 평가－에 대한 정부의 역량에 관한 쟁점이다. 준시장에서도 여전히 정부의 고질적인 문제인, 관료제의 비효율성과 각종 부패가 다시 쟁점으로 부각된다. 셋째, 준시장에서 과연 최종 이용자(공공서비스 수혜자 또는 수요자)의 선택권이 보장이 되고 있는가를 둘러싼 논쟁인데, 여기에는 수요자중심재정(demand side financing)과 소비자주권(consumer sovereignty)에 관한 주제가 있다. 넷째, 준시장 제공기제의 거버넌스 논쟁이다.

　끝으로 결론과 시사점 부분에서는 미시차원의 준시장 접근이 거시차원에서 어떻게 새로운 부적절한 양상을 보일 수 있는지, 나아가 이것이 준시장 운용에 주는 정책적 시사점이 무엇인지 살펴보고자 한다. 또한 최근 준시장 논의를 둘러싸고 진행되고 있는 주요 논의들을 중심으로 준시장 형성과 운용과정에서 나타난 쟁점들과 관련하여 향후 전망을 서술하고자 한다.

II. 준시장 연구의 주요 배경

1. 정치경제적 시각에서 바라본 연구배경

준시장 연구는 기본적으로 민영화를 둘러싼 논쟁의 구도와 직접 연결된다. 행정학 분야에서는 공공관리론에서 민영화에 관한 다양한 성과평가가 이루어져 왔는데, 좀 더 광의의 시각에서 보면, 정부운용의 민영화 정도를 둘러싼 논쟁과 준시장은 연결되어 있다고 보아야 할 것이다. 기본적으로 신자유주의와 보수정당의 정책가치로 민영화가 작은정부 논의의 핵심을 차지했고, 이를 구현하기 위한 정책수단으로 각종 준시장 제도가 도입되어 왔다. 당연히 이의 성과에 대해서는 정부성과와 관련하여 논쟁이 큰 영역이며, 이는 준시장의 효과성과 정당성을 둘러싼 논쟁으로 이어진다. 그럼 좀 더 구체적으로 이러한 정치경제적 맥락 속에서, 공공서비스 제공기제의 거버넌스 측면와 관련된 준시장의 연구의 배경을 살펴보자.

위에서 강조한 것처럼 준시장(quasi-market)이란 경쟁과 선택을 중시하는 공공서비스 전달기제이다. 과거에는 계약처럼 경쟁만을 강조하고 선택측면을 경시하는 준시장 기제도 존재했지만, 이제는 준시장의 초점은 기존의 공급자 중심의 민간위탁을 벗어나 바우처에서와 같이 이용자 중심 시장기제를 적극 활용하고자 한다. 기존 정부중심 전달체계에서 나타나는 관료제의 폐해를 피하고, 공급자 중심의 경쟁시스템이 간과한 이용자의 선호와 참여를 강조하는 준시장에 의한 공공서비스 전달 접근 전략이 확산되고 있는 것이다. 특히 개발도상국의 보건 및 교육 분야에서 활용되고 있는 이용자 중심의 준시장기제가 바로 여기에 해당된다.

준시장에 관한 연구는 전후 정부의 역할확대와 그 부작용 그리고 이에 대한 반응으로서 민영화 논의와 밀접하게 관련되어 있다. 1980년대부터 신자유주의 기조를 타고 선진국을 중심으로 공공재와 공공서비스 공급에 있어 관료제를 준시장이 대체하기 시작했다. 특히 서구를 중심으로 보건의료, 교육, 주택, 돌봄 등 각종 사회서비스분야에 대한 정부의 지출증가와 역할확대가 급격히 진행된 후, 사회분야에 대한 정부지출증가 그리고 해당 사회서비스 프로그램 운용기관과 운영인력의 노조화

(unionization)[1]와 구성원의 이익집단화가 심화됨에 따라 사회서비스는 하나의 거대한 국가기구[2]로서 큰 재정지출을 차지하는 정치행정 세력으로 확고히 자리 잡게 되었다. 하지만 정부의 재정적자와 경기침체로 1980년대부터 이에 대한 대안으로 정부역할의 축소와 시장의 강조를 통해 공공부문의 사회서비스 분야도 이에 영향을 받게 되었다.

준시장은 바로 이러한 배경하에서 시작된 민영화의 한 수단으로 검토된 것이며, 준시장의 효과와 그 영향에 대한 논의는 지금도 진행중이다. 각 학문 분과별로 준시장에 대한 논의는 경제학의 경우 공공선택론을 중심으로 한 민영화 내지 시장화의 논쟁의 한 부분으로, 정치학의 경우 공공선택론과 더불어 정부 서비스의 거버넌스 기제를 둘러싼 논쟁인데 통합주의자(consolidationist)와 다극주의자(poly-centrist)의 대립과 최근 신통합주의(neo-consolidationism)나 신진보주의(neo-progressism)의 준시장 비판 논의가 여기에 해당된다. 행정학의 공공관리 분야에서는 신공공관리론에서 주장하는 시장화의 한 요소로 준시장 논의가 다루어지고 있다. 사회학이나 사회복지 분야에서는 복지국가와 시장화(또는 민영화)의 논쟁 속에 준시장 논의는 혼합복지(Welfare Mix)레짐 논의로 이어지고 있다.

2. 준시장의 성과논쟁에서 비롯된 연구배경

위에서 논의한 준시장의 정치경제학 배경은 거시적 정치차원의 논쟁인데, 이는 바로 미시차원의 준시장 성과와 직접 연결된다.[3] 최근 준시장에서 비롯되는 각종 공공관리론의 한계가 바로 여기에 해당된다. 이러한 준시장의 성과논의는 지방정부 성과함수를 둘러싼 거버넌스 논쟁의 핵심을 차지한다. 결국 위에서 본 준시장 논의 전개의 정치경제학적 배경과 준시장의 성과논쟁은 서로 밀접히 연결된 것이라 보면

---

1) 교육분야의 교원노조, 보건의료분야의 노조 등이 여기에 해당된다고 볼 수 있는데, 이들은 최저임금, 연금 등 각종 사회정책의 주요 의제에 있어 강력한 정치적 목소리를 낸다.

2) 선진국의 경우, 각종 보건, 연금, 실업급여, 돌봄 등 사회서비스를 관리하는 거대한 정부기관 또는 준정부기관을 두고 있는데, 이들 기관 및 구성원 자체가 거대한 조직을 형성함으로써, 그 자체로 강력한 국가기구로 존재한다.

3) 민영화의 성과에 대한 리뷰 차원의 연구(Megginson & Netter, 2001)는 대부분 준시장의 내용을 담고 있다. 이에 관한 연구를 보면 준시장의 성과는 긍정과 부정의 혼합적 성격을 띤다. 여전히 어떤 요인이 명확히 준시장의 성과를 어떻게 가져오는가에 대한 논란은 여전하다.

된다. 다만 전자의 경우 보수성향 또는 진보성향과 같은 정치적 관점이 중요한 반면, 후자의 경우 미시차원에서 준시장 작동기제와 그 성과에 더욱 초점을 둔다는 것이 다를 뿐이다.

이처럼 준시장(quasi-market)은 정부(government)와 시장(market)의 중간형태에 위치하는데, 그 의미나 강조점은 정부보다는 시장의 특성을 강조하는 이미지를 갖는다. 준시장도 당연히 민영화(privatization)의 큰 흐름에 포함되며, 시장화(marketization)의 속성이 공공서비스 전달기제에 접목되어 활용되는 것이라 보면 된다.4) 특히 정부실패(government failure) 또는 비시장실패(non-market failure)에서 비롯되는 성과부실 때문에, 이에 대한 하나의 대안으로 준시장이 논의되고 있는데 기존의 정부(또는 비시장)실패를 극복하기 위한(또는 극복할 수 있는) 수단으로 티부모형(Tiebout Model)에 근거한 경쟁과 선택, 바우처, 그리고 각종 관리된 시장(managed market)형태가 바로 준시장의 모델로 주목을 받아 왔던 것이다.

대부분 준시장의 경우, 정부가 재원을 조달하는 경우가 대부분이며, 다만 전달기관으로 정부가 아닌 비영리 또는 영리기관을 활용한다. 여기서 전달기관들간 경쟁(competition)을 유도하고 공공서비스 이용자의 선택권(choice)을 보장 또는 확대하려는 목적으로 가지고 준시장을 기제를 이용하는 것이다. 그렇지만 이러한 준시장 기제에서도 독(과)점 공급자인 형태가 상당히 많고, 이용자의 선택권도 서비스 유형이나 공급자가 상황에 따라 매우 제한되어 선택권이 제대로 보장받지 못하는 상황도 흔하다. 즉, 준시장 실패(quasi-market failure)의 가능성이 다분하다. 그럼에도 여전히 준시장은 기존의 정부주도의 공공기관에 의한 제공기제보다는 상대적으로 경쟁과 선택에 가깝도록 운용될 수 있고, 이를 통해 공공서비스의 책무성을 높이는 대안으로 주목받을 가치를 충분히 가지고 있다.

이러한 준시장 도입의 배경은 공급자간 경쟁과 이용자의 선택권을 보장함으로써 공공서비스 전달체계의 효율성(efficiency)과 책무성(accountability)을 모두 높이고자 함이다. 물론 정책현실은 경우에 따라 준시장 도입이 기존 정부중심의 제공기제(hierarchy)보다 효율성과 책무성 모두 못한 경우도 있어, 준시장 실패에 대한 논의가

---

4) 민영화(privatization)는 정부의 소유권이전까지 포함하는 광의의 개념으로, 정부가 재원을 조달하고, 규제와 운영에 개입하지만, 선택권이나 경쟁과 같은 시장화(marketization) 기제를 도입한 준시장형태의 공공서비스도 포괄한다. 이런 경우는 민영화는 시장화를 포함한 더 상위 넓은 개념이라고 볼 수 있다.

다시 나오고 있다. 특히 책무성보다는 효율성을 강조한 나머지 실제로 공공서비스 이용자의 만족도를 떨어뜨려, 공공서비스의 준시장전달기제의 정당성을 약화시킨다는 비판을 받기도 한다. 이러한 준시장의 문제점을 보완하기 위해 크게 두 차원의 개선전략이 도입되어 왔다. 하나는 준시장 제공자와 제공기관의 윤리와 공공성을 고취시키는 전략(예: Principled Agent, Stewardship Model)이다(DiIulio, 1994, Van Slyke, 2006). 다른 하나는 투명성에 바탕을 둔 성과관리로 성과리포트카드(Performance Report Card)나 각종 투명성 제고를 통한 공공서비스 이용자의 선택권 강화와 부패방지전략이 여기에 해당된다(Gormley & Weimer, 1999).

3. 최근 준시장의 정책지향성에서 바라본 연구배경

준시장의 성과제고 전략은 바로 수요자의 선택과 공급자의 경쟁을 강조하는 수용자 중심 정책지향으로 나타난다. 대표적인 연구사례가 바로 선진국뿐만 아니라 개발도상국의 각종 공공서비스에 널리 활용되는 바우처 방식이다. 이는 바로 수요자중심 재정(DSF: Demand Side Financing)모델이다. 특히 수요자 중심(demand-side financing) 제공기제의 핵심은 시민의 선호를 적극 수용하고 전달체계 효율성을 높이려는 두 가지 정책지향성을 갖는다. 하나는 시장제도(market institution)와 시민의 입장에서 시민선호와 권리를 최대한 보장하고자 함이며, 다른 한편으로는 전달체계의 효율성을 최대한 확보하기 위함이다. 전자는 신공공행정학의 모델로 후자는 신공공관리론의 모델로 대표된다.

흔히 준시장은 신공공관리론의 한 수단으로 효율성만을 추구하는 시장친화적 성향으로 판단하기 쉽다. 하지만 준시장은 기존 공공서비스의 책무성을 강화하기 위한 한 수단으로 채택된 경우도 많다. 기존의 정부중심 또는 공급자 중심에서 벗어나 시민사회의 시장의 활력을 가져와 공공서비스의 책무성을 향상시킬 수 있기 때문이다. 여기서는 준시장에서 효율성과 책무성이라는 성과에 따라 어떤 형태의 준시장 형태가 가능한지 4개의 준시장모델을 이용하여 살펴보고자 한다(〈표 1〉 참고).

〈표 1〉 신공공관리와 신행정학의 가치지향성에 근거한 준시장 평가

		NPA (New Public Administration) (Accountability)	
		Low	High
NPM (New Public Management) (Efficiency)	Low	준시장1	준시장2
	High	준시장3	준시장4

준시장 1유형의 경우 효율성과 책무성 모두 낮은 준시장 성과를 보이는 경우이다. 흔히 무기구매 시장에서 각종 부패나 무기품질에 문제가 있는 경우가 여기에 해당될 것이다. 기본적으로 무기시장은 독점계약이 많아 정확한 비용의 비교분석이 어렵고, 가격대비 무기성능의 추정이 어렵기 때문이다. 또한 이러한 정보부족 때문에 각종 도덕적 해이와 부패가 발생할 여지가 많다. 그렇다고 국가가 직접 무기를 생산하는 것도 얼마나 효율적인지 판단하기 쉽지도 않다. 따라서 이러한 준시장의 성과문제가 발생해도 선뜻 국가독점의 직접생산으로 전환해야 할지 아니면 완전히 민간시장을 통해 전적으로 구매하는 방식을 취할지 객관적 판단을 하기 어렵다.

준시장 2유형의 경우 효율성은 낮은데 책무성은 높은 경우이다. 대부분 단가가 비싸고 비용이 많이 소요되지만 공공서비스 품질이나 만족도가 높은 경우이다. 한국의 공립유치원 보육서비스가 민간의 보육서비스보다 상대적으로 많은 비용을 지불하나 품질이 높아 이 유형에 해당된다고 할 것이다. 또한 이론적으로 고가의 공공의료서비스도 여기에 해당된다고 볼 수 있다. 국가재정이 여유가 있을 때 이 유형의 준시장은 문제가 없으나 국가재정이 어려울 때는 이 유형의 준시장에 대한 재정절감 요구가 거세질 수 있다.

준시장 3유형의 경우 효율성은 높은데 책무성은 낮은 경우이다. 이것은 대부분 지나친 예산절감으로 회계상 효율성은 높으나 품질저하와 공공서비스 이용자의 만족도가 낮은 경우이다. 지나치게 비용을 절감한 나머지 매우 효율적인 서비스가 제공되나 오히려 공공서비스의 만족도와 품질 측면에서 상당히 문제가 될 수 있는 경우이다. 품질이 낮은 각종 돌봄관련 사회서비스가 여기에 해당될 수 있다. 한국의

공교육 서비스시장5)도 이용자는 기대수준 대비 저부담이지만, 공교육 서비스에 대한 불만으로 민간 사교육시장을 이용하고 있는 것도 여기에 해당된다고 볼 수 있다. 결국 낮은 공공서비스 품질 때문에 일반 시민은 이에 대한 탈출구로 민간시장에서 해당 서비스를 구매할 수밖에 없고, 이에 따라 전체적으로는 해당 서비스의 비용은 증가할 수밖에 없다. 즉, 저비용으로 낮은 품질의 공공서비스를 제공하는 전달체계는 결국 일반 국민에게 추가비용을 전가하는 셈이 된다.

준시장 4유형의 경우 효율성과 책무성 모두 높은 경우, 준시장의 이상적 형태로 가정할 수 있다. 다만 현실에서는 이러한 유형을 발견하기 어렵고 어떤 준시장이라도 여전히 부분적으로 효율성에 문제가 있거나 아니면 책무성에 취약한 한계를 가질 수밖에 없다. 다만 예를 들면, 미국의 임대주택 바우처(housing voucher), 푸드스탬프(Food Stamp)처럼 성공적인 준시장 프로그램이라면 여기에 해당된다고 볼 수 있다.

4. 준시장의 특성

1) 준시장의 제공기제와 시장여건

여기서는 준시장이라는 제공기제가 시장여건에 따라 어떻게 다르게 존재할 수 있는지 살펴보고자 한다. 공공서비스의 제공기제와 시장여건은 그 형태에 따라 다양하다(〈표 2〉 참고). Blank(2000)에 따르면 공공서비스 공급에 있어 공공과 민간이 상호작용하는 방법은 다양하며, 서비스 유형에 따른 정부의 직영 비율과 해당 부문에 대한 정부의 재정지원의 비율은 국가와 사회에 따라 천차만별이다.6) 준시장의

---

5) 한국의 공교육은 준시장형태로 보기는 어려우나, 실제 공급자의 다양성과 학교 선택권이 일부 허용된다는 점에서 내부경쟁의 요소를 어느 정도 갖추고 있다. 각종 특목교나 사립학교의 존재, 그리고 광역학군 등은 경제능력이 있는 학부모의 선택권을 어느 정도 보장한다. 다만 공립학교에 대한 평가 등을 통해 공급자를 퇴출하는 시스템이 없기 때문에 공급자인 학교간 경쟁압력은 상대적으로 덜하다고 볼 수 있다. 하지만 학교성적 등에 대한 비교평가는 공립학교간 간접적 경쟁의 유인을 제공하고 있다.

6) 정부는 재정적 개입과 소유권의 차이에 따라서, 소유·운영과 관련되지 않은 방식으로도 상당한 정도로 개입이 가능하다. 예를 들어, 미국의 초등 및 중등교육의 경우 89% 학생들이 공공이 소유·운영하는 학교에 다니는 등 정부 소유 비율이 상당히 광범위하게 나타나는 반면, 보건 분야의 경우 병원 침대의 17%만 공공이 소유·운영하고 보육 분야의 경우 단지 7%만이 공공의 소유·운영에 해당된다(Blank, 2000).

시장여건 또한, 장소와 시기 그리고 해당 재화나 서비스에 따라 천차만별이다. 무엇보다 초기에 시장이 존재하지 않을 경우 정부가 주도하여 제공자와 이용자를 양성하고, 정부가 재원을 지원하여 준시장형태로 운영할 수 있다. 그럼 구체적으로 준시장을 중심으로 양자의 관계를 살펴보자. 이 논점과 관련하여 Kähkönen(2004)의 분류(〈표 2〉 참고)가 제공기제와 시장 사이의 상호 연관성에 대한 이해를 돕는데 유용하여, 이 논의를 중심으로 준시장의 시장여건을 둘러싼 쟁점을 정리해 보고자 한다.

〈표 2〉 시장여건과 제공기제의 교차

		시장여건(market conditions)		
		No markets	Monopoly	Competition
제공기제 (provision)	정부-공공기관(Hierarchy)	A	B	C
	준시장(Quasi-market)	A*	D	E
	시장(Market)	H	F	G

출처: Kähkönen(2004), Figure 1.

우선 준시장으로 제공되는 경우, 과거에 시장이 존재하지 않을 때(A* 유형) 정부가 시장을 인위적으로 조성할 수 있다.[7] 즉, 공급자와 수요자를 만들어 해당 공공서비스 시장을 설계하고 만들어 운용하는 것이다. 과거 한국의 초기 바우처 관련 사회서비스가 여기에 해당한다. 가령, 노인돌보미서비스의 경우 계약을 통해 공급자인 서비스 제공기관을 선정하고, 서비스를 제공할 때마다 바우처를 통해 재정지원하는 것이다. 한편 수요자인 노인도 바우처를 이용해 이 서비스를 사용할 수 있다. 이로부터 제공기관간 경쟁을 유도할 수 있고, 노인 입장에서는 여러 제공기관들 중 하나를 선택할 수 있게 된다. 하지만 이러한 사회서비스 시장은 제공기관이 하나만 존재하는 독점형태일 수도 있고(D유형), 그렇지 않고 제공기관이 다수 존재하여 경쟁이 일어나는 경우도 있다(E유형). 현재 한국의 사회서비스 분야는 서비스 분야에 따라 그 경쟁의 정도가 다양한데, 전국단위나 광역단위로 서비스가 제공될 경우 경쟁이

---

7) A유형의 경우 정부 직접 해당 서비스를 공급하는 형태이다. 여기서는 시장이 존재하지 않는다. H유형의 경우 시장이 해당 서비스를 제공해야 하지만, 시장 자체가 존재하지 않아, 해당 상품이 공급되지 않는 시장실패가 일어나는 경우이다. 이 경우 정부가 직접제공하거나(A유형) 아니면 준시장을 만들어 정부가 관리운영할 수 있다(D유형 또는 E유형).

존재하지만, 그보다 좁은 지역단위에서는 선택권을 행사할 만큼 제공기관이 다양하지 않다. 다만 제공기관 내에서 여러 명의 사회서비스 도우미를 선택할 수 있다.

2) 준시장과 재원조달

여기서는 준시장과 재원조달의 관련성을 살펴보고자 한다(〈표 3〉 참고). 준시장에 필요한 재원은 기본적으로 정부에서 나온다(유형 FP21). 즉, 제공기관에 대한 서비스나 재화를 자격을 갖춘 이용자가 구매하고 나면, 이를 정부가 사후에 환급해주는 방식을 취한다. 미국의 푸드스탬프(food stamp), 메디케어(Medicare)가 모두 여기에 해당된다. 바우처 재원조달기제는 대부분 이런 형태를 취한다. 그렇지만 준시장의 경우에도, 제공기관이 기부를 통해 재원을 일정부분 충당함으로써 해당 서비스의 품질을 향상시키거나 수량을 증가시킬 수 있다. 물론 제공기관의 대부분을 차지하는 비영리기관의 재정상태가 어려워 이러한 경우는 드물지만 종교기관 등에서 운영하는 제공기관의 경우 가능하다. 한편 이용자 자신도 본인 부담금을 통해 해당 서비스의 비용을 일정부분 지불할 수 있다(유형 FP21). 의료보험에서 활용되는 자부담형식이 바로 여기에 해당된다. 한국의 경우 대부분 사회서비스는 부분적으로 자부담 형식을 취하고 있다. 의료보험의 경우도 한국은 다른 선진국에 비해 자부담 비중이 상대적으로 높은 것이 특징이다.

〈표 3〉 제공기제와 재원조달에 따른 분류

		재원출처(Funding Sources)			
		정부재원 (Government)	비영리기관 (Non-profit)	자부담 (Users)	기부 (Donation)
제공기제 (Provision)	정부-공공기관 (Hierarchy)	FP11	FP12	FP13	FP14
	준시장 (Quasi-market)	FP21	FP22	FP23	FP24
	시장 (Market)	FP31	FP32	FP33	FP34

III. 준시장 연구의 주요 쟁점

여기서는 준시장 공공서비스 제공기제를 둘러싼 논쟁을 다섯 가지 논점을 중심으로 살펴보고자 한다. 구체적으로 첫째, 준시장 설계와 실패에 관한 주요 논의를 살펴 본 후, 준시장 실패의 주요 내용[8])을 정리해 보고자 한다. 둘째, 소비자주권의 관점에서 바라본 준시장의 실패원인을 준시장의 형성, 준시장의 선호오류와 선호대체를 중심으로 살펴보고자 한다. 셋째, 준시장 재정전달체계의 핵심인 수요자 중심 재정전달체계를 간략히 살펴보고자 한다. 넷째, 지방정부간 경쟁이라는 준시장 특성을 중심으로 공공서비스 제공기제 거버넌스에 대한 논쟁[9])을 살펴보고자 한다. 마지막으로 준시장에서 파생되는 각종 외부효과에 대한 내용을 살펴보고자 한다.

1. 논쟁 1: 시장실패에서 본 준시장 실패에 관한 논의

무엇보다 준시장의 등장은 비시장실패 또는 정부실패에서 비롯된다. 그런데 시장의 특성을 갖고 있는 준시장의 경우도 여전히 시장실패와 유사한 실패를 초래한다는 사실을 간과해서는 안 된다. 시장실패의 주요 내용이 준시장의 실패에서도 거의 그대로 나타난다는 것이다. 그럼 여기서 시장실패의 주요 내용을 살펴본 다음 구체적으로 준시장의 실패를 고찰해 보고자 한다.

---

8) 준시장 실패의 요소들은 기본적으로 일부를 제외하고는 시장실패의 요소의 거의 대부분 동일하게 다루어진다. 예를 들면, 정부독점(government monopoly)에 따른 준시장 실패, 정치정보(political information) 왜곡과 편향에 따른 준시장실패, 준시장의 의도치못한 결과(unintended consequence)에 따른 실패를 들 수 있다. 최근에는 Lowery(1998)는 준시장 실패의 내용을 준시장 형성(quasi-market formation)의 실패, 선호오류(preference error)에 따른 준시장 실패, 선호대체(preference substitution)에 따른 실패로 구분하고 있다. 선호대체의 경우 소비자 계층이 제공기제에 대한 소비자(provision consumer: 준시장 설계와 운용자인 정부를 지칭)와 상품소비자(production consumer: 실제 공공서비스를 이용하는 시민으로서 소비자를 지칭)로 이원화되어 있어, 여기서 두 소비자 집단의 선호괴리가 발생함으로써 나타는 준시장실패인데, 이는 시장실패에서는 존재하지 않는 것임을 강조한다.

9) 공공서비스 제공기제를 둘러싼 거버넌스는 중앙정부의 체계적 관리와 책임의 장점을 강조하는 통합주의자(consolidationists), 티부모델과 공공선택모형에 바탕을 둔 다원주의자(polycentrist), 그리고 다원주의에 대한 비판에서 재등장한 신통합주의자(new consolidationists)의 주장을 들 수 있다.

1) 시장실패의 주요 특성

시장요소를 가진 전달체계는 여러 형태의 시장실패를 초래한다. 흔히 시장실패의 유형으로 외부성, 공공재, 불완전경쟁, 정보비대칭, 역선택, 외부효과, 수익체증(increasing return to scale), 외부성 등을 꼽는다(아래 〈표 4〉 참고). 이러한 시장실패는 기본적으로 정부개입의 근거를 제공하며, 이에 대한 해결책으로 정부는 각종 규제와 지원을 한다.

〈표 4〉 전달체계와 시장실패의 원인

시장실패 유형	정부생산 (Hierarchy)	준시장 (Quasi-market)	시장 (Market)
외부성	적절한 통제 가능	과소 또는 과대생산	과소 또는 과대생산
공공재	조세를 통해 적절한 생산 가능	규제와 지원을 통해 부분적 해결 가능	생산여부, 무임승차, 소유권 문제
불완전경쟁	성과평가를 통해 적절한 경쟁유도 가능	독과점 가능성	독과점 가능성
정보비대칭	적절한 정보균형 조절가능	구매자에게 정보제공 등 규제를 통해 해결	도덕적 해이
역선택	명령-통제를 통한 형평성 확보	규제와 재정지원	이용자 불평등과 분절화 현상
수확체증	적절한 직접 관리 가능	독과점 규제	독과점 규제

출처: Kähkönen(2004), Figure 2.

여기서 중요한 초점은 준시장도 시장실패와 거의 유사한 문제에 직면할 수 있다는 사실이다. 이러한 준시장 실패의 내용에 대해서는 아래에서 다시 논의하고자 한다. 다만 시장실패의 유형들 중 일부는 준시장을 통해 해결이 가능할 수 있다. 물론 외부성이 커서 준시장도 제대로 작동하지 않는 분야에서는 정부가 직접 제공하는 경우도 있다.

2) 준시장실패

준시장실패는 시장실패나 정부실패와 마찬가지로 제도적 실패(institutional faillure)로 분류된다. 준시장은 원래 정부 또는 비시장실패에 대한 대안으로 공공선택론자들이 주장한 경쟁과 선택을 담보하는 전달체계의 도입에서 비롯된다. 공공선택론 (public-choice theory)은 시장실패가 곧바로 비시장적 전달체계, 또는 정부에 의한 상품, 서비스 공급체계의 정당성을 담보하지는 않는다고 주장하는데, 그 이유로 정부실패의 존재를 든다. 정부운영에 내재된 민주주의나 관료제가 시민의 선호를 적절히 고려하거나 만족시키는데 한계가 있다는 것이다. 공공선택론은 이에 대한 대안으로 준시장을 주장하는데, 이 지점에서 바우처, 계약 및 티보 모형이 시장실패에 대응함에 있어서 정부개입보다 더욱 효과적 처방이 될 수 있다는 주장이 나올 수 있다.

준시장실패도 일종의 제도실패(institutional failure)라고 할 수 있다. 시장과 정부도 인간이 만든 일종의 제도로서 시장의 실패나 정부의 실패를 제도실패로 볼 수 있듯이 준시장실패도 준시장이라는 제도의 설계와 작동에서 나타는 실패라고 볼 수 있다. 물론 어디까지가 준시장실패라고 단정하기는 어렵지만 준시장에서의 효율성이나 책무성에 있어 심각한 문제들을 노정할 경우 준시장실패가 있다고 볼 수 있을 것이다.

준시장실패 논의는 두 가지 관점에서 출발한다. 이는 준시장이 가진 두 가지 특성에서 비롯되는데, 바로 준시장이 시장과 정부의 특성 모두를 가지고 있기 때문이다. 이를 구체적으로 살펴보면 아래와 같다.

첫째, 준시장이 기본적으로 시장의 요소를 반영하여 형성되고 운영되지만, 여전히 완전시장이 아니기 때문에 나타나는 시장실패이다. 공급자 사이의 경쟁과 소비자의 선택권 보장이 해당 공공서비스 분야에서 시장이 제대로 작동될 만큼 충분하지 않기 때문이다. 구체적으로 공급자의 수가 매우 적거나 상호 경쟁이 불충분하여 소비자 선택권이 제대로 작동되지 않는 경우를 가리킨다(공공서비스 시장형성의 실패). 공공서비스에 대한 시민의 선호가 시장에서 소비자 선호가 반영되는 것처럼 반영되지 않기도 한다(공공서비스에 대한 선호형성의 실패). 또한 준시장을 관리하는 정부가 전달체계의 소비자(provision consumer) 입장에서 최종 서비스 소비자(production consumer)인 시민의 선호를 제대로 반영해 해당 서비스의 공급자에 이를 전달하거나 수용하도록 행동할지도 확실하지 않다. 공공서비스의 전달체계에 대한 선호와 서비스 품질과 내용에 대한 선호가 반드시 조화를 이룬다는 보장도 없다. 전달체계에 대한 선호는 선호전달과 선호대체의 문제를 초래할 수 있다.

예를 들면, 취약지역이나 취약계층을 위한 교육, 주택, 돌봄 등 각종 사회서비스를 제공함에 있어서, 1차적으로 정부가 소비자 입장에서 해당 서비스 공급자에게 어떤 사회서비스가 얼마나 어떻게 필요한가에 대한 선호를 전달할 수 있다. 그렇지만 최종 사회서비스 소비자인 시민의 선호는 이러한 정부의 선호와 다를 수 있다. 가령, 정부가 기회균등을 중시하는 교육서비스를 강조하여 이를 교육기관에 요구하는데 시민은 수월성을 중시하는 교육서비스를 선호한다면, 양자의 선호에 불일치가 발생할 수 있기 때문이다.

이러한 준시장실패에 초점을 두고 준시장을 비판한 것은 신진보주의 진영에서 나왔다. 원래는 정부독점이나 시민사회의 자발적 행동을 통해 운영되던 공공서비스를 시장에서처럼 운영하기 위해 정부가 준시장형태를 도입하는 경우가 대부분인데, 여기서 정부개입과 운영에 따른 정부실패의 문제가 발생하게 되는 것이다. 준시장에 내재된 정부실패에 관한 지적은 주로 완전 민영화를 선호하는 시장주의 진영에서 나온다.

(1) 준시장에 내재된 시장특성에서 비롯된 준시장 실패

시장원리를 접목한 공공서비스 제공기제는 여러 형태의 (준)시장실패를 초래할 수 있는데, 무엇보다 준시장에서는 경쟁이 제한되는 경우가 많다. 또한 외부효과, 정보비대칭, 대리인 문제, 분배 문제 등의 문제가 흔히 거론된다(Blank, 2000). 특히 준시장실패가 발생할 경우 다시 정부 개입의 필요성이 제기되는데, 여기에는 여러 가지 방안이 고려될 수 있다.

첫째, 준시장 경쟁의 한계이다. 이는 다음에서 논의할 준시장 형성의 한계와 직결된다. 공공서비스의 시장화와 관련하여 준시장기제가 활용되더라도 준시장실패 가능성이 존재하는데 가장 큰 이유는 공급자간 불완전한 경쟁이다. 소수의 공급자가 존재하거나 다수의 공급자가 존재하더라도 지역독점이 존재하는 경우와 같이, 실질적으로 해당 지역에서 선택할 수 있는 공급자가 매우 제한되어 있는 경우가 많다.

둘째, Blank(2000)와 같이, 4가지 정부 개입방식을 외부성, 분배문제, 대리인 문제, 성과측정문제를 중심으로 살펴보자(〈표 5〉 참고).

〈표 5〉 시장실패유형과 공공서비스 제공기제

시장실패 요소 전달기제(provision)	외부성	분배 문제	대리인 문제	품질 측정 성과 관리
1. 민간 소유·운영 + 정부규제	존재	×	×	×
2. 민간 소유·운영 + 정부규제와 지원(바우처)	존재	존재	×	×
3. 공공 소유 + 민간 운영	존재	존재	존재	×
4. 공공 소유·운영	존재	존재	존재	존재

출처: Blank(2000), Figure1 참고.

먼저 민간이 소유하고 운영하는 시장형태로 여기에 안전 규제와 같은 정부 규제가 추가되는데, 민간시장에서 공급되는 재화나 서비스 대부분이 이에 속한다. 의식주 관련 상품이나 의약품이 여기에 해당된다고 볼 수 있다. 다음으로 민간이 소유하나 외부효과나 분배문제가 존재할 경우 정부가 개입하는 형태를 들 수 있다. 민간 유치원이나 학교에 정부가 일정 수준의 품질규제를 하고 한편으로는 재정지원도 하는 경우가 여기에 해당된다. 푸드스탬프와 같은 제공기제도 여기에 해당된다고 볼 수 있다. 또한 외부효과, 분배문제, 그리고 대리인 문제 등 시장실패가 심각할 경우 정부가 공공서비스의 원천이 되며 민간은 다만 정부의 규제하에 단순히 서비스를 제공하는 역할만 한다. 정부가 소유하거나 그 원천을 가지고 있지만, 민간부문에 경영만 위탁하는 경우가 여기에 해당된다. 마지막으로 외부효과, 분배문제, 대리인 문제 등 시장실패에 속하는 여러 문제들과 더불어 서비스의 가치나 평가가 어려울 경우 정부가 직접 소유하고 운영하는 형태가 될 수 있다.[10] 영국의 의료보험서비스가 여기에 해당된다고 볼 수 있다.

위의 4가지 제공기제 중 동일한 공공서비스라도 어떤 기제를 활용할 것인가는

---

10) 실제로 어떤 경우들에서는 비효율성이 더 높은 서비스가 제공되고 있다는 신호가 될 수 있다. 가족이나 친구 관계는 아픈 가족을 수일 동안 옆에서 간호한다거나 개인적 고충에 대해 몇 번이고 반복해서 들어주는 것과 같이 비효율적 상호작용으로 특징지어진다. 이러한 성격의 돌봄을 제공할 의향이 있는 서비스공급자에게는 고용 부담도 늘어나고 인력 비용도 더 높아지겠지만 서비스 질은 높아질 것이다. 예로, 의료적 필요를 채워주는 것 외에도 환자들과 이야기를 나누거나 잘 지내고 있는지 확인하기 위해 잠시 들러볼 시간을 내는 간호 직원은 더 좋은 서비스를 제공하는 것이다. 이러한 예는 사회서비스 분야에서 '효율성'과 '서비스 질' 사이에는 상충 관계가 존재함을 보여준다. 이처럼 서비스 질과 관련된 이슈가 충분하게 인지되고 정책결정 과정에서 반영되지 않는다면, 민간시장에서 낮은 가격에 낮은 수준의 서비스가 제공되는 상황을 맞게 될 것이다.

국가와 시대에 따라 다른데, 그 이유는 정부마다 공공서비스에 대한 가치관과 정책 지향이 다르기 때문이다. 보편주의나 공공성을 강조할 경우 정부가 직접운영하거나, 아니면 시장기제를 활용하더라도 보편주의 방식으로 공공성을 강화한 형태의 사회 보험 방식을 취하는 공공서비스 제공기제가 활용된다. 반면 선별주의나 시장성을 오히려 더 강조할 경우 공공서비스는 특정 취약계층 중심으로 운영될 수 있다. 나아가 비용절감이나 자부담 설계와 같은 효율성을 중시하는 정책수단이 제공기제에 적극 활용된다. 물론 선별주의 공공서비스가 효율성과 책무성을 동시에 달성하기는 어렵다고 하더라도, 취약계층에 대한 집중적이고 효과적인 지원은 보편주의 못지않게 그 효과성을 발휘할 수도 있다.

(2) 준시장에 내재된 정부특성으로 인한 준시장실패

준시장은 정부규제와 운영이라는 정부개입 요소들을 가지고 있다. 이로 인해 정부개입에 따른 문제점이 발생하고, 이는 준시장실패의 또 다른 원인이 된다. 준시장의 원활한 운영을 위해 정부개입의 근거나 정당성[11]이 인정되는 경우가 있지만, 한편으로 이로 인한 준시장 실패가 발생할 수 있다는 것이다. 이를 살펴보면, 첫째, 더 높은 질의 서비스를 제공하더라도 정부의 직접 운영 비용이 편익을 상쇄해버린다면 정부 비효율성이 커질 수 있다. 둘째, 정부가 대가성 임용(patronage)이나 부패에 시달린다면 정부 운영은 바람직하지 않다. 이러한 문제는 정부 비효율의 이유도 되지만, 서비스 질과 접근성, 형평성이라는 공공 목표 달성도에도 영향을 미치게 된다. 셋째, 정부는 더 높은 질의 서비스를 공급함에 있어 비효율적일 수 있다. 공공부문의 부실 운영과 비효율성은 낮은 서비스 품질로 연결된다. 실제로 시장에 비해 직원들의 보수가 낮거나, 경영 관리·감독이 제대로 이루어지지 않을 경우 정부가 제공하는 서비스의 질은 대단히 낮아질 수 있다. 민간부문에 시장실패가 발생하는 것

---

11) 정부개입 방식의 타당성에 대한 논란이 있기는 하지만, 정부 직접 고용이 더 나은 서비스질을 제공할 수 있는 두 가지 상황이 있다. 첫째, 정부는 '공공서비스'라는 가치를 부여함으로써(즉 직원들이 수행하는 일의 비경제적 요소에 대한 가치 부여) 직원들에게 동기를 불어넣을 수 있을 것이다. 둘째, 정부가 특별히 높은 역량 수준의 직원을 고용하여 양질의 서비스를 제공하는 것이다. 정부가 높은 역량 수준의 노동력에 대해 시장에서보다 높은 임금을 지불하기는 어렵지만, 사회서비스 분야의 경우 다른 일자리 선택 기회가 많지 않기 때문에 정부가 어느 정도 노동시장 지배력을 가지고 있으므로 양질의 노동력 고용이 가능하다. 양질의 서비스를 공급하는 정부의 능력은 가치를 만드는 것(worth making)이다. 사회서비스 제공의 '보편주의'를 강조할수록 '정부 공급'의 논리는 더 강해진다. 정부의 힘은 '공통 기준'(common standards) 또는 동등하게 이용 가능한 서비스를 시행하는 것이다.

처럼, 정부에 의해서도 광범위한 비시장실패(nonmarket failure)가 발생할 수 있다.

2. 논쟁 2: 공공서비스 준시장과 소비자 주권(Consumer Sovereignty) 논쟁

준시장 논의는 공공서비스 이용자의 선호와 권익을 최대한 보호하고 보장하고자 하는 관점이다. 다시 말해, 소비자 주권의 관점에서 준시장의 성공과 실패를 평가하려는 시도이다. 이는 준시장이 경쟁과 선택을 통해 이용자의 선호를 표출하고, 이를 구현하려는데서도 잘 드러난다. 그러나 소비자 주권을 강조하는 관점에서 볼 때 준시장은 여러 제약요소를 안고 있다. Lowery가 주장한 이와 같은 준시장실패는 전통적 시장(conventional market)의 실패와 전혀 다른 것이 아니며, 오히려 전통적 시장에서의 시장실패로 설명될 수 있는 것이다. 다시 말해, 준시장실패는 전통적인 시장실패와 전혀 별개인 것이 아니며, 오히려 준시장의 시장요소(market element)에 있어서 전통적인 시장실패가 재현되는 현상으로 볼 수 있다. 준시장의 문제점을 보면 아래와 같다.[12]

1) 준시장 형성 실패(failure of quasi-market formation)

수요가 충분하지 않거나, 단일한 공급자가 모든 소비자들을 포획하고 있거나 하여 현실에서 독점(monopoly)이 무너지지 않는 경우를 의미한다. 이를테면 독점 내지 과점 시장 형성으로 인한 실패들을 가리킨다. 이러한 독과점 문제에 관한 논의는 준시장에도 적용될 수 있다. 소비자 주권 실현이 경쟁의 실현에 의존하므로, 준시장에 의해 소비자 주권이 실현되기 위해서는 경쟁할 수 있는 준시장적 공급자들이 존재해야 할 것이다. 그러나 실제로 모든 준시장에서 경쟁이 충분히 실현되고 있다고 볼 수 없다. Smith and Smyth(1996)가 연구한 노스캐롤라이나의 마약남용방지 서비스 공급체계는 계약에 의한 민간위탁(contracting out) 방식으로 운영되는데, 지속적인 계약갱신에도 불구하고 계약당사자에는 거의 변동이 없는 것으로 나타났다. 입찰과정이 경쟁적으로 운영된 계약은 거의 없었고, 한 번 계약이 체결되면 그 계약은 지속적으로 유지되었다는 것이다.

---

12) 이 부분은 Lowery(1998)의 내용을 주로 참고하여 작성하였다.

2) 선호 오류 실패(failure in preference error)

공공서비스 이용자가 서비스에 대해 정보가 부족하여 소비자 주권(consumer sovereignty)이 실현될 수 없는 경우이다. 이용자가 충분한 정보를 갖고 있지 못하거나 소비대상을 적절하게 판단할 만한 여건, 능력을 갖추지 못했을 때 발생하는 준시장실패를 가리킨다.

(1) 정보결핍에 따른 선호오류

만약 공공서비스 이용자가 선택권을 행사하는데 필요한 만큼의 정보를 갖고 있지 못할 경우, 그들의 선택은 진정한 선호를 반영하지 못할 것이다.[13] 이처럼 소비자(이용자)가 스스로 판단하기에 복잡한 공공재나 공공서비스를 직접 선택할 때 발생할 수 있는 준시장실패의 위험성을 지지하는 실증 사례도 있다는 것이다.[14] 한편 준시장 지지자들이 불충분한 정보로 인한 문제에 대해 제시한 해결책은 정부에게 보다 적극적으로 정보를 제공하라고 촉구하는 것이다. 그렇지만 이용가능한 정보가 있다 해도 정보를 이용하기 위한 인센티브가 부족할 가능성도 있다. 준시장 지지자들은, 단지 준시장이 성립하는 것만으로도 충분한 인센티브가 될 수 있다고 주장한다(예컨대 학교 바우처를 제공하면, 바우처 이용자들이 적극적으로 관련 정보를 활용할 것이라는 주

---

13) 이에 대한 반박도 있다. Tiebout Scitovsky(1962)에 따르면, 소비자가 적어도 어떤 상품에 관한 기초적인 사항들(견고성, 디자인, 기능 등)에 관해 좋고 나쁨을 판단할 수만 있어도 이와 같은 정보실패는 소비자 주권을 심각하게 해치지 않는다는 것이다. 또한 시장 경쟁의 이점을 누리는데 있어 모든 소비자가 충분한 정보를 갖고 있을 필요는 없다는 것이다. 즉, 소수의 박식한 소비자들이 창출하는 긍정적 외부효과로 인해 일부 소비자에게만 충분한 정보가 있어도 선택권은 대체로 적절하게 행사되어, 유효한 경쟁압력으로 작용할 수 있다. 그러나 이러한 주장에 대한 반론도 여전하다. 첫째, 일부 소비자만 충분한 정보를 갖고 있는 상황에서 유효한 경쟁이 존재할지 입증된 바가 없으며, 둘째로, 설령 일부 정보에 밝은 소비자의 선택에 다른 소비자들이 합류하더라도, '일부' 소비자의 선호가 다른 소비자의 선호를 얼마나 대표하는지 알 수 없다는 것이다. 특히 공공재나 공공서비스를 대상으로 개인이 직접 선택할 경우 정보실패에 따른 부적절한 선호 내지 선호 오류가 더 쉽게 발생할 가능성이 있다는 것이다.

14) Teske 외(1993)의 연구에서는 롱아일랜드 주민들에 대한 설문을 통해 주민들이 교육서비스의 질에 관해 얼마나 정확한 정보를 갖고 있는지 조사한 바 있다. 설문은 주민들이 속한 학교 행정구역(school district)의 재정지출 수준이 서포크(Suffolk) 카운티에 속한 인근 학교 교구에 비해 평균이상인지, 평균인지, 평균이하인지 대답하는 형태로 구성되어 있었다. 설문 결과, 올바른 답변을 한 주민의 비율은 전체의 21퍼센트에 불과했다. 심지어 롱아일랜드는 다른 주에 비해 매년 주민참여 예산제를 시행하는 등 정보제공에 지극히 유리한 여건을 갖추고 있기도 했다. 또, 같은 연구의 다른 부분을 참조할 때, 정보에 밝은 주민들이 다른 주민들의 선호를 대표한다고도 볼 수 없었다. 같은 설문 결과, 교육에 대한 선호는 대체로 소득수준에 따라 다양하며, 일반적으로 부유한 계층이 교육서비스 관련 정보에 밝은 것으로 나타났다.

장이다). 준시장에서 활동하는 공급자들, 또는 기업들 역시 이용자를 유치하기 위해 적극적으로 정보를 제공할 것으로 기대하고 있다. 그렇지만 이와 같은 낙관적인 전망들은 현장에서 충족되지 않는 경우가 허다하다(Teske et al., 1993).

(2) 선호측정의 어려움에 따른 선호오류

사회서비스(social service)와 같이 서비스 제공의 목적 및 서비스 내용이 복잡하거나 정의하기 어려운 경우 선택에 있어서도 복잡성이 증가한다. 또, 평가기준을 정립하기 어렵고, 서비스 전달과정의 특성상 모니터링이 쉽지 않아 중장기적으로 거래비용이 증가할 수도 있다. 즉, 사회서비스와 같이 서비스 자체의 특성으로 인해 정보실패가 나타나기 쉬운 경우도 있다는 것이다. 한편 부적절한 선호는 단지 정부의 부재(lack)에 기인하지 않을 수도 있다. 광고 등을 통해 공급자, 또는 관리자가 수요자의 선호를 조작(manipulation)할 수 있기 때문이다. 공공 내지 민간부문을 막론하고 이와 같은 사실들을 지적한 연구가 상당하다. 준시장 역시 예외가 아니다.15) 이처럼 준시장의 복잡한 맥락에도 불구하고, 여전히 공공선택론자들은 시장의 힘을 해법으로 제시한다. 독점만 없다면, 경쟁적 공급자들이 경쟁압력으로 인해 조작적인 것 뿐 아니라 그렇지 않은 광고를 제공할 유인이 발생할 것이라는 전망이다. 그런데 문제는 조작적 광고에의 유인이 복잡성이 증가할수록 따라서 증가한다는 점이다. 정보비대칭이 심화될수록 선호조작에의 유인이 강해질 가능성을 충분히 생각해볼 수 있다. 결국 복잡성이 심각하고 경쟁 정도가 약한 준시장에서는 공공선택론자들의 경쟁논리가 지닌 설득력이 약화될 것이다.

(3) 외부효과에 따른 선호오류

외부성은 준시장에서 다양한 상충적 선호를 만들어낸다. 여기서는 Schmid (1978)의 기술적(technical) 외부성, 금전적(pecuniary) 외부성, 정치적(political) 외부성 개념을 중심으로 이를 살펴보자. 첫째, 기술적 외부성은 어떤 선택이 다른 선택자의

---

15) Smith & Meier(1995)의 학교 바우처에 관한 연구에서 Galbraith(1958)가 제시한 것과 거의 동일한 방식으로 광고에 의한 선호 조작이 발생할 수 있다고 주장한 바 있다. 또한 정치적 로비나 정책마케팅을 통하여 민간공급자들(vendors)은 지방정부의 선호를 자신들에게 유리하도록 만들어간다. Milward(1996)에 따르면 'Hollow State Thesis'에 관한 논의에서 제3영역(third-party) 공급자들이 조직적으로 선출직 공무원과 유착되어 각종 부패가 발생하고, 아웃소싱이 확대됨에 따라 공공의 책무성과 정체성이 훼손될 위험이 있다.

선호체계에 미치는 '물리적인' 영향을 가리킨다.16) 둘째, 금전적 외부성(pecuniary externalities)은, 어떤 행위자의 선택이 다른 행위자의 상품이나 서비스가 지니는 교환가치에 영향을 미칠 때 발생한다. 대표적인 사례로, 기존에 정부에 의해 직접제공이 이루어지던 서비스가 계약방식으로 전환될 때 발생할 수 있는 비용절감 효과를 들 수 있다.17) 셋째, 정치적 외부성은 공공 의사결정의 구조적 특성에서 비롯된다. 정치적 외부성과 달리 기술적 외부성과 금전적 외부성은 상품이나 서비스의 본질로 인해 발생하는 외부성이다. 정치과정을 통해 결정된 사항은 의사결정에 직간접적으로 관여한 이해관계자 집단뿐만 아니라 여기에 직접 참여하지 않거나 무관심했던 집단에게도 큰 영향을 줄 수 있다. 대표적으로, 학교 바우처 사업에서 나타날 수 있는 편의적 선택(cream skimming 또는 cherry picking) 현상이 정치적 외부성이 나타나는 사례가 될 수 있다. 학교 바우처로 인해 일부 학교는 우수한 학생들을 '골라잡을' 기회를 더 많이 얻을 수 있게 된다. 이러한 집단쏠림현상은 우수한 학생들이 이탈한 학교에서 제공하는 교육서비스의 질에 치명적인 악영향을 미칠 것이다. Smith와 Meier(1995)는 Florida 학교를 중심으로 정치적 외부성 때문에, 이중 주택시장 사례와 유사하게 교육체계에서 형평성이 상실되고 있음을 보여준다.

3) 선호 대체에 의한 실패(failure by preference substitution)

준시장형성의 실패와 준시장 선호오류에 따른 실패는 자주 나타나는 시장실패이기도 하다. 그런데 준시장의 다층적 선호구조에 때문에 발생하는 선호대체의 문제는 시장실패와 다른 유형의 준시장실패를 초래할 수 있다. 이는 준시장 고유의 특

---

16) McKinney(1985)는 비시장에서 나타날 수 있는 기술적 외부성 사례를 제시해 준다. Mckinney는 64개 대도시 권역에서 나타난 데이터를 근거로 치안 분야에서 발생했다고 생각되는 외부성을 분석한 바 있다. McKinney에 따르면 과밀한 관할구들 사이에서는, 이웃한 관할구로 범죄발생을 전가하기 위해 치안 서비스에 적정 수준 이상으로 재정지출하게 된다는 것이다. 인접한 관할구 사이에 발생할 수 있는 물리적인 압력이 부정적 외부성을 발생시키는 사례로 해석할 수 있다. McKinney는 앞서 제기한 두 가지 해법들이 이 문제를 완벽하게는 해결할 수 없을 것이라는 전망도 덧붙였다.

17) 이 비용절감 효과는 대개의 경우, 블랙박스 내부에서 일어난 효율성 증가로 인한 것이라기보다 인건비 감소에 따른 것으로 알려져 있다. 달리 말해, 전달체계 전환으로 인해 이전에 비해 공공재 및 공공서비스 제공을 위해 투입되는 노동력의 교환가치가 저평가 받은 것이다. 전환과정에서 손해를 본 당사자-공공부문 종사자들이 의사결정에 참여했다면 계약방식에 따라 전달체계에 관한 의사결정이 이전에 비해 합리화되었다고 평가할 수 있을지도 모른다. 그러나 이들 종사자들이 의사결정과정에서 배제되었다면, 이들에게 발생한 비용은 의사결정과정에서 무시된 사회적 비용으로, 부정적 외부성이 발생했다고 평가할 수 있을 것이다.

성에 따른 실패로 시장실패에서는 없는 유형이다. 그럼 준시장의 주요 사례인 바우처 제공기제를 중심으로 다층적 수요자 문제를 살펴보자. 공공서비스 제공기제의 수요측면을 보면, 첫 단계의 수요자는 공공재 및 공공서비스를 공급하기 위한 집단결정을 내리는 정책수요자(예: 무상급식찬성론자, 반대론자로서 공공서비스 소비자, 그리고 정치인과 관료)집단이다. 다음 단계의 최종 수요자는 공공서비스를 직접 소비하는 시민이다(예: 교육서비스의 이용자인 학부모, 청소서비스 이용자인 시민). 첫단계의 정책수요자를 공공서비스 제공기제 소비자(provision consumers), 두 번째 단계의 최종수요자를 생산물 소비자(production consumers)라고 부르기도 한다. 그런데 두 수요자 집단사이에 괴리가 발생할 수 있으며, 이를 선호대체의 실패라고 부른다. 예를 들면, 최종 수요자인 시민선호를 무시하고 정책수요자 집단인 정치권이나 행정관료들 중심으로 정책결정을 내린다면, 이는 시민을 무시한 정책의 실패로 볼 수 있다. 또한 최종 수요자인 시민의 선호(무상급식 – 무상의료)만을 고려하거나 여기에 종속될 때 대중영합주의로 인한 실패가 일어날 수도 있다.[18]

3. 논쟁 3: 수요자 중심 재정(Demand Side Financing)

최근 공급자 중심의 전달체계에 대한 비판(대안)으로 수요자 중심 전달체계 논의가 확산되고 있다. 특히 (저)개발국가를 중심으로 각종 보건과 교육 등 사회서비스 분야를 중심으로 수요자 중심 재정 전달체계가 확산되고 있다. 그 이유는 기존 공급자 중심 전달체계에서 취약계층의 선호와 접근성이 제대로 보장받지 못했기 때문에 이를 개선하기 위한 차원에서 직접 취약계층에게 접근할 수 있는 수요자 중심 재정기제가 필요했기 때문이다. 저개발국의 교육과 보건서비스에 대한 바우처 전달체계가 가장 대표적인 사례이며, 이 때문에 바우처 전달체계는 수요자 중심 재정전

---

18) 입법자들과 수요자들이 공공재 및 공공서비스의 질을 평가하는 기준이 다를 경우를 상정해볼 수 있다. 이를테면, 학교 바우처 입법자들이 의도했던 '양질의 교육' 기준과 학부모들이 자녀들을 위해 학교를 선택하면서 적용하는 교육의 질에 관한 기준이 전혀 다른 경우, 학교선택권은 효율성에 기여하지 못할 것이다. 두 유형의 소비자가 전혀 다른 방향으로 선택권을 행사할 수 있기 때문에 나타날 수 있는 문제. 예컨대, 최종 교육서비스 수요자인 학부모 집단은 입시성적 향상을 위해 여기에 맞는 학교를 선호할 것이다. 하지만 이는 학교를 입시위주의 학교로 변화시켜 사설학원과 차이가 없는 학교로 변질될 우려가 있다. 그런데 입법가나 교육정책담당자는 입시위주의 학교가 아닌 전인교육을 위한 학교를 선호한다면, 학부모와 정책입안자(정치인-정책담당자) 사이에 괴리가 생겨날 수밖에 없다.

달체계(CL_DSF: consumer led demand side financing systems[19]))로도 불린다.[20]

이용자재정지원방식은 사회복지영역의 민영화와 밀접한 연관이 있는데 이는 민영화 확산과 함께 공급자재정지원방식의 대안으로서 발전했기 때문이다(지은구·김은정, 2011). 민영화 초기에는 정부직접제공에서 민간비영리기관을 통한 공급자재정지원방식으로 주로 전환되었으나 최근 들어 서비스 수요자에게 직접 재정지원하는 이용자재정지원 방식으로 전환되는 추세이다. 이러한 이용자재정지원의 도구로 사용되는 방식은 직접 지불(direct payment), 개인총예산(individual budget), 바우처, 각종 수당, 세금감면 등이 거론된다. 공급자중심모델은 서비스 공급을 강조하는 민영화방식으로서 민간조직(특히 비영리 사회복지조직)이 서비스가 필요한 사람에게 직접 서비스를 제공하는 것을 의미한다. 공급자중심모델에서 사용하는 도구는 계약이나 국고보조금 등을 활용한다.

민영화에 따른 재정지원방식 변화의 결정적인 이유는 복지국가의 재정적 위기에 따른 효율성 강화 요구와 관련된다. 그러나 국가마다 정치, 사회, 문화, 경제적 상황에 따라 차이를 보인다. 민영화방식에 재정지원방식이 주를 이루는 미국이 있는 반면 국가가 직접 사회복지서비스를 공급하는 스웨덴과 같이 국가주도형 재정지원방식을 선호하는 국가도 있다. 한국의 경우 민간비영리 중심의 공급자지원 방식이 대부분이었지만 2007년 사회서비스사업의 개시와 함께 이용자재정지원방식을 본격적으로 도입하기 시작하였다. 이용자재정지원방식을 사용하여 특정 서비스를 제공하는 경우 이용자중심성과 선택권을 강화할 수 있지만 지속적이고 안정적인 서비스를 제공하여 이용자 개개인이 갖는 서비스 이용성과(outcome)를 용이하게 관리하기는 어렵다. 기관들이 다루기 어려운 이용자나 이용가능성이 적은 이용자들에

---

19) 수요자중심재원조달(Demand side financing: DSF)의 개념 또는 용어는 Patrinos & Ariasingham(1997)의 교육바우처에 대한 논의 과정에서 본격적으로 사용되었다.

20) 공공재정의 전달체계는 크게 두 가지 패러다임을 꼽을 수 있고, 수요자중심재정조달(DSF: demand-side financing)과 공급자중심재정조달(SSF: supply-side financing)로 대립된다(Ensor, 2003; 2004; Patrinos & Ariasingam, 1997; West, 1997). 전자는 이용자에게 직접 공공재원이 전달된 후 이를 토대로 공공서비스를 이용하는 모형이며, 반면에 후자는 공급자에게 직접 공공재원이 전달된 후 공급자가 다시 공공서비스를 이용자에게 제공하는 모형이다. DSF모형의 가장 전형적 형태가 바우처이며, SSF의 전형적 형태가 공급자에게 위탁하는 형태이다. 이처럼 대립하는 전달체계는 기본적으로 정책수단에 대한 정책철학의 상이함에서도 비롯된다. DSF모형의 경우 시민의 선택권과 선호를 존중하고 나아가 최종 공공서비스 이용권자의 권리를 최대한 보장하고자 하는 공공서비스 민주주의 모델에 기반을 둔다. 흔히 DSF의 경우 아래 최종-원천으로부터의 접근(bottom-up)에 바탕을 둔 공공서비스재정조달모형이며 SSF의 경우 위의 계획-설계에 따른 접근(top-down)에 근거한 모형이다.

대한 이용자선별이 일어날 경우 서비스 역차별의 가능성이 존재한다.

그러나 국가가 정보불균형 및 이용자 선별과 소비 불균형과 같은 문제들을 해소할 수 있다면 재정 효율성을 강화하고 이용자의 권리도 향상시킬 수 있다. 공급자재정지원방식을 사용하여 서비스를 제공할 경우에는 우수한 지식과 기술력을 갖춘 기관들이 서비스를 안정적으로 제공할 수 있다. 또한 국민의 복지욕구를 보다 신속하게 사정하여 새로운 프로그램 개발에 적극적으로 반영할 수 있고 서비스 제공기관은 국민의 개별적인 특성을 고려하여 차별적인 서비스를 제공할 수 있어 책임성을 증대할 수 있다. 하지만 공급자재정지원방식은 기관의 서비스 독점을 인정하고 서비스에 대한 관리 책임을 민간으로 이양하는 것으로써 정부 재정이 법인이나 민간기관장의 개인적 용도로 이용될 수 있다. 이 경우에는 서비스 중복 제공 및 서비스 과다사용 등 불필요한 사용이 문제점으로 나타날 수 있다. 이용자재정지원방식과 공급자재정지원방식 중 어떠한 방식을 선택하여 재정을 지원할 것인가에 대한 문제에 접근하는 데는 이용자 중심성을 중시하여 서비스의 수요를 강화할 것인가 아니면 서비스의 안정적 공급을 중시할 것인가라는 기본 전제에 대한 숙고가 반드시 필요하다. 보다 중요한 것은 이용자 속성을 인지하고 서비스 특성을 파악하여 이용자재정지원방식이 가능한 서비스와 이용자를 구분하여 재정지원방식을 결정해야 한다는 것이다(지은구 · 김은정, 2011: 125-128).

4. 논쟁 4: 공공서비스 제공기제를 둘러싼 거버넌스 논쟁

준시장 논의는 공공서비스 제공기제를 둘러싼 거버넌스 논쟁과 관련이 깊다. 집권화와 분권화 논쟁 그리고 시장화(민영화) 논쟁이 바로 준시장 작동기제와도 연결되어 있다. 여기서 국가중심의 집권화는 공공서비스 통합론자의 주장이며, 분권화는 공공선택론에 바탕을 둔 다중심론자(polycentrist)의 주장이다.

집권화 모델은 과거 1885년 Woodrow Wilson의 집중화되고(centralized), 계층적이며(hierarchical), 전문 행정가에 의해 통제되는(controlled by professional administrators) 행정을 지향했다. 하지만 1950~60년 대 대도시권역의 통치구조(metropolitan-governance)에 있어 단일의 지방정부(관할권)보다는 여러 개의 지방정부(관할권)의 중첩이 더욱 효율적이라는 다중심주의자(polycentrist)들의 주장이 대두되었다. 다중심론자들은 지방정부간 경쟁의 중요성과 장점을 강조했다. 이들은 Ostrom, Tiebout, Oates 등 공공선택론자(public choice theorist)이다. 이들이 주장하는 내용이 바로 준시장모델이라 보면 된다.21) 준시장은 비록 정부의 역할을 강조하지만 공공선택론의 핵심 원리를 활용해, 제공기관을 다원화함으로써 집권화보다는 분권화를 지향한다. 또한 통제와 위계에 근거한 정부관료제가 아닌 경쟁과 선택을 바탕으로 한 시장요소를 강조함으로써 공공서비스의 시장화를 유도한다.

그런데 1980~90년대에는 이른바 신통합주의자(neoconsolidationist)라고 불리우는 학파가 출현하여 준시장의 실패에 대한 논쟁을 제기했다. David Lowery를 필두로 한 신통합주의자들은 정부실패를 비판하는 공공선택론자-다중심주의자-들의 주장을 비판하면서, 준시장실패(quasi market failure)에 초점을 맞추기 시작했다. 그리고 최근 미국에서는 공공선택론의 한계를 보완하기 위한 차원에서 단일화된 공공서비스 제공기제가 더욱 바람직하다는 통합주의자(consolidationist)들이 등장했다. 나아가 준시장실패에 초점을 둔 신통합론이 등장하며 기존의 국가중심의 통합체계에 준시장 기제를 도입하여 정부실패를 완화하려는 시도가 이루어지고 있다. 신통합론자는 준시장실패의 가능성도 고려하고 있는데, ① 정부독점의 실패(government monopoly failure), ② 정치정보의 실패(political information failure), ③ 의도하지 않은 결과 실패(unintended consequence failure)를 꼽는다.

한편 최근에는 복지국가 레짐론자들을 중심으로 정부와 시장의 혼합체계를 복지혼합(Welfare Mix)모델로 접근하고 있다. 예를 들면, 영국의 노동당 정책기조는 기본적으로 복지부문에 있어 정부의 책임을 강조하지만, 여기에 시장을 접목하여 복지서비스의 효율성을 높이려는 시도를 했는데, 이를 복지혼합모델로 볼 수 있다.22)

---

21) 이들은 첫째, 대도시권의 시민들은 다중적이고 이질적인 문제상황들에 직면하기 때문에 이를 해결하기 위해서는 다중 지방정부(multiple jurisdiction) 체계가 더욱 바람직하다고 보았다. 둘째, 지방정부 간 경쟁 과정에서 시민들은 자신의 선호에 적합한 조세와 공공재(tax and public good/service)를 공급하는 지역으로 자유롭게 이동하거나-Tiebout의 발에 의한 투표(vote by foot)-, 자신들의 수요를 충족시켜 줄 것을 지방정부에 요구하고, 이 과정에서 지방정부 간 경쟁이 발생하는 경우 다중 지방정부가 단일 지방정부보다 더욱 효율적이라고 주장했다. 이 다중심주의자들은 정부실패(government failure)를 주장하고, 시장친화적 모델을 강조했기 때문에 준시장 모델(quasi-market model)로도 인식되고 있다.

22) Taylor-Gooby와 그 동료들의 연구(2004)는 영국의 복지혼합에 대한 성과를 분석하고 있다. 이 연구의 내용을 살펴보면, 1970년대 말부터 영국에서는 '정부 현대화(Modernising Government)'라 일컬어지는 공공부문 개혁

IV. 준시장 운용이 주는 정책시사점

위에서 살펴본 것처럼 전통적 시장과 준시장은 몇 가지 구분되는 특성을 갖는다. 이하에서는 이를 구체적으로 재정리한 후 준시장 운용을 둘러싼 시사점을 제시해 보고자 한다.

첫째, 준시장은 정부에 의해 인위적으로 공공서비스를 제공하는 과정에서 경쟁과 선택권을 보장하기 위해 만들어진다. 둘째, 정부는 이러한 준시장을 통해 주로 취약계층을 위한 공공재나 서비스를 제공하고자 한다. 지불능력을 갖춘 집단의 경우 시장에서 필요한 재화나 서비스가 공급되기 때문이다. 셋째, 정부가 계약한 공급자의 서비스나 재화를 직접 구매하여 이를 공급자로 하여금 제공하게 한다. 즉, 준시장의 경우 해당 재화나 서비스의 경우 그 재원의 원천은 정부이며, 이를 대행하는 기관이 정부가 아닌 민간의 (비)영리기관인 경우가 대부분이다. 준시장에서 공급자는 정부가 아닌 민간의 영리기관과 비영리기관이 된다. 마지막으로 준시장에서 제공하는 재화나 서비스를 이용하는 사람은 취약계층이 대부분이며, 이들은 바우처 등의 형태로 이를 이용할 권리를 갖는다.

이제 준시장은 공공서비스 제공과정에서 널리 활용되는 기제이나, 여전히 준시장에 대한 근본적 질문들이 제기되고 있다. 이 질문들은 준시장의 운용에 대한 유용한 시사점을 던져준다. 예를 들면, 준시장은 누가 설립하는 것인가, 왜 준시장의 경쟁은 한계가 있는가, 그리고 시민의 선택권은 왜 여전히 제한적인가라는 질문들이 바로 그것이다. 아래에서는 이 질문들을 중심으로 준시장의 작동기제에 대한 평가, 과도한 민영화에 따른 비판과 공공기관 책무성에 대한 재음미, 그리고 준시장의 사회경제적 파급효과에 대한 내용을 서술해보고자 한다.

이 진행되었다. 민영화를 추진한 보수당 정부뿐만 아니라, 보수당 정부의 과도한 시장화 정책을 비판한 신노동당 정부 역시도 일정 부분 공공부문 개혁의 필요성을 인정하고, 광범위한 개혁 프로그램을 추진했다. 전 세계적으로 경제성장과 복지강화라는 서로 상충되어 보이는 두 과제를 어떻게 달성할 것인가가 국가적 과제로 대두하는 상황에서 영국은 시장적 수단을 통한 복지 강화 정책을 추진했다. 영국의 신노동당 정부는 시장 지향적 정책수단을 통해 중도좌파적 복지정책을 시도했는데 이것을 바로 복지혼합이라고 부른다.

1. 준시장 전달체계의 평가기준과 작동 메케니즘에 대한 검토

일반적으로 공공서비스 전달체계를 구성하고, 그 효과에 영향을 주는 주요 특성이 존재하는데 이들은 준시장 작동기제와 한계를 이해하는데 도움이 된다(Le Grand, 2007). 첫째, 국가가 직접 제공하는 형태인데, 이는 명령과 통제(command & control)의 원리에 바탕을 둔다. 이 전달체계에서는 관료제 자체의 역량이 바로 전달체계의 효과성에 영향을 준다. 둘째, 제공기관의 전문성과 역량이다. 얼마만큼 공공서비스를 제공하는 기관이나 제공자들이 잘 훈련되어 있고, 얼마나 공공지향성을 갖추고 있느냐에 따라 전달체계의 효과성이 영향을 받는다는 것이다.23) 전달기관의 공공의식과 전문성(professionalism)에 대한 판단이다. 셋째, 이용자의 목소리를 반영하고 수용하는 피드백 체계(voice feedback mechanisms)이다. 넷째, 이용자 선택권이다. 이용자가 선택권을 행사할 수 있도록 전달체계를 설계하고 운용하는 것이다. Le Grand(2007)에 따르면 이러한 선택권 보장기제가 다른 어떤 전달체계의 특성보다, 공공서비스의 효과성을 제대로 담보할 수 있는 가장 확실한 방안임을 강조한다. 마지막으로 기술이다. 정보화와 기술이 발전함에 따라 공공서비스 전달체계의 모니터링이 쉬워지고 이용자의 목소리도 반영할 수 있는 기회가 크게 확대되었다. 이러한 정보통신기술은 전달체계의 공급자와 수요자 모두에게 영향을 주는데, 양자의 연계성을 강화함으로써 기존 전달체계의 패러다임을 바꾸는데 크게 영향을 준다. 전달체계의 특성 중 준시장의 특성을 가장 잘 부각시켜주는 요소는 선택권과 경쟁이다.

---

23) 이와 관련하여 Le Grand의 공공서비스 제공주체의 윤리적 동기에 대한 논의를 살펴보자. 정부의 독점적 공공서비스 공급이 타당하다는 입장에서는 정부의 공공서비스 공급 동기가 윤리적으로, 그리고 실질적으로 더욱 바람직하다. 왜냐하면 첫째, 정부의 서비스 공급 동기는 이타적(altruistic) 또는 전문적 숙고(professional consideration)를 하는 경향이 있다. 예를 들면, 공공 보건서비스에서 의사나 간호사들이 가지는 이타적 동기는 정부의 독점적 공급을 정당화할 수 있다. 둘째, 이와 같은 정부의 이타적 동기는 민간의 경쟁시장이 사익 추구(self-interest) 동기와 비교할 때, 도덕적으로 우월하며, 공공서비스 공급에서 경쟁이 심해질 경우 이타적 동기가 오히려 위축될 수 있다. 셋째, 이타적 동기는 서비스 사용자를 최대한 배려하기 때문에 서비스의 품질(quality of service)을 확보하고, 수요에 필요한 충분히 수량을 공급할 수 있다는 것이다. 그러나 이에 대한 반박도 있다. 첫째, 독점적 정부 공급자도 사익을 추구할 수 있으며, 둘째, 민간의 경쟁시장에서의 공급자도 비영리기관 등과 같이 이타적인 봉사동기를 가질 수 있다는 것이다. 이와 같이 정부 공급자가 사익을 추구하거나, 시장의 공급자가 이타적 동기를 가진다면 동기적인 측면에서 정부에 의한 공급이나 시장에 의한 공급은 별로 차이가 없다. 앞으로 정부 또는 시장의 공급자가 과연 어떤 윤리적 동기를 어떤 상황에서 얼마나 발현시키는가는 실증연구를 통해 규명되어야 할 영역이다.

한편 준시장은 개별 시장차원의 미시적 경쟁과 선택을 주요 원리를 채택하지만, 한편으로 시장 외부에 대한 거시적 차원의 여러 파급효과(spillover effects)를 수반할 수 있다(Angelucci & Di Maro, 2015).24) 이는 준시장의 성과에 긍정적 또는 부정적 파급효과를 가져오는데 준시장 설계와 운용에서 놓쳐서는 안 될 쟁점이라 판단된다.

2. 시장과 정부의 재균형화(Rebalancing) 노력

준시장에 대한 비판은 무엇보다 과도한 민영화로 인해 나타나는 각종 부작용에 대한 것이라 할 수 있다. 준시장실패에 따른 문제점 중에서 가장 근본적인 문제는 공공부문의 운용에 민간주체가 들어옴으로써 나타나는 각종 부작용이다. 무엇보다 국가의 권한과 책임 영역이 모호해지면서 국가의 공동화(Hollowing State) 현상이 나타난다(Milward, 1996). 공공서비스 제공을 통해 사회자본과 사회적 연대감과 유대감을 유지하고 강화하는 것이 중요한데, 준시장체제는 이를 오히려 파괴할 수 있다. 반면 준시장 체제에서 국가는 민간 대상 재원조달의 반대급부로서의 규제를 통해 오히려 민간기관과 시장영역을 국가의 통제영역으로 이전시킨다. 이로 인해 민간의 자율성과 창의성이 위축되는 그림자국가(Shadow State) 현상이 나타날 수도 있다(정광호·권기헌. 2003; 정광호, 2004). 최근 과도한 민영화가 여러 가지 폐해를 초래하면서 시장, 정부, 시민 주체 간의 새로운 균형점을 찾는 노력이 나오고 있다.25) 과거 지나친 민영화로 시장 위주의 사회운영이 전 부문으로 확산되면서 시장실패에 내재된 각종 문제점이 사회에 큰 파장을 몰고 왔기 때문이다. 이에 따라 과도한 시장화에 대한 정부의 적절한 개입과 규제가 요구되고 있다. 또한 새로운 거버넌스에 있어 시민사회의 역할도 중요하다. 민주주의와 시민권의 관점에서 볼 때 시장 중심의 공공재 및 공공서비스 공급은 시장원리를 지나치게 강조한 나머지 시민사회의 연대와 유대감을 파괴한다는 비판이 커졌다. 시장이 주가 된 사회에서는 민주주의의 핵심

---

24) 이에 대한 각종 논의는 외부성(externalities), 사회적 상호작용(social interactions), 맥락적 균형효과(context equilibrium effects) (4) 일반균형효과(general equilibrium effects) 등인데, 이에 대한 자세한 정리는 Angelucci & Di Maro(2015)에 소개되어 있다.

25) Warner(2008)는 그의 논문에서 지난 수십 년 동안에 걸쳐 지방정부의 공공서비스 전달에 있어 시장의 역할을 강조하는 민영화의 움직임이 지속되어 왔지만, 그러한 추세는 이제 변화를 맞고 있으며 다시 시장, 정부, 시민사회 간에 균형을 유지하는 새로운 역할을 소개하고 있다.

인 공론과 숙의가 자리할 공간이 없다. 과도한 민영화가 전 사회에 확산되면서 시민은 수동적 소비자로서의 지위에 머물고 능동적 시민으로서 시장의 여러 폐해를 적극적으로 개선하려는 역량을 상실할 가능성이 커진다. 민간시장과 시민사회의 균형을 되찾고, 시장도 민간 시민사회와 조화를 이루고 시민사회의 유대감이나 시민참여의 미덕을 살리는 방향에서 시장화의 정도와 방식이 재조정되어야 한다는 것이다. 이런 측면에서 정부, 시민사회, 시장의 새로운 균형점을 찾아가는(rebalancing) 전략이 요구된다.

3. 준시장에서 책무성의 중시

공공서비스의 민영화를 둘러싼 논쟁은 서비스 품질의 악화, 형평성과 연대감의 약화, 정부책임성의 약화 등 여러 각도에서 바라볼 수 있다. 특히 준시장 구도하의 공공서비스의 경우 효율성과 책무성을 어떻게 얼마나 효과적으로 달성하느냐가 매우 중요한 정책성과로 인식된다. 무엇보다 정부개입을 통한 준시장 도입은 정부가 필요한 서비스나 재화를 효과적으로 공급하기 위함이며, 대부분 시장실패를 보정하기 위함이다. 특히 시장실패 중에서도 취약계층을 위한 서비스나 재화가 적시에 충분히 공급되지 못할 가능성이 있는 영역에 준시장기제가 활용된다. 즉, 주요 공공서비스와 혜택과 관련하여 불평등, 차별, 소외와 같은 다양한 사회문제가 발생하고 사회통합을 저해할 경우 준시장 형태의 정부개입이 이루어지는 것이다. 예를 들면, 기회균등 실현의 핵심이자 미래 계층이동의 수단인 교육서비스의 경우 경제능력이나 신체능력에 상관없이 모든 개인이 골고루 제공받아야 한다. 또한 보건의료 서비스의 경우도 경제 능력이나 사회 지위에 상관없이 모두 동등하게 그 혜택을 받아야 인간의 존엄성을 유지하고, 다른 사회활동의 기본재(basic goods) 역할을 할 수 있다.26)

이상에서 살펴본 것처럼 정부는 취약계층의 기본 핵심 사회서비스를 제공하기 위해 개입하게 되는데, 효과적 개입을 위해 준시장을 활용할 수 있다. 가장 대표적

---

26) 센(Sen)에 따르면 인간은 동등한 자유와 존엄성을 가진다고 가정할 경우, 이를 구현하는데 필요한 인간의 역량(capability)이 필수적인데, 그 역량의 핵심 요소로 교육과 의료를 꼽는다.

사례가 미국의 푸드스탬프 프로그램이며, 저개발국가에 지원하는 교육과 보건서비스들도 여기에 해당된다. 결국 정부가 주도하여 해당 사회서비스의 적절한 공급을 통해 사회적 책무성을 다하고자 준시장 정책을 도입하여 활용하게 된다. 물론 정부가 직접 제공하거나 시장기제를 적극 활용할 수도 있지만, 양자의 장점을 적절히 혼용하여 바우처와 같은 준시장기제를 활용하는 사례가 많다는 것이다. 미국의 주택바우처나 한국의 각종 사회서비스 바우처의 목적은 해당 서비스의 적절한 공급을 통해 취약계층의 역량을 높이고, 이를 통해 정부의 사회적 책임성을 높이고자 하는데 그 목적이 있는 것이다.

4. 준시장의 사회경제적 파급효과

정부의 준시장기제를 활용한 적극적 개입은 해당 분야의 산업을 육성하고 일자리를 창출하는데도 기여한다. 한국의 문화바우처는 문화서비스를 제공하는 문화예술인력에 대한 정부의 보조금 지급을 가능하게 해주며, 이를 통해 지역사회 문화활동이 활성화되고 문화바우처 향유집단의 문화수준도 높아질 수 있다. 미국의 푸드스탬프도 제2차 세계대전 후 잉여농산물에 대한 처리문제를 해결하고, 식량분야의 산업과 유통망을 활성화하고, 나아가 취약계층의 영양과 보건에 기여하는 일석삼조의 효과를 거두고 있다.

미국의 교육바우처 사업도 도시 빈곤지역의 공립학교에서 탈출하여 인근 다른 학교로 옮겨가서 더 나은 교육서비스를 받을 수 있도록 기회를 제공한다는 측면에서 형평성을 제고하는 긍정적 효과를 가지고 있다. 이에 대한 해당 학부모의 만족도도 높은 편이다. 특히 기존 공립학교의 비효율성 또는 책무성 문제에 대응할 뿐만 아니라 해당 빈곤지역의 취약한 교육인프라 문제를 교육바우처를 통해 해결하고자 했던 것이다.

미국의 국방서비스에 대한 지원제도로 활용되는 대학지원 바우처와 같은 고등교육바우처(G.I.Bill voucher program)의 경우도 여러 긍정적 파급효과를 창출한 것으로 평가된다. 대학에 갈 수 있는 기회를 포기하고 국가에 대해 봉사하고 헌신한 청년들에게 정부가 대학 학자금을 지원함으로써 사후 보상의 적절성에 대한 신뢰를 주고 국가와 사회에 대한 책임감과 소명의식을 배양하는데 기여했다. 둘째, 미국의 대학 활성화에 크게 기여했으며, 여기서 졸업한 수많은 G.I.Bill 수혜자들은 미국 중산층을 형성하여 미국의 민주주의를 강화하는데 핵심 역할을 하는 지지층으로 성장하였다. 이처럼 고등교육 바우처는 해당 수혜자에게 대학졸업의 기회를 제공함으로써, 향후 미래 소득과 삶의 안전판을 제공하는 강력한 사회인프라 조성 역할을 했던 것이다. 여기에 미국의 민주주의와 강력한 국가헌신과 소명의식을 키워주는 효과도 만들어 낸 것으로 평가된다.

참고문헌

정광호. (2004). 외부의 재정지원이 조직운영에 미치는 영향. 「한국행정학보」, 38(4): 85–105.

정광호. (2007). 바우처 분석: 한국과 미국을 중심으로. 행정논총, 45(1): 62–109.

_____. (2010). 미국 교육바우처의 효과분석: 무작위실험 사례를 중심으로. 행정논총, 48(2): 25–64.

정광호·권기헌. (2003). 비영리조직의 자율성과 자원의존성에 관한 실증연구: 문화예술단체를 중심으로. 한국정책학회보, 12(1): 127–150.

정광호. (2004). 외부의 재정지원이 조직운영에 미치는 영향. 「한국행정학보」, 38(4): 85–105.

지은구·김은정. (2010). 사회복지서비스의 특성과 이용자재정지원. 나눔의집.

최희진·정광호. (2012). 의료서비스분야의 편의적 선취(cream–skimming)에 관한 예비적 고찰. 지방정부연구, 16(2): 151–174.

정광호. (2008). 정책수단: 정보제공의 현황과 과제. 한국정책지식센터. 정책&지식 포럼(제379회).

_____. (2010). 바우처 분석: 이론과 실재. 법문사.

Angelucci, M., and Di Maro, V. (2015). Program Evaluation and Spillover Effects. World Bank Policy Research Working Paper No. 7243.

Bartlett, W. and Le Grand, J. (1993). Quasi–markets and Social Policy. Palgrave Macmillan.

Blank, R. (2000). When Can Public Policy Makers Rely on Private Markets? The Effective Provision of Social Services. *Economic Journal*, 110(462): C34–C49.

Boettke, P. J., Coyne, C. J., and Leeson, P. T. (2011). Quasi–market failure. *Public*

Choice, 149: 209-224.

DiIulio, J. D. Jr. (1994). Principled Agents: The Cultural Bases of Behavior in a Federal Government Bureaucracy. *Journal of Public Administration Research and Theory*, 4(3): 277-342.

Ensor, T. (2003). Consumer-led Demand side Financing for Health and Education: *An International Review*. Oxford, England: Oxford Policy Management.

_____ . (2004). Consumer-led demand side financing in health and education and its relevance for low and middle income countries. *International Journal of Health Planning and Management*, 19(3): 267-285

Ferlie, E., L. Ashburner, L. Fitzgerald and A. Pettigrew. (1996). *The New Public Management in Action*. Oxford: Oxford University Press.

Galbraith, J. K. (1958). *The Affluent Society*. Boston: Houghton Mifflin.

Gormley, W. T. Jr., & Weimer, D. L. (1999). *Organizational Report Cards*. Harvard University Press.

Gormley, W. T. Jr. (2001). Moralists, Pragmatists, and Rogues: Bureaucrats in Modern Mysteries". *Public Administration Review*, 61(2): 184-193.

Gupta, I., Joe, W., and Rudra, S. (2010). Demand Side Financing in Health: How far can it address the issue of low utilization in developing countries? World Health Report (2010) Background Paper, No 27.

Kähkönen, L. (2004). Quasi-markets, competition and market failures in local government services. Komunal ekonomi och politik, 8(3): 31-47.

Le Grand, J. (2007). The Other Invisible Hand: *Delivery Public Services through Choice and Competition*. Princeton University Press.

Lowery, D. (1998). Consumer Sovereignty and Quasi-market Failure. *Journal of Public Administration Research and Theory*, 8(2): 137-172.

Lubienski, C. (2009). Do Quasi-markets Foster Innovation in Education?: *A Comparative Perspective*. OECD Education Working Papers, 25.

McKinney, S. (1985). Interjurisdictional Externalities and Cooperation: Effects on Police Expenditures and Crime Rates. Urban Affairs Quarterly, 20: 235-243.

Megginson, W. L., and Netter, J. M. (2001). From State to Market: *A Survey of Empirical Studies on Privatization Journal of Economic Literature*, 39(2): 321-389.

Milward, H. B. (1996). Symposium on the Hollow State: Capacity, Control, and Performance in Interorganizationa Settings. *Journal of Public Administration Research and Theory*, 6: 193-95.

Patrinos, H. A., and Ariasingam, L. (1997). Decentralization of Education: Demand Side Financing (Directions in Development Series). Washington, DC: World Bank.

Persky, J. (1993). Retrospectives: Consumer Sovereignty. *Journal of Economic Perspectives*, 7: 183-191.

Schmid, A. A. (1978). Property, Power, and Public Choice. New York: Praeger.

Sen, A. (1999). Development as Freedom. Oxford University Press.

Smith, K. B., and Meier, K. J. (1995). The Case Against School Choice: *Politics, Markets, and Fools*. Armonk, N.Y.: Sharpe.

Starr, P. (1988). The Meaning of Privatization. *Yale Law and Policy Review*, 6: 6-41.

Stigler, G. J. (1962). The Tenable Range of Functions of Local Government. In E. Phelps (Ed.). *Private Wants and Public Needs*. New York: W. W. Norton.

Taylor-Gooby, P. Larsen, T. and Kananen, J. (2004). Market Means and Welfare Ends: The U.K. Welfare State Experiment. *Journal of Social Policy*, 33(4): 573-592.

Teske, P. Schneider, M. Mintrom, M., & Best, S. (1993). Establishing the Micro Foundations of a Macro Theory: Information, Movers, and the Competitive Local Market for Public Goods. *American Political Science Review*, 87(3): 702-713.

Van Slyke, D. (2006). Agents or Stewards: Using Theory to Understand the Government-Nonprofit Social Service Contracting Relationship. *Journal of Public Administration Research and Theory*, 17(2): 157-187.

Warner, M. E. (2008). Reversing privatization, rebalancing government reform: Markets, deliberation and planning. *Policy and Society*, 27(2): 163-174.

West, E. G. (1997). Education Vouchers in Principle and Practice: A Survey. *The World Bank Research Observer*, 12(1): 83-103.

제5장

개발협력사업과 평가:
지식공유형 개발협력사업을 중심으로

[이 석 원]

> **제5장**
> 개발협력사업과 평가:
> 지식공유형 개발협력사업을 중심으로

I. 서 론

경제발전경험공유사업(KSP: Knowledge Sharing Program; 이하 KSP)은 우리나라의 대표적인 국제개발협력 프로그램으로서 협력대상국의 경제·사회발전뿐만 아니라 한국과의 우호적인 경제협력 기반 구축에 기여하기 위한 지식공유형 개발협력사업 이다. 한국의 발전경험에 대한 협력대상국들의 수요가 증가함에 따라 2004년부터 KSP 정책자문사업을 실시하여 2013년까지 총 46개국 600여 개 과제에 대한 정책자 문을 제공해 왔으며 계속적으로 확대되고 있는 추세이다. 한편 KSP 사업 전체적인 총량 규모가 지속적으로 확대되어 가면서 사업의 전반적인 효율성을 제고시키기 위한 체계적인 성과 관리 시스템 구축의 필요성이 또한 증가하고 있다. 이러한 수 요는 KSP 사업이 가지고 있는 고유의 특성에 부합하는 최적화된 모니터링과 평가 (Monitoring & Evaluation; 이하 M&E) 시스템의 구축이라는 구체화된 요구로 구현되고 있다.

현재 KSP 사업에 관해서는 종료평가, 사후평가, 총괄평가의 세 가지 유형으로 구성된 평가 시스템을 구축·운영되고 있으며 사업의 종료 시점이나 사업이 종료한 이후 약 2~3년이 지난 시점에 기본적인 사업성과 및 사업의 파급효과, 중기적 목적 달성 여부를 평가하고 있다. 현행 KSP 사업 평가시스템은 OECD DAC(OECD 1991)

에서 제시한 5대 평가기준에 따라 비교적 충실하게 평가를 수행해 오고 있지만, 사업이 종료한 이후에서야 평가가 시작되는 점, 주로 사업계획과 실시결과의 부합여부에 초점을 두는 감사형 평가라는 점, KSP 사업의 실질적인 개선에 도움을 주는 정보를 생산하는 데 한계를 지닌다는 점, 서로 다른 평가유형 간 중복이나 공백이 발생한다는 점 등은 KSP 사업 평가 시스템의 근본적 유용성을 제약하는 요인으로 작용하고 있는 것도 사실이다.

KSP 사업 평가시스템이 평가로서의 본질적 기능을 수행함으로써 사업 개선에 기여하는 유용성을 증대시키기 위해서는 '무엇을 위한 평가인가?' 또는 '무엇에 중점을 두어 평가하여야 하는가?'라는 근본적인 물음에서부터 평가시스템 개선의 출발점을 삼아야 한다. 감사형 평가로서의 전통(auditing tradition)과 사회과학적 평가로서의 전통(social science tradition)이 혼재된 개발협력 분야의 평가에서 '무엇에 중점을 두어 평가를 수행하여야 하는가?'라는 물음에 대한 해답은 개발협력 자체의 패러다임과 맥락의 변화와 함께 평가의 접근법과 초점도 최근 50년간의 개발협력 분야의 역사를 살펴봄으로써 얻을 수 있다.

재건, 복구, 기술적 지원에 초점을 둔 1950년대 개발협력 활동은 절차적 적합성을 강조하는 감사형 평가만으로도 평가 수요를 충분히 감당할 수 있었다(Morra Imas & Rist, 2009). 그러나 이후 1960년대의 경제성장, 1970년대의 사회개발, 1980년대의 구조조정 정책, 1990년대의 역량 및 제도강화, 2000년대의 빈곤감소와 파트너십 등으로 시대에 따라 개발협력의 초점이 변천해 감에 따라 개발협력 평가가 기준으로 삼는 가치도 다원화되고 평가 방법론도 하나의 방법론이 아닌 여러 이질적 방법론의 통합화(methodological triangulation)가 진행되게 되었다. 복잡·다원화된 가치기준 속에서 개발협력 분야의 공여주체들은 평가기준의 명백한 우선 순위화에 따라 평가자원을 효율적으로 배분하고 실질적으로 사업개선에 기여할 수 있는 평가 시스템의 구축에 노력을 투입하게 되며, 그 결과는 엄격한 사회과학 방법론에 근거한 영향평가(Impact Evaluation)로의 중점 전환이라는 현상으로 나타나게 된다.

KSP 사업 평가시스템도 개발협력 공동체의 평가 트렌드에 맞추어 효과성 평가에 중점을 두고 사업개선에 기여할 수 있는 정보를 생산해 낼 수 있는 평가 시스템으로 개선하는 것을 기본 방향으로 삼아 재구축을 논의할 수 있을 것이다. 우리나라 정부는 2009년 ODA 평가 선진화를 위해 통합평가시스템을 도입하였으며, 통합평가체계 정립을 위해 지난 2013년 모든 ODA 시행기관의 자체평가 및 평가환류 강화를 권고하고 있다. 2013년 7월 신설한 「국제개발협력기본법」 제13조 2항에 의거, 시행기관의 연간평가계획, 평가결과 및 평가결과 반영계획을 주관부처를 통해 국제개발협력위원회 산하 평가소위원회에 제출할 것을 의무화하여 일단 KSP 평가 시스템의 개선을 위한 제도적 환경은 갖추어진 것으로 평가된다.

그러나 가장 어려운 문제는 KSP 사업이 다른 통상적인 개발협력 사업과는 달리 지식의 전달, 경험의 공유, 정책자문의 제공 등과 같이 무형의 재화와 서비스를 간접적으로 전달하여 중장기적 정책 목표를 달성하려고 하는 특수한 형태의 개발협력 사업이기 때문에 통상적인 평가 방법론을 적용할 수 있는 여지가 대단히 제한적이라는 사실이다. 본 연구는 이러한 도전과제를 어떻게 극복할 수 있는가에 대해 중점을 두고 KSP 사업 평가시스템의 전반적 개편을 모색하기 위해 수행되는 것이다. 본 연구의 주요 내용은 먼저 주요 선진국들의 지식공유형 개발협력사업의 평가 사례를 살펴보고 시사점을 도출한 후 우리나라의 대표적 지식공유형 개발협력사업인 KSP 사업의 평가시스템 재구축 방향에 대해 논의해 보는 것이다.

Ⅱ. 주요 선진국의 지식공유형 개발협력평가사업 평가사례

1. 노르웨이 Norad의 사례[1]

1) 프로그램 개요

국제개발협력분야에서 평화 구축과 갈등 방지에 대한 지원은 꾸준히 성장해왔다. 더불어서, 국가 내부SW, 국가 간(특히, 도미니카 공화국과의 관계), 개발 활동에 대한 평화 유지에 대한 개입의 복잡성 역시 증가되고 있다. 평화구축 분야에서의 지식을 구축하기 위해 OECD/DAC에 가입되어있는 공여국은 갈등 방지와 평화 구축 활동

---

1) Evaluation of Norwegian Support to Peacebuilding in Haiti 1998-2008 (Published: November 2009 by Norad).

에 대한 더 체계적인 평가를 위해 선제적인 방법을 채택하였다. Norad의 평가 팀은 Norad에서 실시한 평화 구축 노력을 평가함으로써 관련 지식의 중추를 구축하는 데 공헌하였다. 노르웨이는 아이티의 평화 구축을 위하여 1998년부터 활동해왔다.

아이티의 사회·경제적 상황은 1980년대 중반 이후로 하락세를 거듭했다. 이는 뒤발리에(Duvalier) 전 아이티 대통령의 죽음과 더불어 계속되는 뒤발리에 집안의 싸움과 정부 기관과 행정의 붕괴, 관광산업 투자에 대한 불안요소 증가와 1991년 아리스타이드(Aristide) 정권2)에 대한 쿠데타 이후 사회적 불안이 심해졌다. 국외로는 도미니카 공화국과의 관계가 아이티 사회의 불안 요소로 작용했다. 도미니카 공화국은 독립 전쟁을 통해 1844년 아이티로부터 독립했다. 그 이후로 두 나라 간 갈등은 현재까지도 계속 진행되고 있는 상황이다.

노르웨이는 아이티의 이와 같은 불안정한 상황을 평화적인 방향으로 유도하기 위하여 국내 정치 상황, 국외 정치 상황, 시민 사회 등 다방면에서 평화를 구축할 수 있는 전략을 아이티 정부와 관련 원조 단체와 공유했다. 해당하는 전략은 노르웨이 평화 구축 사업의 일반적인 논리 모형과 변화 이론을 바탕으로 현지에 상황에 맞게 적용하였다.

본 사업에 대한 평가의 목적은 노르웨이가 아이티 사회의 변화와 치안, 안정성에 어떤 기여를 했는지 측정하고 노르웨이의 활동으로 인하여 얻어진 결과물이 앞으로도 지속 가능할지 평가하는 데에 있다. 본 평가는 평가를 통해 얻어진 지식이 향후 아이티를 지원하기 위한 지식 구축의 측면에서 형성적인 성격(formative nature)을 지니고 있다. 특히, 본 사업에 대한 평가를 통해 치안 상황에 있어서 어떠한 진전이 어떻게 이루어질 수 있는지와, 미래의 지원을 위해 지금 시점에서 얻은 결과물에 어떻게 투자할 것인지에 대한 정보를 얻을 수 있다.

2) 평가 과정 및 평가를 위한 기준

노르웨이의 지원이 아이티의 치안 상황개선 측면에 있어서 성공적으로 기여했는지 여부를 평가한다. 노르웨이의 지원과 그 지원이 오늘날 어떤 결과를 이끌어냈

---

2) 장 베르트랑 아리스티드는 아이티 역사상 처음으로 민주적인 절차에 의해 선출된 대통령이다. 장 클로드 뒤발리에의 독재에 대항하는 연설로 인기를 얻었으며 뒤발리에 정부는 아리스티드를 암살하려고 여러 번 시도하였다. 결국 대통령으로 선출된 지 1년만인 1991년 군사 지도자들의 쿠데타에 의해 축출되었다.

는지에 대한 평가는 지속성과 갈등의 민감성(conflict sensitivity)측면에 있어서 아이티가 평화 상태를 유지하는 데 올바르게 기여했는지 여부를 통해 이루어진다. 또한, 아이티 사회 변화를 위한 노르웨이의 지원이 다른 공여국이 아이티에게 제공해 줄 수 있었던 것 이상을 담고 있었는지를 평가한다. 가능하다면, 아이티에 대한 노르웨이의 지속적인 개입 활동으로 인해 얻을 수 있는 교훈이 무엇인지 밝히고 다른 국가에 적용할 수 있는지 여부도 밝힌다.

평가 팀은 OECD DAC에서 제시한 다섯 가지 기준(적절성, 효과성, 효율성, 지속 가능성, 영향)을 본 사업의 평가 기준으로 채택하였다. 적절성은 당시 아이티와 국제 사회가 고려하는 중점적인 이슈와의 연관성뿐만 아니라 1998년에서 2008까지의 아이티의 사회적 우선순위의 변화 역시 고려하였다. 명시된 목적을 효과적으로 달성했는지 여부는 모니터링과 피드백의 부실함 때문에 평가하기 어려웠으나 이해당사자들을 대상으로 한 심층 인터뷰를 통해 자료를 수집할 수 있었다. 자원이 기대했던 결과로 변환되는 과정이 효율적이었는지를 측정하는 것은 대부분의 프로젝트에서 중요하게 여기는 평가 기준이지만 재정적 보고 시스템의 문제점 때문에 평가 팀으로 하여금 매우 심각한 어려움에 직면하게 만들었다. 프로젝트가 완성된 뒤 노르웨이의 아이티 개입 활동의 이익을 측정하는 것은, 대부분의 프로젝트가 현재 진행형이었기 때문에 다소 성급하다고도 볼 수 있다. 때문에 평가에 포함된 프로젝트들은 프로젝트의 향후 가능성과 취약점 혹은 갈등 상황을 고려했다. 마지막으로, 응답자들에게 주어진 질문들과 문서들은 노르웨이의 평화 구축 프로젝트들이 여타 프로젝트들과 어떻게 연관이 있는지를 평가하고 다른 개발협력 파트너들과 협력관계를 증진시킬 수 있는 방법을 알아볼 수 있는 방향으로 제시되었다.

3) 프로그램 논리 모형의 구축

〈그림 1〉 Norad Norwegian Peacebuilding in Haiti의 논리모형

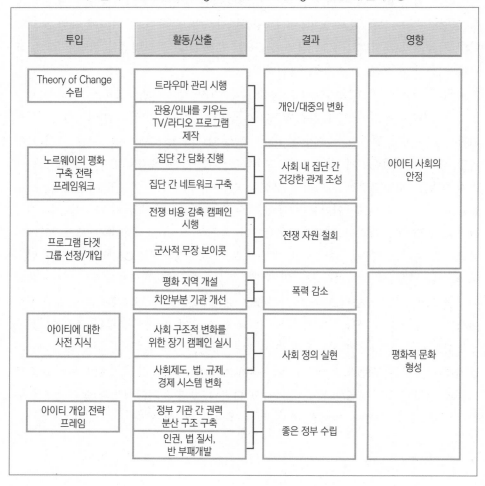

(1) 투입

본 프로그램은 변화이론과 그의 기반이 되는 가정을 확인하는 것으로부터 시작한다. 또한, 노르웨이 정부에서 평화 구축 사업의 가이드라인으로 제시하는 "Strategic Framework on the Development Policy's Contribution to Peacebuilding(Norad,

2004)"을 프로그램 디자인 단계에서 실제로 활용하도록 권장한다. 뿐만 아니라 Norad측에서 기획한 프로그램이 실제 프로그램의 수혜 집단이 필요로 하는 것인지 반드시 확인하게 하고, 수혜 집단을 프로그램 기획 단계에 투입해 직접 사업에 개입할 수 있도록 한다. 때문에 누구의 지식으로부터 프로그램을 구성했는지 및 정부로부터 자금을 조달받는 데 결정적으로 작용한 기획이 누구의 아이디어였는지 여부도 중요한 평가 지표로 활용된다.

(2) 활동/산출

산출 단계의 개별 활동은 Norad(2004)와 OECD(2008)의 평화 구축 활동 가이드를 참고하여 구성되었다. 개별 프로그램의 주목적은 아이티 사회 전반에 평화에 대한 인식을 고취시키는 데에 있다. 본 프로그램은 아이티 정부가 평화 구축을 위해 할 수 있는 활동을 매우 구체적으로 제시했다. 활동 내용은 개개인의 행동 변화를 일으킬 수 있는 미시적인 단위에서부터 정부와 사회 구조의 변화를 도모하는 거시적인 단위까지 매우 다양하다.

(3) 결과/영향

프로그램의 활동은 아래와 같은 가정을 충족한다고 했을 때 기대하는 결과와 영향을 이끌어낼 수 있을 것이다.

〈표 1〉 Norad Norwegian Peacebuilding in Haiti의 변화이론

변화 측면	가정
개인의 변화	개인의 의식과 태도, 행동, 기술을 변화시키면 평화에 대해 적극적인 지지를 보내는 집단을 만들 수 있을 것이다
사회 집단 간 건강한 관계	평화 구축을 위하여 사회 내부의 끈끈한 유대관계는 필수적이다. 집단 간에 존재하는 고립, 분절, 격리, 편견, 선입견을 타파하면 평화와 관련된 중요 현안에 대한 진전을 이루어낼 수 있을 것이다
전쟁 자원 철회	전쟁을 위해서는 무기, 보급, 수송과 인적자원 등 막대한 자원이 투입되게 된다. 인적 자원과 물적 자원이 전쟁 조성 시스템에 투입되는 것을 막을 수 있다면 전쟁은 멈추고 평화는 실현될 것이다
폭력 감소	호전적인 집단과 그의 지지 세력들로부터 기인되는 폭력 행위의 수준을 낮출 수 있으면 사회의 안전과 평화를 가져올 수 있을 것이다

사회 정의 실현	개인의 신원과 안전에 대한 부정(injustice), 억압, 착취, 위협과 관련된 이슈를 불러일으키고 사람들로 하여금 상해/피해에 대한 개념을 일깨워주면 갈등의 여지가 줄어들고 평화를 위한 사회가 열릴 것이다
좋은 거버넌스	평화는 민주주의, 공정성, 정의, 자원의 평등한 배분을 가능하게 하는 안정적이고 믿음직한 사회적인 제도가 뒷받침되어야 가능하다. 이를 위하여 권력 분산적인 사회 구조, 인권의 확립, 법의 기능 재정비, 부패 등을 방지하면 평화적인 사회를 위한 정부 구축을 가능하게 해서 사회의 평화를 유지할 수 있을 것이다
대중의 태도 형성	전쟁과 폭력은 부분적으로 편견과 오해, 다른 것에 대한 불관용으로부터 야기된다. 우리는 TV와 라디오 등의 미디어를 통해 대중의 태도를 변화시킬 수 있으며 사회 전체적으로 더 관용적인 분위기를 조성할 수 있을 것이다
평화적 문화	사회·문화적 규범, 가치, 태도가 폭력 거부/대화와 협상 지지하는 방향으로 변화한다면 우리는 평화를 위한 장기적인 환경을 조성할 수 있을 것이다

4) 데이터 수집

심층 연구와 문헌 연구 모두 충분한 계획과 시간, 자원이 투입되어야 한다. 핵심 집단 인터뷰(focus group interview)는 연관성이 충분히 있고 적절하다고 여겨질 때에만 활용하였다. 갈등 관계인 상황에서는 민감한 사안에 대해서 집단 인터뷰를 실시하는 것이 적절하지 않을 수 있기 때문이다. 심층 연구는 최소 8주 이상을 현장에서 보내며 자료를 수집했다. 평가 팀은 서로 다른 데이터 소스와 샘플 사이즈, 목적에 맞는 데이터 수집 방법을 활용했다. 평가 문항에 답하기 위해서는 1차 자료와 2차 자료가 모두 필요했다. 수혜자의 관점에서의 응답 결과도 수집하였다. 2차 자료는 아이티의 현재 안보 상황이나 안보 상황의 변화에 대한 문헌을 통해 수집했다. 이 외에도 대상 집단에 대한 사회경제적인 지표와 특징들에 대한 연구, 리뷰, 인터뷰, 평가, 지표들에 대한 정보, 통계 자료(건강, 학력, 폭력 사건), UN 보고서, 프로젝트 경과보고서, 핵심 관계자(정부, 국제기구, 이해관계자) 등의 정보를 수집했다. 이를 위해서는 최소 한 번 이상의 현장 답사가 필요했다.

수집한 데이터를 바탕으로 평가 팀은 평가 프레임과 정책 맥락 분석(context analysis), 프로그램(투입, 활동/산출, 대상 집단)의 기획, 갈등 분석과 프로그램 이론들에 대한 조사를 실시했다. 대상 집단과 현장 방문·관찰을 동반한 핵심 관계자, 그룹,

가계와의 인터뷰를 실시했다. 데이터 소스와 이론, 데이터 수집 방법들에 대한 삼각 측량이나 대조 검토를 실시하였다.

2. 덴마크 DANIDA의 사례 ①[3]

1) 프로그램 시행 목적 및 개요

우간다는 아프리카 내에서도 높은 출산율(약 6%)에 해당하는 국가이며 인구 성 장률은 3.32% 정도이다. 우간다의 HIV전염률은 1992년의 19.5%에서 2004/05년 6.4%로 하락하였으나 최근 7.2%로 증가하여 다시 상승세로 돌아섰다. 우간다 내부 의 HIV전염 특징을 살펴보면 고위험군들의 감염률이 높았으며 특히 성노동자를 비 롯하여 우간다의 큰 호숫가 주변에 있는 어촌 남성들의 감염률이 높았다. 어촌은 낮 은 교육 수준과 적은 수입, 성폭력을 비롯한 폭력이 횡행하다는 점과 남성들의 높은 이동성, 지리적 위치로 인한 의료 서비스 부재 등이 합쳐져서 높은 HIV감염률을 나 타낸다.

이러한 우간다의 HIV/AIDS 상황을 개선하기 위하여 우간다 정부는 National HIV&AIDS Strategic Plan(이하 NSP)를 세웠고, DANIDA와 USAID, Irish Aid는 〈그 림 2〉와 같은 논리모형을 바탕으로 우간다의 HIS/AIDS 정책 수립 및 집행을 위해 우간다 정부를 지원하였다.

2) 평가과정 및 평가를 위한 기준

(1) 평가의 가정

다음의 〈그림 2〉의 논리 모형의 전체적인 가정은 크게 우간다 정부의 재정적 지원과 보건부(Ministry of Health; MoH)의 역량으로 나눌 수 있다. 우간다 정부의 재정 적 지원은, 관계 부처들이 범국가 수준에서부터 지역수준에 걸쳐 치료 및 여타 건강 서비스를 잘 제공할 수 있도록 정부 차원에서의 지원이 이루어지는 것을 가정한다. 보건부의 역량 가정은, NSP개정에 따라 NSP가 HIV생의학적 예방(예방차원의 치료, 모

---

3) Support to the national response to HIV/AIDS in UGANDA (Published in January 2014 by DANIDA).

계전이 예방, 남성 포피 절단 등)에 대해 더 중점을 두게 되면서 새로 추가되었다. 즉, 보건부가 이러한 성격의 서비스전달을 위한 시스템을 갖추는 것을 가정하게 된 것이다. 그러나 우간다 정부의 재정적 지원과 보건부의 역량에 대한 이 가정들은 평가과정에서 틀린(false) 것으로 나타났다.

위의 가정을 바탕으로 공여단체의 개입활동은 다음과 같은 산출로 이어질 것으로 기대했다. 즉, NSP현장 집행을 담당하는 우간다의 각 지역 사회의 시민사회단체들을 관리 및 지원하는 CSF의 조직화와 체계화를 통해 예방 관리와 치료에 대한 양질의 서비스가 원활하게 전달될 수 있을 것이라 보는 것이다. 또한, 관련 조직의 역량 강화, 조직 체계화 등을 통해 향후 HIV/AIDS에 대한 우간다의 지속적인 대응이 가능할 것으로 기대하였다.

산출물을 실제로 달성하였고 산출물로 얻은 결과가 지속된다면 다음과 같은 성과 역시 달성 가능할 것으로 기대되었다. 먼저, CSF가 시민사회단체를 효과적으로 지원할 수 있는 시스템을 구축할 수 있을 것으로 기대된다. 이는, 공여 단체들이 CSF에게 지원한 재정적/기술적 자원들이 원활하게 전달/집행되었을 때에만 획득 가능한 산출물이라고 할 수 있다. 또한, 우간다 정부와 보건부의 지속적인 지원과 그를 위한 구체적인 정부 차원의 계획 또는 법률이 제정되어야 가능하다. CSF 시스템의 체계화가 이루어졌다면 다음과 같은 추가적인 산출물을 얻을 것으로 기대된다. 먼저, 시민사회단체가 고위험군 인구와 HIV취약계층을 대상으로 실시한 HIV전이 예방을 위한 건강 행동 홍보가 해당 인구들이 건강 행동을 하도록 유도한 성과를 들 수 있다. 이를 위해서는 시민사회단체에 대한 CSF의 지원이 원활하고 안정적으로 이루어졌어야 하며, 시민사회단체의 적극적인 홍보 활동이 이루어졌어야 할 것이다. 또한, HIV보균자들의 삶의 질 향상을 기대할 수 있다. 이는 HIV보균자들을 대상으로 한 기본적인 생활 서비스 제공과 직업 훈련 등을 통해서 달성 가능하다. 이 역시 시민사회단체의 서비스 제공 집행과 이를 체계적으로 지원할 수 있는 CSF의 시스템이 마련되어 있어야 한다. 장기적으로 보았을 때 이러한 산출물을 바탕으로 우간다 사회 전체적으로 HIV/AIDS의 영향력이 약화 될 것으로 기대할 수 있다.

본 프로그램을 장기적으로 보았을 때 공여 단체의 지원을 통한 시민사회단체 강화는 건강 행동의 향상과 보균자들의 삶의 질 향상, HIV/AIDS 영향력 약화 등을 통해 우간다 사회의 HIV/AID확산을 감소시킬 것으로 기대된다. 이러한 결과는 NSP와 NSP의 실제 집행간의 간극을 좁히고, 고위험군의 위험 행위 불법화가 기반이 되어야 가능하다. 본 프로그램에서 이루어진 시민사회단체 지원은 그들이 구조적 이슈에 대해 발언하고, 건강 행위의 내용에 대해 결정하고, 사회와 개인들의 행태를 바꾸기엔 너무 짧은 기간이었다는 문제점이 있었다. 따라서 장기간에 걸친 시민사회단체 지원이 바탕이 되어야 한다.

(2) 평가방법론

본 평가는 다양한 정보원으로부터 증거(evidence)/데이터를 수집하였으며, 정보원과 방법, 관찰자/평가자의 가능한 시점을 기준으로 삼각측량하였다. 우간다에서 실시한 현장 데이터 수집 2주차에 평가 팀은 더 많은 응답자로부터 데이터를 수집하기 위해 두 팀으로 나뉘었다. 필요할 시 평가자들은 응답자들이 제공한 증거들을 보증하기 위한 추가 자료를 응답자들에게 요구하였다.

① 기록물 검토와 분석(document review and analysis)

양해 각서(memoranda of understanding), 프로그램 리포트, 평가 리포트, 집행 파트너 출판물과 DANIDA/Irish Aid/USAID와 이해관계자들이 제공한 여타 서류들, 현장 데이터 수집 과정에서 수집된 추가적인 서류들을 대상으로 이루어졌다.

② UN General Assembly Special Session의 보고서와 Uganda AIDS commission가 Ministry of Health에 보고한 2차 데이터의 분석을 실시했다.

Monitoring and Evaluation of the Emergency Plan Performance 프로그램을 통하여 US President's Emergency Plan for AIDS에 보고된 Civil Society Fund(CSF)의 M&E데이터를 비롯하여 Medical Research Council/Uganda Virus Research Institute, Rakai Health Science Program Studies, Demographic and health Surveys, the Demographic and Health Survey 2011 HIV/AIDS 지표 설문, USAIDS Uganda Modes of Transmission분석 보고서, AMICAALL Kamplala 고위험군 설문 자료를 활용하였다. 또한, 평가 팀은 DANIDA를 비롯한 CSF 등 원조 단체로부터 지원을 받은 현지 시민 사회 집행 단체로부터 1차/2차 자료를 받아 분석하였다.

③ 핵심 정보 제공자 인터뷰

인터뷰 대상으로는 프로젝트에 참여한 DANIDA, Irish Aid를 비롯하여 CSF, Partnership Fund(DFID&Sida)을 선정했다. Uganda AIDS Commission(UAC)를 비롯한 우간다 정부 이해관계자와 Ministry of Health를 중앙과 지역 단계로 나누었고, Uganda Fisheries and Fishing Communities Association와 시민 사회, 프로그램을 집행하는 NNGO/CSO 등도 인터뷰하였다. HIV보균자와 고위험군(MSM[man-who-have-sex-with-man]와 동성애자, 성노동자, 위험 어촌 지역민)들의 대표 역시 그들이 평가팀과의 만남 수용 정도에 따라 핵심 인터뷰 대상 혹은 반 구조적 집단 토의에 포함했다. 후기 청소년 소녀(old girl)와 초기 성인 여성(young women)을 대상으로 세대 간 성관계(cross-generation sex)[4]에 대한 인터뷰를 실시하진 못했으나 관련 분야에서 오랫동안 종사한 Straight Talk Foundation과 면담을 실시하는 것으로 갈음하였다.

④ 구조적 토의와 반 구조적 집단 토의

집행을 담당한 CSO와 일선 직원들과의 구조적 토의를 실시하였으며 집행 CSO 활동가들과 수혜자, 서포트 그룹 멤버와 커뮤니티의 리더들과 반 구조적 집단 토의를 실시하였다.

⑤ 예방, 관리&지원과 관련된 NNGO와 CSO 서비스 제공, 관찰

예방, 관리&지원과 관련된 NNGO와 CSO 서비스를 제공, 관찰하였으며, Mukono지구의 AIDS 이해관계자들과 coordination meeting과 Mbrara 리더들과의 대화의 장을 마련하였다.

---

4) 초기 성인 여성과 그보다 최소 10살 이상 많은 남성과의 비폭력적 성관계를 말한다. 아프리카 지역에서는 흔한 관계이며 이 관계 때문에 초기 성인 여성들이 폭력과 원치 않은 임신, HIV와 다른 성병 등에 노출될 위험이 크다.

3) 프로그램 논리모형의 구축

〈그림 2〉 Support to the national response to HIV/AIDS in UGANDA의 논리모형

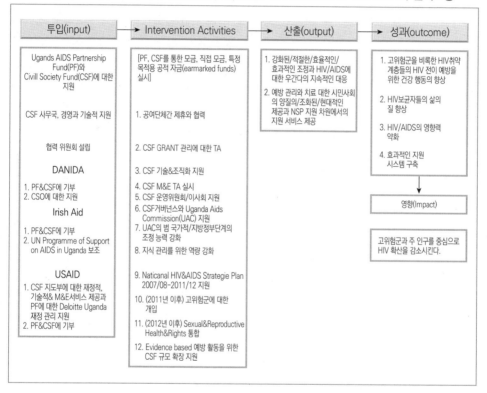

위 논리모형은 먼저 자원의 투입으로 시작되는데, Uganda AIDS Partnership Fund(PF)와 Civil Society Fund(SCF)에 대한 재정적 지원을 주 내용으로 하고 있다. 이 중에서도 CSF는 시민사회단체의 우간다 정부 NSP현장 집행을 지원하기 위해 설립된 단체이다. NSP에는 우간다 정부의 HIV전염 저지 전략에 대해서 시민사회단체가 어떻게 지원할지에 대한 지시내용이 담겨있고, 이는 시민사회단체가 시행하는 프로그램들이 우간다 정부의 국가적 대응에 매우 중요한 요소이기 때문이다.

우간다의 시민사회단체는 오랜 기간 동안 AIDS와 관련하여 치료, 광범위한 예

방, 처치 등의 현장 집행 업무를 실시해 왔으나 그동안 시민사회단체의 역할이 분명하게 정의되지 않아 책임소재 역시 불분명한 것이 문제로 꼽혔다. 또한, 우간다 AIDS위원회(Uganda AIDS Committee; UAC)는 시민사회단체들이 거버넌스, 조직 관리, 서비스 제공 측면에 있어서 종합적인 전력이 존재하지 않다는 점을 문제로 삼았다. 또한, 2011년 전국 AIDS 지표 조사 결과 우간다의 AIDS 유병율은 7.3%로 증가하였으며 주요 인구들을 중심으로 전염 양상이 변화하였다. 그동안 정부의 HIV/AIDS와 고아 및 취약 아동(Orphans and Vulnerable Child; OVC)대응 정책을 지원하는 시민사회단체의 노력이 있었으나 수요를 감당하기에는 벅차 노력에 대한 실효가 미미했다는 지적이 있었다. 따라서, 이러한 상황을 타개하기 위하여 여러 공여 단체로 구성된 AIDS Development Partners와 우간다 정부가 함께 CSF를 지원하였다. 이는 시민사회단체를 총괄 및 지원하는 CSF에 자원을 투입하여 CSF가 시민사회단체에게 전략적, 조직적인 재정적 지원과 기술적 지원을 실시할 수 있도록 하고 그 결과 시민사회단체가 HIV/AIDS와 OVC에 대한 통합적이고 포괄적인 지원을 가능하게 하도록 하기 위함이다.

위의 투입물들을 바탕으로 이루어진 세 공여 단체의 개입 행위는 주로 CSF의 조직화와 우간다AIDS 위원회(UAC)의 조정 능력 강화를 중심으로 이루어졌다. CSF의 조직화는 지원금 관리 방안, 기술&조직화 지원과 더불어서 CSF직원들을 대상으로 한 M&E 교육도 이루어졌다. 또한, 앞으로 조직의 체계적인 운영을 위해 운영위원회와 이사회를 설치하였으며 UAC와의 원활한 협력을 위해 거버넌스 시스템 구축을 지원하였다. 또한, CSF가 증거 기반의 예방 활동을 위해 조직의 규모를 확장할 수 있도록 하였다. UAC에 대한 지원은 주로 범국가적/지방정부단계에서 이루어지는 집행 및 조정능력 강화를 중심으로 이루어졌으며, 집행 시 필요한 지식 관리를 위한 역량 강화도 이루어졌다.

이 외에는 우간다 정부의 NSP활성화를 위한 인프라 구축을 지원하였으며 고위험군 인구에 대한 개입이 이루어졌다. 이 같은 개입 활동은 모두 공여 단체의 지원이 종료된 후에도 시스템이 유지되어야 한다는 가정을 바탕으로 이루어졌으며, 우간다 정부 역시 CSF와 UAC의 이러한 활동을 적극적으로 지원 및 지지한다는 가정을 기반으로 하였다.

4) 데이터 수집

1차 데이터는 핵심 정보 제공자 인터뷰(key informant interview)와 반 구조적 토의(semi-structured discussion), 현장 방문을 통하여 수집되었으며, 2차 데이터는 정부 문서와 체제, 발간된 보고서와 발간되지 않은 프로그램문서를 포함하여 수집하였다. 핵심 정보 제공자 인터뷰와 반 구조적 토의에서 얻는 결과들은 평가 문항(evaluation question) 설립과 평가의 전반적인 목적을 세우는 데 직접적인 연관이 있었다. 또한, 이 두 방법은 데이터의 수집 계획과 수집, 활용 측면에서 가이드 역할을 하였으며 실제로 사용 가능한 평가 구조를 만들고 주요 평가 주제에 대해 설명할 수 있게 해 주었다.

정성적 인터뷰(qualitative interview)는 개개인들로부터 구체적인 사안 조사에 대한 좀 더 심층적인 기술과 잠재적인 구조와 목적이 깔려있는, 귀납적 추론과정에 대한 종합적인 이해를 위하여 실시되었다. 핵심 정보 제공자 인터뷰는 대상자들이 특정 분야에 대해 서술할 수 있도록 제약을 두지 않는 질문(open-ended questions)들로 이루어졌다. 반 구조적 토의는 정해진 주제에 대한 토론이 이루어졌다.

5) 평가와 관련된 어려움

세 공여 단체들 간의 공통적인 로직 디자인이 존재하지 않았고 공여 단체가 제공한 자료들이 로직의 모든 요소를 포함한 것이 아니었다. 따라서 평가자들은 본 논리 모형의 대부분을 DANIDA의 자료로부터 구성하였고 Irish Aid의 자료는 약간 활용할 수 있었고, USAID의 자료는 거의 활용하지 못했다.

또한, 현재 평가 단계에서는 장기적인 영향력을 측정할 수 없다는 것도 평가의 한계점이라고 할 수 있다. 공동 공여 단체들이 산출물 단계에 공헌한 정도를 밝힌다 할지라도 2007년에서 2012년에 걸쳐 세 공여 단체 이외의 다른 공여 단체(USG/ PEPFRA)가 우간다 정부를 통한 항 레트로 바이러스 치료와 모계전이예방 접근성 확대를 비롯한 생의학적 예방 지원에 최소 80% 이상 공헌했기 때문이다. 이러한 ART, PMTCT의 대규모 지원 결과는 시민사회의 소규모 예방관리와 지원 서비스보다 월등한 정도로 HIV전이 감소에 영향을 미쳤다.

3. 덴마크 DANIDA의 사례 ②[5]

1) 프로그램 시행 배경 및 목적

Programme(이하 AtoJ 프로그램)은 더욱 큰 규모의 DANIDA 거버넌스 프로그램의 한 요소로써 계획되었다. 좋은 거버넌스, 안전, 안보 그리고 사법체계에 대한 접근가능성이 빈곤의 감소와 가지는 필수불가결한 상관관계가 이러한 거버넌스 프로그램 하에 AtoJ 프로그램을 포함시키는 근거였다.

2006년부터 2011년까지 진행된 잠비아의 Evaluation of the Access to Justice AtoJ 프로그램은 다음과 같은 목적을 가지고 일련의 개입사업을 실시했다. 우선, 잠비아 내의 사법체계에 대한 접근성을 높이고, 사법기관들(특히 사법부, 기소국, 법률구조위원회, 교화시설 및 경찰서비스) 사이의 조직화 및 협동을 강화시키고자 했다. 또한, 사법기관들의 의무적인 작동, 그리고 사법기관과 비정부 행위자들 사이의 공동작업을 통하여 모든 국민(특히 전통적으로 불이익을 받아온 농촌 지역의 여성 및 어린이들)에게 사법체계에 대한 접근성을 개선하고자 했다.

2) 평가 과정 및 평가를 위한 기준

시행된 개입사업에 대한 평가는 2012년 6월부터 2012년 11월까지 이루어졌다. 잠비아 정부에게 AtoJ 프로그램의 적절성, 효과성, 효율성, 지속가능성 및 영향력에 대한 정보를 제공하는 것이 평가의 목적이었다. 2012년 6월에 평가 팀이 주요 이해관계자(협력관계자, 거버넌스 사무국, AtoJ 프로그램 자문단/전문가 및 다섯 개의 AtoJ 기관 대표)와의 면담으로 이루어진 착수 임무를 진행하였다. 2012년 7월에는 잠비아 현장 답사를 통해 다양한 주, 기관 및 프로젝트 현장을 방문하여 다양한 이해관계자들과 만나 면담을 실시하였다.

평가는 기본적으로 다섯 가지 OECD/DAC 평가 기준, 즉 적절성, 효율성, 효과성, 지속가능성 그리고 영향력에 따라 이루어졌으며 또한 DANIDA의 평가지침(2012)에 부합하도록 수행되었다. 평가 매트릭스를 구성하여 매트릭스에서 제시된

---

5) ZAMBIA_Evaluation of the Access to Justice (AtoJ) Programme in Zambia, 2006-11 (Published in June 2012 by DANIDA).

일련의 평가 질문이 다섯 가지 평가 기준의 적용에 대한 지침으로 작용하였으며, 이와 함께 각종 지표, 방법론 및 검증을 위한 자료가 제시되었다. 한편, 지속가능성 및 영향력 기준은 가능한 선내에서만 평가되었다. 현장연구 중 심층적인 분석을 위한 활동(사례) 표본 수집에는 AtoJ 프로그램의 종류, 지리적 행정적 범위, 프로그램 수행의 현황 및 기간, 목표 집단, 이동의 현실성 등의 기준이 고려되었다.

3) 프로그램 논리 모형의 구축

AtoJ 프로그램의 모니터링 및 평가 전략(M&E Strategy)이나 시행계획이 체계적으로 만들어진 적도, 도입된 적도 없었다. 협력 파트너들의 불간섭주의에 따라 문제제기가 이루어지지 않았을 뿐만 아니라, AtoJ 기관에서도 수요가 없었기 때문이다. 최근에서야 잠비아 정부의 이니셔티브에 따라 결과 중심 프레임워크가 개발되었다. 하지만 AtoJ 기관들의 관리자 및 직원들과의 인터뷰 결과 이러한 프레임워크에 대한 전념도(commitment)는 낮은 것으로 나타났다.

구체적인 논리 모형 또한 제시되지 않았다. 초기의 프로그램 문서에는 프로그램의 전체적인 목적 달성과 관련된 7개의 산출만이 제시되었다. 또한, 로그프레임(logframe)에 성과가 포함하지 않는다는 점이 명시되었다. 하지만 DANIDA의 평가 보고서에 담긴 내용을 재구성하여 AtoJ 프로그램과 관련된 theory of change를 구성한다면 다음의 〈그림 3〉과 같은 논리 모형을 얻을 수 있다.

가장 먼저, DANIDA의 평가 보고서에는 명시되어있지 않지만, AtoJ 프로그램을 시행하기 위하여 사법 체계와 관련된 지식이 풍부한 전문 인력, 그리고 덴마크 대사관에 의한 예산이 주로 투입(input)으로 사용된 것으로 보인다.

이러한 투입을 기반으로, DANIDA는 프로그램 문서에 정해진 7가지 산출을 달성하기 위한 활동(activities)을 벌였다. 이러한 활동은 소통, 협력 및 조화 이니셔티브(CCCIs) 수립,' 'AtoJ 소통 전략 개발,' '판례 흐름 관리 시스템 개발' 등 전략 및 시스템 수립과 관련된 활동, '사법 기관 직원들에 대한 교육과정 제공,' 'VSU 직원들을 위한 훈련 및 워크숍 서비스 제공,' '가석방 심사관 60명에 대한 훈련,' '등기소 및 법원 사무원 200명을 대상으로 한 기록 관리에 대한 훈련' 등의 교육 활동, '신규 VSU 사무실 건설,' '차량 3대, 오토바이 53대 제공,' '경찰, 감옥, 사업 관련 잡지 제

〈그림 3〉 AtoJ Programme의 논리모형

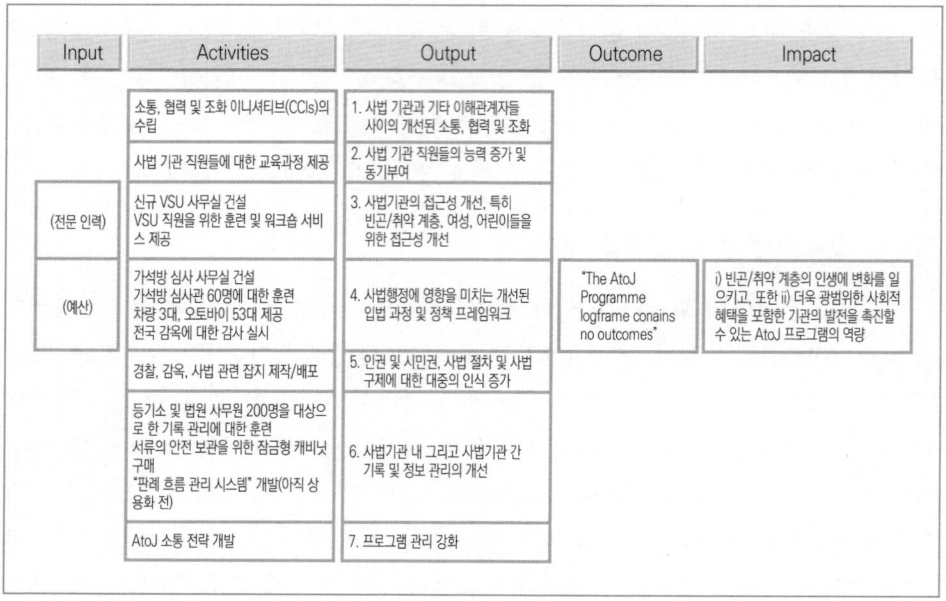

Input	Activities	Output	Outcome	Impact
(전문 인력)	소통, 협력 및 조화 이니셔티브(CCIs)의 수립	1. 사법 기관과 기타 이해관계자들 사이의 개선된 소통, 협력 및 조화	"The AtoJ Programme logframe conains no outcomes"	i) 빈곤/취약 계층의 인생에 변화를 일으키고, 또한 ii) 더욱 광범위한 사회적 혜택을 포함한 기관의 발전을 촉진할 수 있는 AtoJ 프로그램의 역량
	사법 기관 직원들에 대한 교육과정 제공	2. 사법 기관 직원들의 능력 증가 및 동기부여		
	신규 VSU 사무실 건설 VSU 직원을 위한 훈련 및 워크숍 서비스 제공	3. 사법기관의 접근성 개선, 특히 빈곤/취약 계층, 여성, 어린이들을 위한 접근성 개선		
(예산)	가석방 심사 사무실 건설 가석방 심사관 60명에 대한 훈련 차량 3대, 오토바이 53대 제공 전국 감옥에 대한 감사 실시	4. 사법행정에 영향을 미치는 개선된 입법 과정 및 정책 프레임워크		
	경찰, 감옥, 사법 관련 잡지 제작/배포	5. 인권 및 시민권, 사법 절차 및 사법 구제에 대한 대중의 인식 증가		
	등기소 및 법원 사무원 200명을 대상으로 한 기록 관리에 대한 훈련 서류의 안전 보관을 위한 잠금형 캐비닛 구매 "판례 흐름 관리 시스템" 개발(아직 상용화 전)	6. 사법기관 내 그리고 사법기관 간 기록 및 정보 관리의 개선		
	AtoJ 소통 전략 개발	7. 프로그램 관리 강화		

출처: Acemoglu, 2009.

작/배포,' '서류의 안전 보관을 위한 잠금형 캐비닛 구매' 등의 현물 제공 활동으로 구성되었다.

　　위 활동을 통해 발생시키고자 한 직접적인 산출(output)은: ① 사법 기관과 기타 이해관계자들의 소통, 협력 및 조화의 개선, ② 사법 기관 직원들의 능력 증대 및 동기부여, ③ 사법기관의 접근성 개선, ④ 사법행정에 영향을 미치는, 개선된 입법 과정 및 정책 프레임워크, ⑤ 인권 및 시민권, 사법 절차 및 사법구제에 대한 대중의 인식 증가, ⑥ 사법기관 내 그리고 사법기관 간 기록 및 정보 관리의 개선, ⑦ 프로그램 관리 강화였다. 앞서 언급하였듯, 성과(outcomes)는 로그프레임에 포함시키지 않는다는 점이 프로그램 문서에 명시되었다.

　　그런데 이와 같은 논리 모형을 보았을 때, 활동에 해당되는 일부 요소들은 일반적인 논리 모형에서 산출에 포함시키는 요소들에, 산출에 해당하는 요소들은 일반적인 논리 모형에서 성과에 포함시키는 요소들에 더욱 가깝다는 것을 느낄 수 있다. 이를 인지하기라도 한 듯이 2011년에 더욱 견고한 모니터링&평가 시스템 개발의 일환으로 AtoJ 프레임워크의 결과 프레임워크에 변화가 시도되었고, 이에 따라 산출이라 부르던 요소들이 성과로 바꾸어 불리게 되었다. 이러한 각각의 새로운 성과에 해당하는 새로운 산출이 정의되었으며 '산출의 사용'이라는 새로운 단계가 추가되었으나, 평가보고서에는 새로 추가되지 않았다.

4) 데이터 수집

데이터 수집 및 분석과 관련된 전반적인 접근방법은 수집 가능한 양적 데이터에 대한 평가와 질적 데이터 수집 및 자료 연구를 혼합한 혼합방법론에 기반을 두었다. 이러한 방법으로 질적 현장연구와 양적 데이터 분석을 결합하는 방법의 이점은 타당성 검증을 위한 데이터의 삼각 측량이 가능하다는 것이다. 데이터 삼각측량을 통하여 본 평가는 다양한 출처 및 방법론에 기반을 둔 연구결과를 증명할 수 있었으며, 이에 따라 분석의 신빙성과 견고함을 증가시킬 수 있었다. 보고서에서는 특히 다음과 같은 질적 데이터 수집 방법에 대하여 더욱 자세히 서술하고 있다.

(1) 인터뷰

주요 이해 관계자들과의 인터뷰를 통하여 대부분의 평가 관련 이슈에 대한 질적 결과를 수확할 수 있었다. 인터뷰는 AtoJ 프로그램과 관련하여 독특한 자리를 차지하는 개인들과의 일대일 교류의 연장으로 이루어졌다. 이러한 개인들에는 Danish Embassy, GIZ, EU, UNDP, UNICEF 및 Norway 등의 협력 관계자, 거버넌스 사무국, AtoJ 프로그램 자문단/전문가 및 다섯 개의 AtoJ 기관 대표 등이 포함되었다. 또한 모든 유관한 평가 분야를 포괄하여 일관된 방식으로 정보가 수집되는 것을 보장하기 위하여, 평가 매트릭스에 기반을 둔 준-구조화 인터뷰 지침이 이용되었다.

(2) 포커스 그룹 토의(FGDs)

포커스 그룹 토의는 본 연구과제와 관련된 더욱 넓은 주요 이해관계자(수혜자) 집단의 입장과 의견을 포착하기 위한 질적 연구방법론의 핵심 수단으로 사용되었다. FGD들은 수집 가능한 질적 데이터에 최대한 연결되어 정리되어다. FGD는 약 6~15명의 참가자를 대상으로 1~2시간 동안 진행되었다. 서로 다른 이해관계자 그룹과 진행된 FGD에 대하여 평가 매트릭스에 기반을 둔 체크리스트가 준비되어, 서로 비교되는 응답자 그룹에서 비슷한 종류의 데이터와 정보가 수집되는 것을 보장하고자 하였다.

(3) 현장방문

서로 다른 종류의 AtoJ 개입사업을 확인하기 위하여 현장방문이 사용되었다. 여기에는 새로운 건물(새 VSU 사무실, 새 가석방 심의위원회 사무실 및 재건축된 법원 건물)에 대한 방문, 그리고 훈련과 컴퓨터 등 기구의 보급이 판결 관리에 미친 영향을 평가하기 위한 법원 등기소에 대한 방문이 포함되었다.

이 밖에도, 본 평가는 가능한 한 존재하는 연구 및 분석을 활용하였다. 특히, 평가 팀은 최근에 이루어진 "Training Impact Assessment and Learning Needs Analysis for Zambian Justice Institutions(2012)"와 "Situation Analysis-Access to Justice in Zambia(2012)" 두 건의 자문 연구를 추가적으로 활용할 수 있었다.

5) 평가와 관련된 어려움

평가 팀은 보고서를 통해 평가를 진행함에 있어 다음과 같은 어려움을 겪었음을 밝혔다.

(1) 베이스라인 데이터의 부족

AtoJ 프로그램을 위해 제공된 양적 자료의 입수 가능성 및 품질에 대한 평가는 베이스라인 데이터가 얼마나 품질이 낮으며, 얼마나 유용성이 없는지를 보여줬다. "잠비아의 Access to Justice 현황 분석"은 본래 베이스라인 연구로서 활용되리라 기대되었지만, 상당기간 지연되어 최근에야 완성되었다. 2009년에 출판된 포괄적인 "잠비아의 거버넌스 상태 보고서" 또한 상당히 지연되어 출판이 되었을 당시 이미 일정부분 현실에 뒤쳐진 감이 있었다.

본 평가는 이러한 데이터의 부족을 보상하기 위해 방문한 모든 기관에서 과거의 데이터는 물론, 제공 가능한 현재의 데이터를 요청하였다. 일부 사례의 경우 대부분의 AtoJ 프로그램 개입사업들이 막 실시되기 시작하여 베이스라인이라 보기에 적절한 2008~2009년부터의 데이터를 수집할 수 있었다.

(2) 구체적이지 않은 산출/성과 지표

AtoJ 프로그램 문서는 아주 광범위하게 정의된 목표 및 산출/성과 수준의 지표만을 포함하고 있으며, 특정한 목표가 언제까지 달성되어야 한다는 구체적인 시간계획표가 없다. 따라서 프로그램이 기대 수준을 충족시키기 위해 제대로 진행되고 있는지 평가하는 데 어려움이 따랐다. 대신 본 평가는 AtoJ 프로그램 기간 동안, 정보가 제공되는 선에서 지표의 추세 및 발달 과정을 관찰함으로써 이러한 문제점을 보정하고자 했다. 제공 가능한 데이터가 없는 경우, 준－구조화 인터뷰 및 주요 이해관계자와의 FDG를 통해 수집된 전반적인 인식수준에 기반을 두어 평가가 이루어졌다.

(3) 이동 거리의 문제

국가의 크기 및 서로 멀리 떨어져 있어 접근 가능성이 떨어지는 프로그램 대상 지역들로 인해, 평가과정에서 모든 지방을 다룰 수 있는 시간과 자원 상의 어려움이 있었다.

(4) 프로그램 실행 지연으로 인한 평가의 지연

데이터 및 지표와 관련하여 발생한 위와 같은 어려움에 더하여, 다양한 AtoJ 프로그램 활동 실행의 지연은 프로그램 진행상황을 계획보다 뒤처지게 하여 2012년 12월까지 실행 기간을 연장해야 했다. 결과적으로, AtoJ 프로그램 개입 사업에 대한 사후평가를 실시하지 못했고, 대신 수집 가능한 문서, 이해관계자 인터뷰 및 현장방문에 기초하여 프로그램 효과성에 대한 '추세' 평가를 실시하였다.

Ⅲ. 지식공유형 개발협력사업 평가의 특수성

1. 지식공유형 개발협력사업의 특성

현대적 의미의 사업평가의 출발은 미국의 Franklin D. Roosevelt 대통령이 New Deal 정책을 비롯한 연방정부 차원의 대규모 공공사업을 새롭게 추진하면서,

이들 사업들에 대한 체계적 평가의 필요성이 대두되면서 시작되었다(Morra Imas & Rist, 2009: 20). 1950~60년대에는 미국의 Lyndon B. Johnson 대통령의 "War on Poverty"사업의 시작과 함께 미국을 비롯하여 유럽 정부들에까지 사업평가가 일상적인 정부업무로 중요한 기능을 수행하기 시작한다(Stame, 2004). 이 시기부터 시작하여 현재에 이르기 까지 사업평가의 주류 방법론은 소위 대응적 사실과 관찰된 사실을 비교하여 효과성을 측정하는 '대응적 사실 패러다임'(Counter-Factual Paradigm: 이하 CFP)이라는 전통적인 평가틀에 근거하고 있다.

그런데, KSP 사업은 이러한 주류 방법론을 그대로 적용하기에는 적지 않은 도전과제들을 던져주고 있다. 주류 방법론의 적용이 어려운 이유는 KSP 사업이 그동안 사업평가의 대상이 되어온 통상적인 사업과 비교할 때 특수한 성격을 지니기 때문이다. 전통적인 주류 방법론은 사업이 발생시킨 효과성을 가능한 모든 편의(bias)를 통제한 채 객관적이고 과학적으로 분석하는 것을 최고의 우선 가치로 삼고 있다. 사업평가에 이러한 방법론을 적용하기 위해서는 사업이 제공하는 서비스를 전달받는 참여대상들을 분석단위(unit of analysis)로 하여 데이터의 수집이 가능하여야 하고 최소한 2개 이상의 집단으로 분류가 가능하여야 하는 등 기술적 조건이 충족되어야 한다. 그러나 KSP 사업은 이들 조건을 충족시키지 못할 뿐 아니라 다른 특성에 관해서도 사업평가의 대상이 되는 전형적인 사업들과는 차별성을 지니고 있다.

① 첫째, KSP 사업은 국가적 단위(national level)에서 서비스가 제공되는 사업이다. CFP를 활용한 사업평가의 주된 대상은 줄곧 복지, 노동, 교육, 장애인, 노인, 아동, 가족, 영양 등의 사람을 대상으로 하는 소위 '인적 서비스'(Human Service) 정책분야로 한정되어 왔다. 초기에는 대규모 정부주도 사업의 정당성 확보라는 정책적 목적에서 이들 정책분야에 사업평가가 집중된 이유가 있지만, 지금까지 평가분야가 이들 정책에 치우친 이유는 방법론적 이유에 기인한 바 크다. 즉 CFP 방법론을 적용하기 위해서는 사업에 참여한 표본은 물론이고 사업에 참여하지 않은 표본도 실증적으로 관찰 가능한 상태이어야만 하며, 이는 대부분 인적 서비스 정책의 경우에는 쉽게 성립하는 조건이다. 그러나 KSP 사업과 같이 전국가적인 범위를 대상으로 서비스가 제공되는 경우에는 대응적 사실 상태(Counter-Factual state)를 실증적으로 관찰한다는 것은 개념적으로도 성립하기 어렵다. 예를 들어 라오스에서 인프라 건

설에 대한 민간자본 투자를 촉진하기 위한 정책자문을 수행하는 KSP 사업의 경우 (KDI, 2013), 서비스 전달이 라오스 국가 전체를 단위로 이루어졌기 때문에 서비스 전달이 이루어지지 않은 대응적 사실 상태, 즉 관련 정책자문을 제공받지 않은 라오스와 매우 비슷한 국가를 실증적으로 관찰할 수 있어야만 CFP 방법론의 적용이 가능하다는 것이며 이는 실제로는 성립하기 어려운 조건이다.

② 둘째, KSP 사업은 간접적으로 서비스 전달이 이루어지는 사업이다. 위에서 든 예를 다시 들어 본다면, 라오스 인프라 PPP KSP 사업은 인프라 건설에 대한 민간자본 투자를 촉진하는 정책수단을 직접 수립하거나 이를 도와주는 것이 아니라 라오스 정부로 하여금 향후 이러한 정책수단을 수립하거나 활용할 수 있도록 지식과 역량배양 서비스를 기관 수준에서 전달해 주는 것을 내용으로 하고 있다. KSP 사업과 같이 직접 서비스를 전달하지 않고 정책연구 또는 정책자문이라는 산출물 (output) 형태로 최종 결과물(예: 민간투자 촉진 관련법령 및 제도)에 간접적으로 영향을 미치려고 하는 형태의 사업은 설령 대응적 사실 상태가 실증적으로 관측 가능하다고 하더라도 CFP 방법론을 적용하는데 어려움이 따른다. 대응적 사실 방법론에서는 사업－최종 결과물 간에 존재하는 인과관계의 경로가 어떠한 형태를 지니든 상관없이 논리모형의 가장 뒷부분에 위치하는 최종 결과물과 최종 결과물의 대응적 사실 상태를 비교하여 효과성을 추정한다. 그런데 만약 대응적 사실 상태가 실제 최종 결과물의 사실 상태와 완벽한 유사성을 지니지 못한 상태에서 사업－최종 결과물 간의 인과관계가 논리적으로 견고하지 못하다면 CFP 방법에 의해 추정한 사업 효과성도 신뢰하기 어렵게 된다. KSP 사업과 같이 간접적으로 서비스를 전달하는 사업은 사업의 산출물－최종 결과물 간의 인과관계에 제3의 환경요인들이 개입하도록 할 여지가 크기 때문에 인과관계가 논리적으로 견고하지 못하고, 따라서 무작위 배정에 의한 실험설계가 불가능한 경우에는 CFP 방법론의 적용에 의한 인과관계 추론도 신뢰하기 어렵게 되는 것이다.

③ 셋째, KSP 사업은 복잡한 정책간섭(Complicated Intervention)이다. 전통적으로 CFP 방법론의 대상이 되어온 전통적인 평가대상 사업들은 한 두 개의 사업운영 주체 및 이들과 교류작용을 하는 사업 참여자들이 주행위자들로서 사업의 효과성 발생 여부도 주로 이들에 의해 결정되는 비교적 단순한 인과관계의 구조에 바탕을 두

고 있다. 반면, KSP 사업은 다자기구, 기획재정부, KDI, 수출입은행, 협력대상국, 외주기관 등 다양한 이해관계자들이 연관되어 있는 복잡한 거버넌스 구조를 갖고 있으며, KSP 사업의 효과성 발생은 사업 이외에도 정치적, 환경적, 문화적 다양한 맥락요인들이 작용하게 된다. KSP 사업의 효과성 발생은 전통적인 사업들과 같이 단순한 사업 활동 → 산출물 → 효과성 형태의 인과관계가 아니라 다양한 인과관계 경로의 묶음(causal package)에 의해 효과성이 발생한다. KSP 사업 내에서 이루어지는 활동(activities)들로 동질적인 요소들로 구성된 활동들이 아니라 연구, 자문, 역량배양, 전파 등 이질적, 순차적 요소들로 구성된 사업이다. 이러한 종류의 사업은 Stame(2004)의 연구가 정의하는 소위 '복잡한'(Complicated) 사업에 해당한다. Stame에 따르면 복잡한 사업은 시너지 효과를 창출하기 위해서 하나가 아닌 복수의 이니셔티브들이 다층적 구조로 이루어진 거버넌스 체제 속의 다양한 주체들이 상호 간의 다양한 상호작용을 주고받으며 사업이 운영되며, 이러한 사업은 전통적인 CFP로는 평가를 수행하기 어렵다.

④ 넷째, KSP사업은 복합적 정책간섭(Complex Intervention)이다. Stame(2004)의 연구와는 달리 Rogers(2008)의 연구는 사업의 복합성(complexness)을 복잡성(complicatedness)과 구별하여 정의한다. Rogers가 정의하는 사업의 복합성은 복잡한 사업에 비해 동태적인 비전형성이 강조된다. 간단한 선형적인 인과관계를 갖는 전형적인 사업과는 달리 인과관계가 반복적이고 순환적인 경로를 갖기도 하며 사업의 효과도 불균형적으로 발생한다고 설명한다. 또한 사전에 식별한 결과지표들로만 사업운영이 이루어지는 것이 아니라 사업의 운영 도중에 목표가 수정될 수도 있고 새로운 결과지표가 추가되거나 변경될 수도 있는 특징을 갖고 있다고 설명한다. Rogers(2008)에 따르면 KSP 사업은 복잡한 사업이면서 동시에 복합적인 사업에도 해당된다. 특히 KSP 사업이 자문의 대상으로 삼고 있는 정책영역의 최종 목적을 달성하는 인과관계의 경로는 사전에 명확하게 식별하기도 어려울 뿐만 아니라 사업 대상국의 국가적 및 시대적 특성의 변화에 대해 민감하게 반응하여 목적달성에 영향을 미칠 수 있다. 이러한 KSP 사업의 복합성은 선형적이고 단순한 사업운영이 가정되는 전통적인 평가 방법론의 적용을 어렵게 할 수 있다.

2. 지식공유형 개발협력평가사업의 도전과제

위에서 논의한 KSP 사업의 특수성은 전통적인 사업평가 방법론인 대응적 사실 패러다임(CFP)에 기초한 평가틀을 적용하기 어려움을 내용으로 하는 방법론적 도전과제들을 제시하고 있다. 그러나 KSP 사업 및 평가시스템의 현황, 그리고 현재 평가 결과가 정책결정자에게 얼마나 유용한 정보를 제공하고 있는가에 대한 반성은 또 다른 도전과제들을 제시하고 있다.

① 먼저, 사업평가의 역할에 대한 새로운 기대, 즉 평가결과가 직접적으로 사업의 개선에 반영될 수 있는 정보를 생산해 내야 한다는 점을 들 수 있다. 원래 사업평가를 하는 제일 중요한 목적은 평가를 통해 사업의 바람직한 개선을 도모할 수 있는 정보를 생산해 내기 위함이다. 이를 바꾸어 말하면 사업의 개선에 도움이 되는 정보를 생산하지 못하는 평가는 그 유용성이 극히 제한된다고 할 수 있다. 그러나 현행 KSP 평가시스템 하에서 이루어지는 평가결과들이 KSP 사업의 바람직한 개선에 직접적으로 연결되는 경우는 매우 드물게 관찰되고 있으며, 그 이유는 사업의 평가가 사업이 발생시킨 부가가치적 효과성에 초점을 두지 못하고 있기 때문이다. 사업의 개선이라는 것은 사업이 정책적 영향을 미치고자 하는 대상에 대하여 긍정적인 부가가치를 창출하는 기능을 수행할 수 있도록 저해 요인을 제거하거나 미비한 점이 보완됨을 가리킨다. 따라서 사업의 평가는 사업이 정책결정자가 의도한 부가가치를 발생시켰는지의 여부와 어떠한 메커니즘으로 그러한 부가가치가 발생했는가(또는 발생하지 못했는가)를 규명하는데 초점이 두어져야 한다. 한편, 사업이 발생시킨 부가가치는 사업의 최종 결과(final outcome) 지표의 '변화'에 의해 측정할 수 있는데, 현행 KSP 사업 평가 시스템은 최종 결과지표보다 몇 단계 이전의 인과관계인 최종 산출물(final output)이 얼마나 순조롭게 투입요소(input)들로부터 전환되었는가에 큰 비중이 두어져 있다. 이러한 유형의 평가 역시 필수적으로 수행되어야 할 평가이기는 하지만 사업을 개선하기 위한 정보를 생성해 내기보다는 주어진 사업의 운영을 개선하기 위해 필요한 정보의 생성에 그칠 수밖에 없는 것이다.

② 둘째, 사업평가가 정책평가로까지 연결되지 못하고 있는 점을 들 수 있다. KSP 사업의 목적이 사업 대상국의 정책적 목적 달성까지 포함하는 것인가 아니면

KSP 과제의 연구 및 자문이 성공적으로 완성되는 것에 그치는 것인가에 대한 물음은 KSP 사업을 평가하는 실무자들이 항상 가져온 질문이다. 이에 대한 답은 규범적으로는 평가 정보 수요자의 니즈에 따라 결정된다는 것이고 실무적으로는 평가시점 및 범위에 따라 결정된다는 것이다. 평가정보를 필요로 하는 우리나라의 정책입안자들이 사업 대상국의 정책수립에 KSP 연구가 어떠한 영향을 미쳤는가를 알고 싶어 한다면, 평가범위는 정책 효과성까지 포함하게 되는 것이고, 평가는 사업 종료 후 정책효과가 발생할 만큼 충분한 시간이 경과한 후에 수행되어야 하는 것이다. 분명한 점은 평가를 위한 결과지표로서 경우에 따라 정책 효과성이 포함될 수도 있고 아닐 수도 있지만 KSP 사업 자체의 목적은 "단순히 한국의 지식과 경험을 전수하는 것으로 그치지 않고 … 대상국 스스로가 중장기적인 경제발전을 이룰 수 있는 발판을 마련 … "하는 것으로 공식적으로 나타나 있기 때문에(기획재정부, KDI, 한국수출입은행, 2013), 어떠한 형태로든 정책 효과성은 평가활동에 반영되어야 한다는 것이다.

③ 셋째, KSP 사업을 평가하는 다양한 기관들 사이에 전문성의 차이가 존재할 수 있다는 점이다. 2004년부터 2013년 현재까지 총 46개국에서 606개의 KSP 과제가 수행되어 왔는데, 이 중 일부 소수의 과제들에 대해서만 평가가 이루어져 왔다. KSP 사업 평가를 수행하는 기관은 지식공유사업 주관기관인 KDI를 비롯하여 다양한 외부의 대학, 컨설팅 기관, 공공연구기관들로 구성되어 있다. 문제는 사업평가의 framework는 개별 사업의 맥락과 특성에 맞추어 고유하게 디자인 되어야 하는 반면 평가 수행기관은 다양한 학문적 배경 및 전문성의 차이를 보이고 있기 때문에 개별 평가 프로젝트들을 관통하는 일관적 평가기준과 방법론이 존재하지 않을 수 있다. 이러한 문제점은 자칫 동일한 현상에 대해 다른 평가결과와 다른 정책제언을 제시하게 하여 사업 대상국과 우리나라의 정책 결정자들에게 일관된 혼동을 야기시킬 수도 있다.

Ⅳ. 지식공유형 개발협력사업 평가 시스템의 바람직한 개선방향

① 첫째, 방법론적 어려움에도 불구하고 효과성 측정이 평가의 중심이 되어야

한다. 앞서 이루어진 논의의 결론은 사업평가가 본질적 기능을 수행하기 위해서는 사업의 개선에 도움이 되는 정보를 생산해 내야 하며 이를 위해서는 효과성 평가가 이루어져야 한다는 것이다. '효과성(impact)의 측정'은 본 연구에서 KSP 평가 시스템의 구조, 평가기준, 그리고 방법론의 진단과 개선에 관한 논의를 지배하는 가장 중요한 핵심 가치가 될 것이다.[6] 효과성만이 가치판단이 배제된 채 객관적인 사실만을 반영한 평가기준이며, 따라서 사업평가가 수행되는 존재 이유이기 때문이다. 물론 앞서 논의한 바와 같이 전통적인 대응적 사실 패러다임을 적용하여 효과성을 평가하기에는 KSP 사업이 적절하지 않다. 따라서 본 연구에서 새롭게 제시하고자 하는 KSP 평가 시스템의 방법론은 전통적인 패러다임에 대한 대안적 패러다임으로서 방법론보다는 이론(theory)에 중점을 두는 이론기반평가(Theory Based Evaluation: 이하 TBE) 혹은 변화이론(Theory of Change: 이하 ToC)에 바탕을 두고 설계될 것이며, 이를 통해 전통적 패러다임이 안고 있는 방법론적 한계를 극복할 것이다.

② 둘째, KSP 사업의 성공적인 산출물 생산 뿐 아니라 영향을 미치고자 하는 정책의 궁극적 목적 달성도 평가에 반영되어야 한다. 앞서 논의한 바와 같이 KSP 사업은 사업 대상국이 필요로 하는 정책 서비스를 직접 제공해주는 것이 아니라 정책연구 또는 정책자문의 형태로 간접적으로 제공해주고 궁극적인 정책목적의 달성은 사업 대상국 정부의 역할로 남겨둔다. 따라서 개별 KSP 과제 자체의 목적은 KSP 사업의 최종 산출물인 정책 연구 및 자문 관련 지식을 사업 대상국 공무원과 정책 결정자에게 온전하게 전달하는 것으로 제한된다고 볼 수도 있다. 그러나 우리나라 정부가 KSP 사업을 실시하는 궁극적인 목적은 "단순히 한국의 지식과 경험을 전수하는 것으로 그치지 않고 … 대상국 스스로가 중장기적인 경제발전을 이룰 수 있는 발판을 마련 … "하는 것으로 명시적으로 나타나 있기 때문에(기획재정부, KDI, 한국수출입은행, 2013) 정책목적의 달성 여부도 평가의 범위에 포함되는 것이 타당하다. 다만 KSP 과제의 산출물의 전달이 이루어진 후 이것이 사업 대상국의 정책형성

---

6) 개별사업이 발생시킨 효과성은 평가 대상 사업이 의도한 대로의 목적을 달성하였는가의 여부를 판단하는 기준이며 해당 사업이 사업 대상으로 하여금 정책결정자가 의도한 대로의 변화를 발생시켰는지의 여부를 의미한다. 이러한 효과성은 위의 표에서 볼 수 있듯이 거의 모든 평가요소 측정의 전제가 되며 그렇지 않은 경우에도 효과성과 밀접한 관련을 가지고 있다. 다시 말하여 효과성 이외의 다른 평가요소들은 효과성 평가의 개념을 확장한 수준이거나 아니면 효과성 평가를 위한 보완적 요소로 보아도 무방하다(한국개발연구원, 2012).

에 반영되어 정책목적을 달성할 때 까지는 상당한 시간이 소요될 수 있을 뿐 아니라 KSP 산출물－정책목적 달성 간의 인과관계 메커니즘이 매우 복잡하고 비전형적인 형태를 지니는 경우가 많아 매년 또는 정기적으로 실시되는 KSP 평가의 한 유형으로 포함시키는 것은 어려울 수 있다. 그러나 사업이 종료된 이후 3~5년이 경과한 사업들 중 중요한 사업이라고 판단되는 사업들의 집단을 국가단위로 분석하여 정책목적을 달성하는 것은 유용한 방안이 될 수 있다. 그러나 정책목적의 달성을 KSP 평가 시스템 설계에 반영한다는 말은 반드시 정책목적의 달성을 평가범위로 포함한다는 뜻은 아니다. 예를 들어 비록 과제 자체의 목적 달성으로 평가범위가 한정된다고 하더라도 향후 정책목적의 달성 여부를 사업평가의 논리를 구성하는 논리모형에 포함시킨다면, '사업 활동이 향후 정책목적 달성을 위해 유리한 여건을 조성하는데 기여하였는가'; '정책목적 달성에 유리한 사업을 선정하고 기획하기 위해서는 어떠한 노력을 기울여야 하는가' 등에 대한 해답을 구하고 제언을 제공하는 것이 가능할 것이다.

③ 셋째, 평가주체의 전문성과 상관없이 표준화된 방법론을 쉽게 적용할 수 있어야 한다. KSP 과제가 자문하는 정책영역은 과제마다 모두 다르지만, 기본적으로 정책연구 및 자문이라는 최종 산출물을 전달한다는 측면에서는 동질적인 과제들이라고 볼 수 있다. 한편, KSP 과제들에 대한 평가과제는 개별 과제 또는 국가 단위로 시기에 따라 필요에 의해 매번 다른 기관에 대해 평가 연구 과제를 발주하는 형태로 수행된다. 문제는, 평가연구를 수주한 기관들이 보유하고 있는 평가에 대한 전문성의 수준이 각기 다를 뿐 아니라, 동질적 성격의 KSP 과제들에 대해 통일된 평가지침이 존재하지 않는 상태에서 개별적인 기준과 방법론에 의해 개별적 평가가 수행될 가능성이 있다는 점이다. 만약 이러한 가능성이 현실화된다면, 본질적으로 동질적인 과제의 수행성과들에 대해 서로 다른 평가 결과를 도출하고 책임성의 수준도 다르게 부여할 수 있다는 형평성의 문제가 발생할 수 있다. 뿐만 아니라 개별 과제들의 총합인 KSP 사업 단위의 운영 개선을 위한 시사점 도출에도 혼란을 줄 수 있다. 따라서 새로운 KSP 사업 평가시스템은 평가연구를 수주한 기관의 전문성과 상관없이 일관적인 평가기준과 방법론적 지침에 따라 일정 수준 표준화된 평가가 가능하도록 구축하는 것이 바람직하다.

④ 넷째, KSP 사업의 평가는 개별 과제의 일정주기에 유기적으로 통합되어 기획－운영－효과의 순서로 사업과 병렬적으로 진행되는 것이 바람직하다. 성공적인 사업평가의 전제 조건은 사업에 대한 충분한 이해와 사업운영과의 유기적 연계이다. 사업의 효과가 발생하는 시점이 과제주기의 가장 끝부분에 위치하고 평가가 원래 회고적(retrospective) 시각에서 분석이 이루어진다고 해서 평가와 관련된 모든 활동을 과제가 종료된 이후부터 시작해야 한다는 뜻은 아니다. 오히려 사업의 기획단계에서부터 평가에 대한 기획이 함께 이루어져야 평가자가 필요로 하는 데이터의 확보와 평가 설계의 적용이 온전히 이루어질 가능성이 크다. 예를 들어 사업의 운영이 종료된 이후 사업의 운영과정에서만 수집할 수 있는 특정 데이터가 평가에 필요하다는 사실을 안다고 하더라도 그 시점에서는 획득이 어려울 수 있는 것이다. KSP 사업평가와 KSP 과제의 진행이 병렬적으로 진행된다는 사실은 KSP 사업의 평가인력과 운영인력이 전 주기에 걸쳐 긴밀하게 소통하고 협력함을 의미한다. 실제 평가에서 데이터 수집, 조사 대상자 파악 및 연락 등 평가관련 활동들이 사업 운영인력에 의해 이루어지는 경우가 많은데, 운영인력들이 평가의 필요성과 내용에 대한 충분한 이해가 선행되어야 원활한 협력이 가능할 것이다. 또한 통상적인 다른 ODA 사업들과 마찬가지로 KSP 사업의 경우에도 사업 대상국의 적극적인 참여와 협력이 필요하다. 개발협력 분야 사업 평가의 성공적 수행을 위해서는 수원국과의 파트너십, 상호 책임성, Ownership(DANIDA, 2012), 관련된 모든 이해관계자의 참여(Austrian Development Cooperation, 2009), 수원국 이해 관계자의 가치체계(Leeuw & Vaessen, 2009) 등이 평가 설계의 핵심요소로 반영되어야 함을 이미 여러 개별 선진국 정부나 다자기구에서 강조하고 있다. 특히 KSP 사업의 경우에는 최종 정책목적 달성의 주체가 수원국 정부이고 정책목적 달성에 중요한 영향을 미치는 요인들도 수원국의 정치·경제적 환경요인들이기 때문에 수원국의 이해와 가치가 평가 프레임워크에 충실히 반영되어야 맥락에 부합하는 평가틀이 수립될 수 있다.

V. 정책적 제언

① 첫째, KSP 제언이 사업대상국의 정책에 효과적으로 반영될 가능성을 높이기 위해서는 대상국가의 주요 환경/맥락요인의 체계적인 사전조사를 바탕으로 사업기획 및 운영 전략을 수립해야 한다. 특히, '행위자' 측면을 중점적으로 볼 때, 어떤 행위자(들)에게 중점적으로 자문 및 지식전파 세미나를 제공할 것인지에 대한 전략적 접근이 필요하다. 이와 관련하여 KSP 사업대상국 대다수가 '하향식'(top-down) 정책의사결정구조를 가지고 있기 때문에, 소수의 '권력 엘리트'에게 결정권이 집중되어 있는 경우가 많다. 반면, 정책시행 및 운영과 관련된 실무를 담당하고 있는 관련 부처의 관료들 및 기타 민간 이익단체들이 정부의 의사결정과정에 유의미한 영향력을 행사할 수 있는 경우는 많지 않다. 예컨대, 캄보디아 정부를 대상으로 2009-2011년에 실시한 '민관협력사업(Public-Private Partnership, 이하 PPP) 법적/절차적 개선방안'사업은 경제재정부(Ministry of Economy & Finance)와 국무총리 직속기관인 'Supreme National Council' 소속 고위급 공무원들에게 민영기업 파트너 선발과정 및 참여유도 인센티브 시스템 구축 관련 권한이 주어지기 때문에, 다른 주요 맥락요인과 더불어, 해당 정치체제로부터 기인하는 행위자적 특성을 고려하는 것이 바람직하다.

② 둘째, 현재 실시되고 있는 의회 및 기타 이해관계자 대상 세미나 및 연수회의 확장 및 강화가 필요하다. 현재 KSP의 보고회 및 전파세미나 등은 대체로 사업대상국의 공무원들 대상으로 이루어지고 있다. 하지만 입법부, 이익집단 등 정책 과정에 참여하는 (혹은 참여할 수 있는) 다양한 행위자들 또한 고려하여 이들의 이해관계 역시 포괄할 수 있는 세미나 혹은 연수회 등이 동반된다면 더욱 긍정적인 사업 결과를 기대할 수 있을 것으로 예상된다. 이는 KSP를 통해 제언되는 정책이 사업 대상국 정부의 수요를 충족하는 것뿐만 아니라 사업 대상국의 사회를 좀 더 정확히 이해하고 이를 정책 제언에 반영하기 위함이다. 또한, 해당 정책에 직접적인 이해관계가 있는 행위자들로 하여금 정책 과정에 참여시킴으로써 행위자들 개인의 역량 배양 및 사회적 기여로 이어질 수 있다. 이에 대한 예[7])로 캄보디아 쌀 연합회

---

7) 캄보디아 쌀 연합회가 2011 KSP 캄보디아 농산물 가공산업 육성에 참여한 것은 아니나 다른 KSP 프로그램에

(Cambodia Rice Federation)는 KSP에서 실시하는 개인 레벨의 훈련 프로그램 및 능력 배양 프로그램이 매우 효과적이라고 응답했다. 한국에서 기술 연수를 받은 사람들 중 절반 이상이 캄보디아에 돌아온 뒤 연수를 통해 습득한 기술을 활용하여 캄보디아의 기술 발전을 도모한다는 점에서 해당 프로그램에 대해 긍정적인 평가가 있었다. 이처럼 KSP의 정책 제언이 사업 대상국의 현장에서 실질적인 효과를 발휘하기 위해서는 전파 대상을 의회 및 기타 이해관계자들로 확장할 필요가 있다.

③ 셋째, 사업주제 선정 및 기획 시, 타 공여기관이 대상국가에게 유사한 지식 공유사업 또는 자문형 ODA를 제공했는지 여부, 즉 중첩성을 면밀하게 검토해야 한다. 이는 '국제적 환경 및 맥락' 요인들 중 하나인 'ODA' per capita 지표가 나타내고자 한 '개발원조 경쟁'(ODA Competition)과도 시사점 측면에서 밀접한 관련이 있다. 구체적으로, 앞서 DB 분석결과가 제시한 바와 같이, 사업대상국민 1인당 받는 원조 금액이 많을수록 정책제언의 반영 확률이 낮아질 것이라 추정할 수 있다. 더 나아가, Knack and Rahman(2007)과 Annen and Kosempel(2009)이 제시한 바와 같이, 'ODA Competition' 정도가 높을수록 원조가 개발도상국의 경제성장에 미치는 긍정적인 효과가 감소할 가능성도 배제하지 않을 수 없다. 비슷한 맥락에서, 캄보디아에서 진행한 현지 관계자들과의 인터뷰 자료에 의하면, 다수 공여기관들 간에 '정책조율'(policy coordination)이 충분히 이루어지지 않을 경우, 인적, 물적 자원배치의 비효율성 및 과도한 경쟁조성으로 인한 부정적 효과의 발생 가능성에 대해 우려를 표한 바 있다. 또한, ODA 경쟁이 높은 상황에서 다른 공여기관의 제언보다 KSP의 제언이 가지는 이점(advantage)이 없다면, ODA 경쟁에서 밀려나 KSP의 정책 제언이 채택되지 않을 가능성이 높아진다.

④ 넷째, 성공적인 정책 도입에 필요한 절차적 제반 마련을 위한 후속 프로그램 지원이 필요하다. KSP 사업은 사업 결과물로써 정책 제언을 사업 대상국에게 전달하기 때문에 KSP 사업의 궁극적인 목적은 제언 사항이 성공적으로 정책에 반영되는지 여부이다. 그러나 정책은 고도로 복잡한 이해관계와 다양한 맥락요인에 의해서 영향을 받기 때문에 단순한 정책 제언 사항 전달만으로는 정책 반영 여부를 장담할 수 없다. 이에 따라 전체적이 정책 도입 과정(정책 제언에서 형성 및 도입까지의

서 했던 훈련 프로그램을 예시로 든 것이다.

과정)이 고려된 사업 구상이 필요하다.

　　예를 들어, 캄보디아 PPP사업은 정책 과정이 복잡할 것으로 예상되는 사업으로써, 정책 과정에 영향을 미칠 수 있는 맥락요인들에 대한 서술이 필요하다. 그러나 해당 사업은 PPP 전담기구 설립, 민간투자사업의 입찰 및 평가와 관련한 국제수준의 규범 준수 등 매우 복잡한 기술을 요하는 정책 제언을 했음에도 불구하고 그 과정을 성공적으로 수행하기 위해 실질적으로 필요한 전문 인력, 예산규모 등에 대한 구체적인 제언이 결여되어 있었다. 때문에 캄보디아 정부 차원의 PPP 사업에 대한 자문 수요 증가에도 불구하고 해당 사안들에 대해 좀 더 구체적이고 현실적인 조언을 해 준 여타 국제기구의 정책 제언에 밀려 KSP 정책 제언은 최종 정책 반영에 유의미한 영향을 미치지 못했다. 따라서 KSP 정책 제언이 사업 대상국의 정책 반영으로 이어지기 위해서는 정책 도입에 필요한 제반을 갖출 수 있도록 후속 프로그램 지원 등이 동반되어야 할 필요가 있다.

　　⑤ 마지막으로, KSP 보고서의 접근성 제고를 위한 방안을 모색할 필요가 있다. 가장 먼저, 영어 교육을 받은 고위 공무원을 제외한 다수가 KSP 보고서를 읽을 수 있도록 필요시 현지어로 번역하는 추가적인 작업이 필요하다. KSP에 직접적으로 참여하는 연구진들의 경우, 한국 연구진들과 영문으로 의견 교류가 이루어지고 있어 영문으로 발간되는 KSP 최종 보고서에 대한 접근성이 높은 편이다. 그러나 그 외의 정책 행위자들, 특히 정부 밖의 이익집단들 같은 경우, 그들에게 직접적으로 영향을 미칠 수 있는 KSP 제언이 있다 하더라도 언어적 장벽에 가로막혀 접근하기가 힘든 것이 사실이다. 뿐만 아니라, 정부 내부에서도 KSP 사업에 직접적으로 참여하는 정부 관료 혹은 경제재정부 이외에는 KSP에 대한 이해도가 높지 않은 것이 사실이다. 이와 같은 문제 상황을 타개하기 위해서는 현재 경제재정부에만 집중되어있는 KSP 사업을 다양한 부처들과 행위자로 확대하여 사업 대상국의 정책 수요를 좀 더 정확하게 반영할 필요가 있다. 또한, KSP 사업 자체에 대한 광범위한 홍보 활동 혹은 해당 국가에 전달된 KSP 사업을 안내하는 포털 등을 운영해서 전반적인 KSP 보고서의 접근성을 높일 필요가 있다

참고문헌

임 현. (2014). 정책과 법의 관계에 대한 모색. 공법합연구, 15(2): 85-102.

장석준. (2013). 정책유형별 확산 메커니즘의 차별적 영향력에 관한 실증 연구. 한국정책학 회보, 22(4): 253-283.

남궁근. (2012). 정책학 2판. 서울: 법문사.

정정길·최종원·이시원·정준금. (2003). 정책학원론. 대명출판사.

정정길·최종원·이시원·정준금·정광호. (2010). 정책학원론 개정4판. 대명출판사.

국제개발협력평가센터. (2013). KSP 정책자문사업 평가체계. 내부자료.

기획재정부. KDI. 한국수출입은행. (2013). Knowledge Sharing Programme. KSP Information. KSP Brochure. http://www.ksp.go.kr/ksp/information.jsp (Accessed 2015. 1. 25.)

서울대학교 국제대학원. (2010). 한국경제발전 경험공유사업(KSP)의 평가.

한국개발연구원(KDI). (2012). 2011년 경제발전 경험 공유사업 KSP종료평가. 국제개발협력 센터.

한국개발연구원(KDI). (2013). 2012년 경제발전 경험 공유사업 KSP 종료평가. 국제개발협 력센터.

한남대학교 산학협력단. (2013). 경제발전경험 공유사업(KSP) 정책자문 평가 보고서.

Anderson, J. E. (1975). *Public Policymaking*. New York: Praeger.

Angrist, J. D., & Krueger, A. B. (1999). Empirical strategies in labor economics. Handbook of labor economics, 3, 1277-1366.

Austrian Development Agency. (2009). Guidelines for Project and Programme Evaluations. The Austrian Development Cooperation. Evaluation Unit.

B. Guy Peters, American Public Policy: Promise and Performance (Chappaqua, N. Y.: Chatham House/Seven Rivers, 1999).

Babu, S. (2000), Impact of IFPRI's Policy Research on Resource Allocation and Food Security in Bangladesh, Washington D.C.: International Food Policy Research Institute.

Bachrach, P., & Baratz, M. S. (1962). Two faces of power. *American Political Science Review*, 56(04), 947-952.

Berman, P., & McLaughlin, M. W. (1976, March). Implementation of educational innovation. In The educational forum (Vol. 40, No. 3, pp. 345-370). Taylor & Francis Group.

Birkeland, R., Thompson, J. K., Herbozo, S., Roehrig, M., Cafri, G., & Van den Berg, P. (2005). Media exposure, mood, and body image dissatisfaction: An experimental test of person versus product priming. Body Image, 2(1), 53-61.

Birkland, T. A. (2001). An introduction to the policy process. Ed. ME Sharpe. Armonk, New York.

Blomquist, J. (2003). Impact evaluation of social programs: a policy perspective.

Burstein, P. (1991). Policy domains: Organization, culture, and policy outcomes. Annual Review of Sociology, 327-350.

Burstein, P. (2003). The impact of public opinion on public policy: A review and an agenda. Political research quarterly, 56(1), 29-40.

Caplan, N. (1979). The two-communities theory and knowledge utilization. American Behavioral Scientist, 22(3), 459-70.

Cortell et al, (1996). How do International Institutions Matter? The Domestic Impact of International Rules and Norms.

Cortell et al, (2000). Understanding the Domestic Impact of International Norms: A Research Agenda.

Dahl, R.(1961). *Who Governs?: Democracy and Power in an American City*. New Haven and London: Yale University Press.

DANIDA. (2012). ZAMBIA_Evaluation of the Access to Justice (AtoJ) Programme in Zambia, 2006-11.

DANIDA. (2014). Support to the national response to HIV/AIDS in UGANDA.

DeLeon, P., & DeLeon, L. (2002). What ever happened to policy implementation? An alternative approach. Journal of Public Administration Research and Theory: J-PART, 467-492.

Dror, Y. (1969). Policy Analysis: A Theoretic Framework and Some Basic Concepts. Rand Corporation.

Dunn, W. N. (1980). The two-communities metaphor and models of knowledge use: an exploratory case survey.

Dye, T. R. (2001). *Top down policymaking*. Chatham House Publishers.

Eirich F. & Morrison A. (2011). Social Science Methods Series-Guide 6: Contribution Analysis. Scottish Government.

Elber, R., Lau, R.T. (1990). Political Cynicism Revisited: An Information-Processing Reconciliation of Policy-Based and Incumbency-Based Interpretations of Changes in Trust in Government. American Journal of Political Science 34, no. 1: 236.

Elmore, R. F. (1979). Backward mapping: Implementation research and policy decisions. Political science quarterly, 601-616.

Feldman, Martha (1990). *Order Without Design: Information Production and Policy Making*. Stanford, CA: Stanford University Press.

Fisher, R.A. (1926). "The Arrangement of Field Experiments", Journal of Ministry of Agriculture, 33: 503-513.

Florini, A. M. (Ed.). (2000). Third Force, The; The Rise of Transnational Civil Society. Carnegie Endowment.

Forbes, (1999). "The Billionaire NExt Door". October 11, 1999. 50-59.

Gormley Jr, W. T. (1986). Regulatory issue networks in a federal system. Polity, 595-620.

Grubb, W. Norton, Paul Ryan (1999). "The roles of evaluation for Vacational Education and Training: plain talk on the field of dreams". Institutional Labour Organization

Heckman, J. J., Ichimura, H., & Todd, P. E. (1997). Matching as an econometric evaluation estimator: Evidence from evaluating a job training programme. The review of economic studies, 64(4), 605-654.

Héritier, A. (1996). The accommodation of diversity in European policy-making and its outcomes: regulatory policy as a patchwork. Journal of European Public Policy, 3(2), 149-167.

Holland, P. W. (1986). Statistics and causal inference. Journal of the American statistical

Association, 81(396), 945–960.

Howlett, M., & Ramesh, M. (2003). Policy implementation: policy design and implementation styles. HOWLETT, Michael, et M. RAMESH (2003). Studying public policy-Policy cycles and policy subsystems, 2.

Independent Evaluation Group(IEG). (2012). World Bank Group Impact Evaluations. Relevance and Effectiveness. The World Bank Group.

James C. McDavid, & Laura RL Hawthorn (Eds.). (2006). Program evaluation & performance measurement: An introduction to practice. Sage.

JICA. (2004). JICA Guideline for Project Evaluation. Japan International Cooperation Agency.

JICA. (2010). BachMai Hospital Project for Functional Enhancement.

Kaufman, H. (1976). *Are government Organizations Immortal? Washington*, DC: Brookings.

Kazmi, F. (1999). The politics of India's conventional cinema: Imaging a universe, subverting a multiverse. Sage Publications Pvt. Limited.

Kingdon, J. (1995). *Agendas, Alternatives, and Public Policies*. Second Edition. Addison-Wesley Educational Publishers.

Koehane, R. (1994) Contested Commitments in United States Foreign Policy, 1783-1989. Typescript. Harvard University.

Kotvojs, F., & Shrimpton, B. (2007). Contribution analysis: a new approach to evaluation in international development. Evaluation journal of Australasia, 7(1), 27.

Kumar, C. (2000) 'Transnational Networks and Campaigns for Democracy' in Florini, Ann M. (ed.) The Third Force: The Rise of Transnational Civil Society. Tokyo: Japan Center for International Exchange; Washington D.C.: Carnegie Endowment for International Peace.

LaFond, A., & Brown, L. (2003). A guide to monitoring and evaluation of capacity building interventions in the health sector in developing countries.

Lasswell, H. D. (1971). *A preview of policy sciences*. Elsevier Publishing Company.

Lasswell. (1945). Administrative Behavior: a Study of Decision-Making Processes in Administrative Organization.

Leeuw, F. L., & Vaessen, J. (2009). Impact evaluations and development: NONIE guidance on impact evaluation. Network of networks on impact evaluation.

Lindblom, C. E. (1959). "The science of muddling through". Public administration review, 79-88.

Lipsky, M. (1971). Street Level Bureaucracy and the Analysis of Urban Reform. Urban Affairs Quarterly, 6, 391-409.

Lopez-Martinez, R. (2005).Economic Rationales Underlying Innovation Policies: Analysis of Policy-Making Practices in Finland, Spain and the United Kingdom. PREST-Manchester Business School, The University of Manchester.

Lowi, T. J. (1964). American business, public policy, case-studies, and political theory. World politics, 16(04), 677-715.

Majone, G. (1989). *Evidence, argument, and persuasion in the policy process.* Yale University Press.

Maredia, M. K. (2009). Improving the proof: Evolution of and emerging trends in impact assessment methods and approaches in agricultural development (Vol. 929). Intl Food Policy Res Inst.

Mayne, J (1999). Addressing attribution through contribution analysis: using Performance Measures Sensibly. Discussion Papaer. Office of the Auditor General of Canada. June.

Mayne, J (2001). Addressing attribution through contribution analysis: using Performance Measures Sensibly. The Canadian Journal of Program Evaluation, 16(1): 1-24.

Ministry of Foreign Affairs of Denmark. (2012). DANIDA Evaluation Guidelines. Evaluation department.

Morcol, G. (2007). Decision making: an overview of theories, contexts, and methods. PUBLIC ADMINISTRATION AND PUBLIC POLICY-NEW YORK-, 123, 3.

Morra Imas, L. G., & Rist, R. C. (2009). The road to results.

Nakamura, R. T., & Smallwood, F. (1980). *The politics of policy implementation.* St. Martin's Press.

Neshkova, M. I. (2014). Salience and complexity in supranational policymaking: The case of subnational interests. Governance, 27(1), 9-36.

Newcomer, K. E., Hatry, H. P., & Wholey, J. S. (1994). Meeting the need for practical evaluation approaches: An introduction. Handbook of practical program evaluation,

1-10.

Norad. (2009). Evaluation of Norwegian Support to Peacebuilding in Haiti 1998-2008.

Ravallion, Martin (2005). "Evaluating Anti-Poverty Programs". World Bank Policy Research Working Paper No. 3625

Reingold, D. A. (2008). Can government-supported evaluation and policy research be independent?. Journal of Policy Analysis and Management, 27(4), 934-941.

Rogers, P. J. (2008). Using programme theory to evaluate complicated and complex aspects of interventions. Evaluation, 14(1), 29-48.

Rossi, P. H., Lipsey, M. W., & Freeman, H. E. (2003). *Evaluation: A systematic approach*. Sage publications.

Rubin, D. B. (1974). Estimating causal effects of treatments in randomized and nonrandomized studies. Journal of educational Psychology, 66(5), 688.

Sabatier, P. A. (1986). Top-down and bottom-up approaches to implementation research: a critical analysis and suggested synthesis. Journal of public policy, 6(01), 21-48.

Sabatier, P., & Mazmanian, D. (1979). The conditions of effective implementation: a guide to accomplishing policy objectives. Policy analysis, 481-504.

Scattschneider, E.E. (1960). *The Smi-Sovereign People*. New York: HOlt, Rinehard and Winston.

Simon, Herbert A. (1947). Administrative Behavior: A Study of Decision-Making Processes in Administrative Organization. 4th ed. in 1997. The Free Press.

Stame, N. (2004). Theory-based evaluation and types of complexity. Evaluation, 10(1), 58-76.

Strachan, M., Hardee, K., Grey, G-A. (2001). Measuring the Degree to Which the Policy Environment in Jamaica Supports Effective Policies and Programs for Reproductive Health: 2000 Follow-up Results. The Policy Project.

Strempel. (1987). "법정책의 개념에 관하여: 그 연혁, 의미 및 정의". 법과 정책연구 제1집. (변무웅 역) 서울: 한국 법정책학회.

Suchman, E. A. (1967). *Evaluative research. Russell Sage Foundation*.

Timmer, C. P. (1998). Adding value through policy-oriented research: reflections of a scholar-practitioner. International Food Policy Research Institute.

Todd, P. E., & Wolpin, K. I. (2008). Ex ante evaluation of social programs. Annales d'Economie et de Statistique, 263-291.

Treasury board of Canada Secretariat. (2012). *Theory-based Approaches to Evaluation: Concepts and Practices*.

UNDP. (2002). Handbook of monitoring and Evaluating for Results. UNDP Evaluation Office.

UNDP. (2005). Monitoring and Evaluation system manual. UNDP Evaluation Office.

UNICEF. (1991). *A UNICEF Guide for Monitoring and Evaluation: Making a Diffrence?*. The Evaluation Office.

Van Horn, C. E., & Van Meter, D. S. (1977). The implementation of intergovernmental policy. Policy studies review annual, 1, 97-120.

Van Voorhis, P., & Brown, K. (1997). Evaluability assessment: A tool for program development in corrections. University of Cincinnati.

Vogel, I. (2012). Review of the use of 'Theory of Change' in international development. Report commissioned by the Department for International Development. Draft-review report and practical resources.

Water Engineering and Development Centre(WEDC). (2000). Dissemination pathways and indicators of impact on development: a review of literature. http://www.lboro.ac.uk/wedc/projects/stw/lr6.pdf (Accessed 2015. 1. 20)

Weiss, C. H. (1979). The many meanings of research utilization. Public administration review, 426-431.

Weiss, C. H. (1999). The interface between evaluation and public policy. Evaluation, 5(4), 468-486.

Werner Jann and Kai Wegrich, (2006). Handbook of Public Policy Analysis, chp4.

Wholey, J. S. (1994). Assessing the feasibility and likely usefulness of evaluation (pp. 15-39). Jossey-Bass Publisher.

Wildavsky, A. B. (1979). Speaking truth to power. Transaction Publishers.

Wilson, J. Q. (1995). Political Organizations. Princeton: Princeton University Press.

제**6**장

공직 부패의 추세분석과 시사점

[고 길 곤]

> 제6장
공직 부패의 추세분석과 시사점

I. 서 론

부패를 어떻게 측정할 것인가는 오랫동안 쟁점이 되어온 연구주제이다. Johnston(2001)의 말처럼 부패 측정의 문제는 새로운 탈을 쓴 오랜 논쟁(old conflicts in new guises)이다. 측정이 신뢰성과 타당성을 갖기 위해서는 측정의 목적, 해당 개념에 대한 적절한 이론과 개념 정의 등이 전제되어야 한다(Gerring, 2012; Babbie, 2007; Johnson & Reynolds, 2007). 하지만 부패에 대한 이론은 개인 윤리적 접근부터 체제론적 접근까지 다양하고(Heidenheimer & Johnston, 2002; Rose-Ackerman, 1999; Heywood, 1997) 부패의 개념 역시 부패의 주체, 행위의 범위, 행위의 의도와 결과 등에 따라 다양하게 정의되고 있다(Ko & Weng, 2011; Johnston, 2001). 이러한 상황에서 "부패를 과연 측정할 수 있는가?"라는 회의론이 제시되어 왔다. 그 결과 부패 연구가 실증주의적 영역에서 다시 윤리와 관념론의 영역으로 회귀하는 현상이 등장하고 있다.

부패 측정에 대한 회의론은 부패 연구에서 가장 기본적인 질문들, 즉 부패가 얼마나 심각하며 악화 혹은 개선되고 있는지, 반(反)부패 정책의 효과가 있는지 여부 등에 대한 평가를 주관적 판단에 의존하게 하는 문제를 초래하고 있다. 예를 들어 각종 부패 사건이 정치적 쟁점이 되고 언론의 주목을 받으면 한국의 부패가 심각하다는 주장이 제기되지만 특정 사례의 일반화에 근거하는 경우가 많다. 뿐만 아니라 반부패 기구나 반부패 정책이 부패를 감소시켰는지 여부에 대한 구체적인 근거를 제시하지 못하는 상황에서 반부패 정책이 초래하는 비용을 정당화하기 어려워지고 있으며 정책의 우선순위를 판단하기도 어려워지고 있다.

한편 측정된 부패 정보 활용 문제도 심각하다. 각종 부패 지수의 한계나 특성을 충분히 고려하지 않은 채 특정 부패지수를 자의적으로 해석하는 경우가 빈번하다. 예를 들어 국제투명성 기구(Transparency International)의 부패인식지수(corruption perception index)가 2014년 175개국 중 43위에 위치하고 있다는 사실을 지적하면서 우리나라 부패의 심각성을 주장하기도 한다. 하지만 이 부패인식지수는 자료수집 방식이나 시점간 비교에 한계가 있는 것으로 알려져 있다(Ko & Samajdar, 2010). 국민권익위원회에서 수행하는 청렴도 조사 결과를 보면 부패인식도는 60%에 가깝게 나타나지만 실제 금품/접대 등 제공 경험은 3% 미만으로 나타나고 있다. 이와 같이 부패 정의와 개념과 측정이 불완전함에도 불구하고 한국의 부패수준이 높으며 개선이 되지 못하고 있다는 주장은 무비판적으로 제기되고 있다. 극단적으로는 정부의 반부패 정책은 효과가 없다는 주장을 제기하면서 정부에 대한 불신을 증폭시키고 있다.

본 논문은 경제발전 및 사회시스템의 변화에도 불구하고 한국의 부패 수준이 매우 높고 오히려 악화되었다는 주장을 각종 부패 측정 자료들을 이용하여 살펴보고자 한다. 특히 1990년대부터 현재까지 한국의 부패가 어떤 구조적 변화를 겪고 있는지를 실증자료를 이용하여 체계적으로 분석하고자 한다. 본 논문에서는 단편적 부패측정의 한계를 극복하기 위해 국제기구의 자료, 부패 인식자료, 부패 경험자료, 사법기관에 의한 부패 적발 및 처벌 자료, 그리고 행정부 내부의 공무원 및 공직유관기관 종사자의 공무원 행동강령 위반 행위 자료가 어떤 측정방법 및 대상 그리고 장단점을 갖고 있는지 살펴보고 이를 종합적으로 활용하였다.

II. 부패 측정 이론과 방법

1. 부패 측정의 목적

부패지수는 "한 사회의 부패의 심각성을 양적으로 측정한 것"으로 부패에 대한 사회적 인식의 환기, 학술적 목적, 행정통제, 반부패 정책 평가 등 다양한 목적으로 활용되고 있다.

부패지수는 부패의 심각성을 대중에게 인식시키고 반부패 정책에 대한 관심을 고조시키는 역할을 한다. Ko & Samajdar(2010)가 지적하듯이 부패지수가 발표되면 언론 등을 통해 부패의 심각성에 대한 시민들의 의식이 높아지고 정치적인 관심도 증폭된다. 부패의 여론 중심적 접근은 해당 사회 구성원의 집합적 판단을 중요시 하기 때문에 시민들의 부패의식을 측정하고자 한다(김준석 외 2011: 349−350). 즉 부패신고의 접수, 적발, 처벌 등의 부패 실태자료들은 부패의 일부분만을 보여주는데 비해 시민의 부패 인식은 사회부패의 전반적인 모습을 보여줄 수 있다는 장점이 있다. 이러한 관점에서 부패인식도의 측정은 부패의 심각성을 대중들에게 환기시키는 긍정적인 역할을 수행한다. 반면 과다하게 측정된 부패인식도는 시민들의 정치적 무력감을 증대시키고 정부에 대한 불신을 증대시킬 뿐 아니라, 부패행위에 대한 도덕적 비용을 낮추어 부패를 오히려 증가시키는 역기능을 수행하기도 한다(고길곤 & 이보라 2012). 이러한 부패인식은 학력, 성별, 지역, 소득 수준 등에 영향을 받기 때문에(고길곤 & 조수연 2012, 김준석 외 2011, 진종순 & 서성아 2007, 박광국 1995) 표본들이 갖는 위 변수 값의 차이가 부패 측정값의 차이를 초래한다.

부패지수는 학술연구에서도 널리 사용된다. 부패측정 문제가 학술적인 관점에서 본격적으로 등장한 것은 Mauro(1995)가 Economist Intelligence Unit의 전신인 Business International의 자료(BI지수)를 이용하여 경제성장과 부패의 관계를 밝힌 국가 간 비교연구 논문을 통해서이다. 물론 이 논문 이전에도 부패 수준을 측정하여 연구에 사용한 많은 논문들이 있었지만 국가 간 비교 가능한 부패지수를 1990년대 중반부터 Transparency International, World Bank 등 여러 국제기구들이 생산하기 시작하면서 부패지수 활용이 증가하기 시작했다(You & Khagram 2005). 물론 국가

간 비교를 위한 부패지수의 많은 학자들에 의해 그 한계들이 지적되었다(Donchev, D. and G. Ujhelyi, 2007;Knack 2006; Ko and Samajdar, 2010). 그럼에도 불구하고 학술연구에서 국제 부패지수는 여전히 학술연구에서 널리 사용되어 왔다. 국내에서도 한국행정연구원의 부패자료를 이용하여 부패현황(김철식 2012, 연성진 2006), 부패행위의 원인(조일형 외 2014, 진종순 &서성아 2007)을 측정하기 위해 연구들이 있으며 부패 관행을 설명하는 요인을 살펴본 연구들이 있다(고길곤 & 조수연 2012).

부패측정은 공공관리(public management)에서도 중요하다. 부패한 공직자의 행위는 정부에 대한 신뢰를 낮추고, 정책형성과 집행 비용을 높이게 되며, 궁극적으로 공공의 이익을 훼손하게 된다. 따라서 부패측정은 공공기관의 성과 향상을 위한 수단으로 사용되고 있다. 국내에서는 공공기관 성과평가에서 국민권익위원회가 각 기관의 청렴도를 측정하여 이를 성과평가에 반영을 하고 있으며 공공기관 변화에 긍정적인 영향을 끼치고 있다(Ko 2015).

부패측정은 반부패 정책 평가의 관점에서도 매우 중요하다. 수많은 반부패 정책이 시행되고 있으면서도 반부패 정책이 얼마나 효과적인지에 대한 측정은 소홀히 되어 왔다(박흥식 2001). 이러한 문제를 극복하기 위해 국내의 경우 공공기관 평가에서 국민권익위원회의 청렴도 평가 결과를 반영시키도록 하고 있는데 이것은 반부패 노력의 성과를 간접적으로 측정하고자 하는 것이다.

위와 같은 부패측정의 다양한 목적을 모두 달성하기는 쉽지 않지만 한 사회나 조직의 부패 수준이 어느 정도이며 어떻게 변하고 있는지는 부패 연구와 정책수립의 기본이 된다는 점에서 부패측정의 중요성은 크다고 할 수 있다.

2. 부패 측정의 유형

부패 측정은 작성주체와 조사 대상, 조사 방법에 따라 매우 다양하다(박경래 & 박미량, 2009: 15). 우리나라 부패의 구조적 변화를 측정하기 위해서는 측정내용을 중심으로 부패지수들을 살펴보는 것이 바람직하다. 측정 내용을 중심으로 부패측정을 살펴보면 부패인식과 부패경험, 그리고 부패적발 및 처벌로 구분할 수 있다. 윤태범(2011: 10-11)의 연구가 제시하듯 우리나라에서는 1982년 현대사회연구소의 '사회정

화도' 조사의 실시 이후 부패 수준 측정을 위한 다양한 노력이 연구소, 감사원 등에 의해 이루어져 왔으며 2000년대에 들어서 다시점의 비교가 가능한 체계적인 부패 측정 자료들이 생산되기 시작되었다. 본 연구에서는 무엇을 측정했는지에 따라 부패인식과 경험, 공무원 직무관련 범죄, 그리고 공무원 행동강령 위반행위를 중심으로 살펴보고자 한다.

1) 부패인식과 부패경험

부패인식과 부패경험은 주로 시민의 인식과 경험을 설문을 이용하여 측정해왔다. 시민의 범위도 고위 경영자, 민원인, 기업인 및 자영업자, 내국인 및 외국인 등으로 구분하여 측정하기도 한다.[1] 부패인식의 대상이 되는 부패는 일반적인 부패 상태를 묻는 경우와 뇌물의 만연도 등을 묻는 경우가 대부분이다. 또한 부패의 주체에 따라 행정부, 국회, 사법부 등 각종 행정기관에 대한 부패 인식과 경험을 측정하기도 한다.

부패 인식과 경험의 측정방식은 주로 설문조사 방법을 사용하고 있으며 설문조사 방식도 대면 면접조사, 전화조사, 온라인 조사 등으로 다양하게 진행되고 있다. 동일한 기관에서 측정한 경우에도 국가에 따라 설문조사 방식과 표본추출 방식이 다른 경우들이 있으므로 유의해야 한다. 뿐만 아니라 설문조사의 특성상 표본오차 및 비표본 오차가 존재할 수 있기 때문에 단순 점수 비교시 주의를 할 필요가 있다.

부패 인식과 경험 자료 분석에 주의해야 될 점은 인식과 경험의 차이를 간과해서는 안 된다는 점이다. 인식은 '형성'되는 것으로, 정보를 선택하고 정리하며 해석하는 과정의 결과이며 개인의 여러 가지 특성이 반영된 결과이다. 하지만 확증편향(confirmation bias), 귀인편향(attribution bias), 대조효과(contrast effect) 등 다양한 심리적 편향(George & Jones, 2005: 105-125, Kahneman & Tversky 2000; Cialdini 2007)에 취약하다. 예를 들어 정부 부패에 대한 인식은 '부패'에 초점을 맞추기 보다는 정부에 대한 인식이 부패 인식에 더 크게 영향을 주는 대조효과가 발생할 수 있다. 이러한 인식의 불완전성 때문에 부패 수준에 대한 인식과 실제 부패수준 간에는 상당한 괴리가 있

---

1) 고위 경영자를 대상으로 한 부패 인식지수는 IMD, WEF의 부패 측정이 대표적이며 민원인을 대상으로 측정하는 것은 국민권익위원회의 청렴도 조사 등이 있고, 국민권익위원회의 부패인식도 조사는 일반국민, 공무원, 기업인, 외국인, 전문가로 구분하여 측정하기도 한다.

을 수 있다. 이러한 문제로 인해 부패인식과 부패경험의 차이는 상당한 것으로 나타난다. 실제 행정연구원, 국민권익위원회를 비롯하여 부패수준에 대한 시민 인식을 측정한 연구들은 대부분 50% 이상의 응답자가 정부의 부패가 심각하다고 대답을 하고 있지만 부패경험은 이보다 훨씬 작은 것으로 나타나고 있다. 이러한 현상은 다른 나라에서도 동일하게 나타나는데 ISSP의 2006년 설문자료를 분석해보면 전 세계 43,186명의 응답자들 중 5점 만점에 3.17점으로 공무원이 부패행위와 연루되어 있다고 응답하고 있지만 실제 공무원이 뇌물을 요구했는지에 대해서는 1.38점 밖에 되지 않는다. 즉 공무원의 부패행위가 높다고 인식하면서도 구체적으로 공무원으로부터 뇌물을 요구받은 경험은 적은 것이다. 이처럼 인식과 경험의 차이로 인해 부패 추세를 분석할 때는 이를 구별하여 분석해야 된다.

부패인식과 부패경험을 측정하기 위해서 국제적 비교를 위해서는 WEF, IMD의 부패인식 자료와 Transparency International의 CPI 자료가 널리 사용된다. WEF와 IMD 자료는 기업 경영인을 대상으로 금품제공 경험을 중심으로 측정하고 있다.[2] WEF는 국가경쟁력보고서(Global Competitiveness Report, GCR)의 12개 분야[3] 중의 하나인 제도 분야에서 부패를 측정한다. 〈표 1〉에서 확인할 수 있듯이 WEF의 질문은 대부분 기업이나 산업계에서 정부에 금품제공 경험이 있는지에 대한 것을 중심으로 구성되어 있음을 알 수 있다.

[표 1] WEF 부패 질문

1. 수출입에 있어 비정상적인 금품제공 유무
2. 공공시설 사용을 위한 비정상적인 금품제공
3. 세금과 관련된 비정상적인 금품제공
4. 공공계약과 관련된 비정상적인 금품제공
5. 사법판단에 대한 비정상적 금품제공
6. 금품제공이 정부정책이나, 법, 규제에 영향을 주는지 여부
7. 정실주의가 정부 정책이나, 계약에 영향을 주는지 여부
8. 공금의 유용이나 횡령
9. 정치인의 금전적 정직성에 대한 신뢰

출처: Knack(2006).

---

2) 이밖의 국제기구의 부패지수의 질문에 관해서는 Ko(2010) 참고. Business Environment and Enterprise Performance Survey(BEEPS)에 대해서는 Knack(2006) 참고.
3) 2015년 보고서의 경우는 12개이지만 1999년 보고서의 경우는 8개의 분야로 구분되고 있다.

IMD의 World Competitiveness Yearbook에서도 WEF와 유사하게 설문조사를 이용하여 측정한다. 그 질문은 대외적으로 공개되지 않지만 2000년도의 경우 정부와 기업경영에 관한 투명성 질문으로 구성되어 있고, 직접적으로 공공부문의 부패를 측정한 것은 "공공분야에서 뇌물수수와 부패가 존재한다"는 질문 하나이다(강신욱 2000; 박경래 & 박미량 2009). IMD와 WEF의 부패지수는 기업 경영인을 대상으로 하고 있기 때문에 시민들의 인식을 반영하기 어렵고, 정부부문의 부패와 민간부문의 부패를 혼돈할 가능성이 크다는 한계가 있다.

Transparency International은 부패인식지수(corruption perception index, CPI) 지수, 뇌물공여지수(bribe payer index, BPI), 그리고 세계부패바로미터(global corruption barometer, GCB) 등의 자료를 생성한다. CPI는 국민들의 의견을 직접 반영하지 못하고 뇌물과 같은 금품제공부터 정부 신뢰에 이르기까지 매우 상이한 질문들을 종합해서 측정하는 경우도 많기 때문에 그 유용성에 대한 많은 비판이 제기되었다(Knack 2006; Ko and Samajdar, 2010). GCB는 각국의 시민들을 대상으로 정부 기관별 부패 수준 및 뇌물 경험을 측정하고 있다는 점에서 CPI의 한계를 극복한다고 할 수 있다. 표본크기도 국가 간 차이가 있지만 대부분 1,000명 이상으로 하고 있어 표본오차의 크기가 작다(Hardoon & Heinrich 2011). 하지만 선진국의 경우 주로 온라인 설문조사에 의존하고 있는데 비해 우리나라와 같은 나라는 대면면접 조사나 전화조사(CATI)를 사용하고 있어 설문조사 방법 차이에 따른 비표본오차가 존재할 가능성이 크다. 연도별 설문의 내용도 달라지고 있어 비교가능성은 떨어진다고 할 수 있다. BPI는 30개국 3,016명의 고위 경영자를 대상으로 기업 경영과정에서 뇌물을 제공한 경험 등을 측정한다(Hardoon & Heinrich 2011). 표본의 크기가 작다는 문제점 이외에도 대표성 있는 고위 경영자 선정 방법의 문제 등으로 인해 그 타당성과 신뢰성은 높지 않다.

국내의 부패인식 및 경험을 측정한 대표적인 자료로 국민권익위원회의 부패인식도 조사 자료와 한국행정연구원의 정부부문 부패실태조사(서원석 2014) 자료가 있다. 국민권익위원회의 자료는 부패인식과 경험을 구분하여 측정하고 있고, 일반국민, 공무원, 기업인, 외국인, 전문가의 인식을 나누어 측정하고 있어 집단간 부패인식과 경험의 차이를 측정할 수 있는 장점이 있다. 반면 한국행정연구원은 기업인과 자영업자를 대상으로 부패 인식과 부패 경험을 측정하고 있다. 국민권익위원회에서 부패경험은 금품/접대 경험을 측정하고 있고, 한국행정연구원은 금품/향응/편의 제공의 경험을 측정하고 있다.

한편 부패인식과 부패경험을 공공조직 내부와 외부로 구분을 하고, 부패 사건 발생 정도까지 종합적으로 측정한 국민권익위원회의 청렴도 조사 자료도 존재한다. 국민권익위원회의 청렴도 조사는 부패 경험 및 부패 사건 발생 수준에 대한 평가 내용도 포함하고 있지만 주로 청렴도에 대한 시민들의 일반적 인식을 평가하고 있다. 다음은 2014년 국민권익위원회가 편찬한『국민권익백서』에서 제시한 청렴도 평가모형의 내용과 가중치이다.

> "2014년 현재 공공기관 청렴도 측정은 공공기관의 대민 · 대기관 업무를 경험한 국민 (민원인/공직자)이 고객의 입장에서 경험 · 인식한 해당 공공기관의 청렴도를 평가하는 ① '외부청렴도', 공공기관의 소속직원이 내부고객의 입장에서 소속기관의 인사 · 예산 등 내부업무의 청렴도를 평가하는 ② '내부청렴도', 전문가, 업무관계자, 지역민, 학부모 등 정책고객이 해당 공공기관의 정책결정과정 및 업무전반의 청렴도를 평가하는 ③ '정책고객평가', 실제 발생한 부패사건을 점수화한 ④ '부패사건 발생현황'으로 구분되며, 외부청렴도, 내부청렴도, 정책고객평가, 부패사건발생현황을 종합하여 종합청렴도를 산출하도록 설계되어 있다. 한편, 조사표본 및 측정대상자 명부 오염행위 등 청렴도 측정의 공정성을 저해하는 ⑤ '신뢰도 저해행위'에 대해서는 종합청렴도에서 최종 감점처리 하고 있다. 다만, 지방의회, 공공의료기관, 국공립대학교 등 수행기능이 일반 공공기관 과 비교하여 차별성이 큰 기관은 별도의 모형을 적용하여 측정하고 있다."
>
> (국민권익위원회 2015: 229).

국민권익위원회는 각 평가항목의 가중치를 전문가 델파이 조사를 통해 확정하였다. 청렴도 지수의 항목은 매년 약간씩 조정이 있어왔으며 지속적으로 평가 대상이 확대 되어 왔다. 2014년의 경우 중앙행정기관 40개, 광역자치단체 17개, 기초자치단체 226개, 교육청 17개(교육지원청 105개), 공기업 등 공직유관단체 235개, 공공의료기관 45개, 국공립대학 36개 기관에 대한 청렴도 측정이 실시되었다. 설문에 참여한 표본의 크기도 매우 커서 253.819명이 외부청렴도, 내부청렴도를 측정하는데

〈그림 1〉 2014년도 국민권익위원회 종합청렴도 측정모형

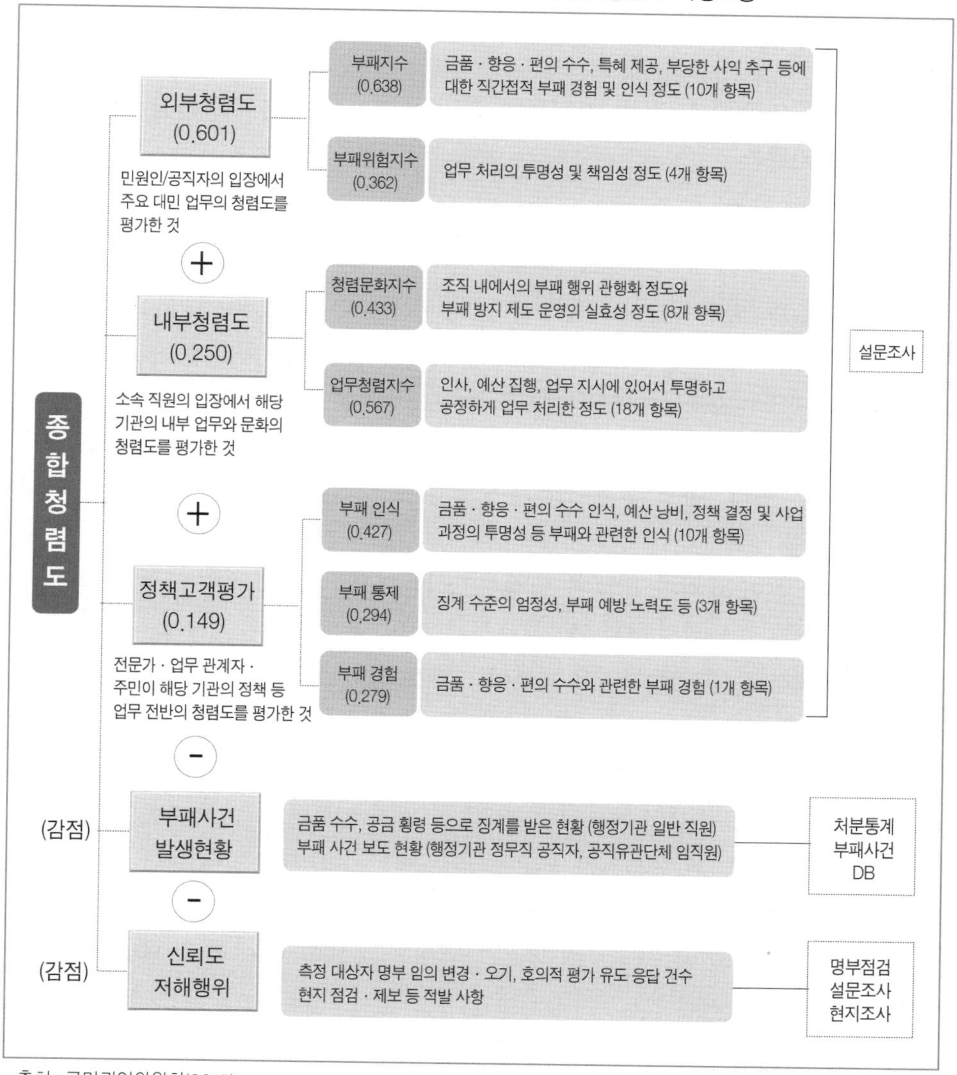

종합청렴도	**외부청렴도 (0.601)** 민원인/공직자의 입장에서 주요 대민 업무의 청렴도를 평가한 것	부패지수 (0.638)	금품·향응·편의 수수, 특혜 제공, 부당한 사익 추구 등에 대한 직간접적 부패 경험 및 인식 정도 (10개 항목)
		부패위험지수 (0.362)	업무 처리의 투명성 및 책임성 정도 (4개 항목)
	+		
	내부청렴도 (0.250) 소속 직원의 입장에서 해당 기관의 내부 업무와 문화의 청렴도를 평가한 것	청렴문화지수 (0.433)	조직 내에서의 부패 행위 관행화 정도와 부패 방지 제도 운영의 실효성 정도 (8개 항목)
		업무청렴지수 (0.567)	인사, 예산 집행, 업무 지시에 있어서 투명하고 공정하게 업무 처리한 정도 (18개 항목)
	+		
	정책고객평가 (0.149) 전문가·업무 관계자· 주민이 해당 기관의 정책 등 업무 전반의 청렴도를 평가한 것	부패 인식 (0.427)	금품·향응·편의 수수 인식, 예산 낭비, 정책 결정 및 사업 과정의 투명성 등 부패와 관련한 인식 (10개 항목)
		부패 통제 (0.294)	징계 수준의 엄정성, 부패 예방 노력도 등 (3개 항목)
		부패 경험 (0.279)	금품·향응·편의 수수와 관련한 부패 경험 (1개 항목)
	(감점) −	**부패사건 발생현황**	금품 수수, 공금 횡령 등으로 징계를 받은 현황 (행정기관 일반 직원) 부패 사건 보도 현황 (행정기관 정무직 공직자, 공직유관단체 임직원)
	(감점) −	**신뢰도 저해행위**	측정 대상자 명부 임의 변경·오기, 호의적 평가 유도 응답 건수 현지 점검·제보 등 적발 사항

설문조사

처분통계 부패사건 DB

명부점검 설문조사 현지조사

출처: 국민권익위원회(2015).

참여하였다. 외부청렴도는 해당 공공기관과 직접 업무처리 경험이 있는 국민(민원인/ 공직자) 176,081명, 내부청렴도는 해당 공공기관의 소속직원 56,701명, 정책고객평가

는 관련 학계·출입기자·국회 관계자, 시민단체·공공기관 관계자 등 총 21,037명이 설문에 참여한 것으로 나타났다(국민권익위원회 2015: 230).[4]

2) 공무원의 직무상의 범죄에 대한 정의를 이용한 측정: 사법기관의 적발과 처벌자료

부패인식 및 부패경험을 측정한 자료는 부패에 대한 엄밀한 정의에 바탕을 두지 못하고 포괄적이고 추상적으로 부패를 정의하는 한계가 있다. 부패인식 자료는 실재 부패수준을 과대 측정할 가능성이 높기 때문에 부패 경험자료가 부패수준 측정에 더 적절하다. 그러나 부패경험 자료 역시 주로 뇌물제공 행위에 초점을 맞추고 있어서 공무원이 저지르는 다양한 직무관련 부패행위를 정확히 측정하는 데는 한계가 있다.

이와 달리 사법기관의 부패 적발과 처벌 자료는 법률에 의해 정의된 부패 사건에 대한 정보를 제공한다는 점에서 그 구체성이 높다. 이 통계는 크게 경찰청의 사건 접수 혹은 인지 수사와 관련된 통계, 검찰의 수사 사건 통계로 기소 및 불기소 사건 통계, 그리고 법원의 최종적 판단 통계 등이 대표적이다. 이러한 공식통계는 공무원의 부정부패 행위와 관련된 법률에 기반을 하고 있다. 이러한 법률로는 '국가공무원법'(제7장의 제55조~제67조, 제10장의 제78조~제83조), '공직자윤리법', '형법'상의 공무원의 직무에 관한 죄 조항(제122조~제135조의 규정), '지방공무원법', '공무원 행동강령', '공무원징계령', '공무원 복무규정', '공무원 범죄에 관한 몰수 특례법', '공직선거 및 선거부정방지법', '부패방지 및 국민권익위원회의 설치와 운영에 관한 법률' 등이 있다.

사법기관의 부패 통계는 부패 행위의 유형을 공무원 범죄 중 직무범죄[5]에 해당하는 직무유기,[6] 직권남용, 증·수뢰로 나누고 있다. 학술적으로 직무유기나 직권

---

4) 이외에도 공공의료기관 청렴도 측정에 총 6,808명(공공의료기관 소속 의사 및 간호사 등 직원, 의약품·의료기기 판매업체, 환자, 정책고객), 국공립대학 청렴도 측정에 총 9,161명이 설문에 참여함.

5) 공무원의 직무에 관한 범죄는 형법 제7장의 제122조부터 제133조에까지 제시되었다. 이 죄의 유형을 살펴보면 직무유기, 직권남용, 불법체포, 불법감금, 폭행 및 가혹행위, 피의사실 공표, 공무상 비밀누설, 선거방해, 수뢰 및 사전수뢰, 제삼자 뇌물제공, 사뢰후 부정처사, 사후 수뢰, 알선수뢰, 뇌물공여 등이다.

6) 형법 제122조에 규정된 직무유기 개념이 모호함을 주장하여 헌법소원이 제기 되었으나 헌법합치 결정이 내려졌다(2003헌바52). 부패의 정의중 '직무와 관련한 행위'는 작위행위인가 부작위행위인가를 불문하나, 직무유기는

남용이 부패로 볼 수 있을지에 대해서는 논란이 있을 수 있으나『부패방지 및 국민권익위원회의 설치와 운영에 관한 법률』제2조 4호에서는 부패 행위를 사적 이익을 추구하는 행위에 한정하지 않고 직무관련 행위 중 공공기관의 재산의 손해를 가하는 행위, 그리고 이러한 행위에 대한 강요, 권고, 제의, 유인행위들을 포괄하고 있다. 이때 "자기 또는 제3자의 이익을 도모하는 행위"는 금전적 이익뿐만 아니라 향응을 제공받거나 퇴직 후 자리를 보장 받는 비금전적 이익까지를 포함하고 있다.

[표 2] 『부패방지 및 국민권익위원회의 설치와 운영에 관한 법률』제2조 4항

가. 공직자가 직무와 관련하여 그 지위 또는 권한을 남용하거나 법령을 위반하여 자기 또는 제3자의 이익을 도모하는 행위

나. 공공기관의 예산사용, 공공기관 재산의 취득·관리·처분 또는 공공기관을 당사자로 하는 계약의 체결 및 그 이행에 있어서 법령에 위반하여 공공기관에 대하여 재산상 손해를 가하는 행위

다. 가목과 나목에 따른 행위나 그 은폐를 강요, 권고, 제의, 유인하는 행위

사법기관의 부패적발 및 측정자료를 사용할 때 접수사건, 조사 사건, 기소 및 불기소 사건, 유·무죄 판결 등의 숫자에 큰 차이를 보이고 있다는 점에 주의할 필요가 있다. 2004년의 경우 일반 사건의 경우 고소·고발 사건의 비율이 24.2%인데 비해 공무원 직무범죄 사건 중 고소·고발 비율은 78.5%로(공무원 전체범죄의 32.6%) 월등히 높다.[7] 이 고소·고발 사건들은 대부분 무혐의 처분되어 기소율이 매우 낮은데 직무유기와 직권남용의 경우 기소율이 1%대 미만인 이유도 엄격한 법집행을 하지 않아서라기보다는 무분별한 고소·고발 사건이 많기 때문으로 볼 수 있다.[8] 따라서 공무원 부패 추세를 분석하기 위해서는 기소사건 수를 사용하는 것이 바람직하다.

법령·내규에 따르는 추상적 의무를 태만히 하는 일체의 경우에 성립하는 것이 아니라 구체적 위험성이 있고 불법과 책임비난의 정도가 높은 법익침해의 경우에 한하여 성립하는 것으로 본다(대법 2007. 7. 12선고 2006도1390판결).

7) 이 비율은 2006년~2007년 기간 동안 약 87%로 증가하였다. (2007년 10월 17일 대검찰청 보도자료, "공무원 범죄 기소율이 낮은 이유")

8) 일부에서는 낮은 기소율이 공무원 부패에 대한 처벌의지가 낮다는 주장을 하지만 일반사건의 고소·고발 사건 기소율과 상대적으로 차이가 적다. (2005년 9월 23일 대검찰청 보도자료, "공무원 직무범죄 관련 문화일보 보도 진상")

한편 사법기관에서 생산하는 공무원 직무관련 범죄 통계를 이용하는 경우 실제 수준보다 부패를 과소 측정된다는 주장이 흔히 제기된다. 부패의 특성상 적발률이 상당히 낮기 때문이다. 하지만 우리나라의 경우에는 국민들의 권리의식 발달과 공직에 대한 신뢰저하, 그리고 민원인의 고소·고발의 남발 등으로 인해 경찰이나 검찰에 접수된 부패사건 수를 이용하여 부패를 측정하는 경우 오히려 과대 측정의 위험이 있다.

3) 행정 내부통제 결과를 이용한 측정: 공무원 행동강령 위반 자료

공무원 범죄 중 직무범죄를 부패로 정의하여 부패를 측정하는 사법기관의 통계는 공무원의 비윤리적 행위까지는 포괄하지 못하는 한계가 있다. 이때 공무원의 비윤리적 행위가 무엇인지에 대한 논란이 있을 수 있으나 현행『공무원 행동강령』은 공직자가 직무수행과정에서 지켜야 할 윤리적 판단기준을 구체화하고 있다. 이 행동강령은『부패방지 및 국민권익위원회의 설치와 운영에 관한 법률』제8조에 근거하여 2003년 제정된 대통령령으로 기존에 여러 법령에 흩어져 있던 부패 관련 규정을 종합하여 단일화시킨 법규범이다.

공무원 행동강령[9] 위반 통계는 2003년 5월부터 국민권익위원회에서 수집하고 있다. 이 자료에서의 공무원은 헌법기관을 제외한 중앙행정기관, 지방자치단체 및 지방의회, 교육자치단체, 공직유관단체들을 포괄하고 있으며 이 각급기관이 국민권익위원회로 제출한 위반자 현황자료를 이용하여 자료를 수집한다. 이 자료에서는 행동강령 위반 행위를 '금품·향응등수수', '예산의 목적외 사용', '알선·청탁 이권개입', '공용물 사적 사용', '외부강의 등 신고의무 위반', '금전차용금지위반', '경조사통지·경조금품', '기타' 등 9가지 유형으로 구분하고 있다. 또한 징계처분을 징계처분(파면, 해임, 강등, 정직, 감봉, 견책), 주의·경고, 기타로 구분하여 자료를 매년 제공하고 있다.

---

9) "대통령령으로 제정된 「공무원 행동강령」은 국가공무원과 지방공무원(제3조)을, 「지방의회 의원 행동강령」(대통령령)은 지방의회의원을 적용대상으로 하고, 기타 헌법기관(국회·대법원·헌법재판소 및 중앙선거관리위원회)의 규칙으로 제정된 '행동강령'은 소속 헌법기관의 공무원을 적용대상으로 하며, 「공직자윤리법」제3조 제1항 제12호에 따른 공직유관 단체의 내부규정으로 제정된 '공직유관단체 임직원 행동강령'은 공직유관단체 임직원을 그 적용대상으로 한다."(2014 국민권익백서, p. 302)

　　행동강령 위반통계는 사법기관의 직무범죄 통계에 비해 위반행위의 범위가 더 넓다는 특징이 있으며, 행정자치부의 공무원 징계 통계와 비교를 해보면 공직유관단체까지 포함하고 있어서 공무원의 개념 정의가 훨씬 넓다고 할 수 있다.

　　이상에서 살펴본 바와 같이 부패수준은 인식과 경험의 구분, 공식적인 부패 정의의 방법에 따라 다양하게 측정되고 있음을 알 수 있다. 따라서 부패수준과 추세는 이러한 자료를 종합적으로 분석함으로써 이해할 수 있다.

III. 부패수준과 부패추세 분석

1. 부패인식의 변화

　　부패인식의 변화를 살펴보기 위해 본 연구에서는 Transparency International 의 CPI, 국민권익위원회의 부패인식도 조사와 청렴도조사, 한국행정연구원의 부패추세 분석 자료를 이용하였다.

1) 국제지수상의 부패인식 추세

　　〈그림 2〉는 Transparency International의 CPI 지수의 추이를 나타내고 있다. 전체적으로 노무현 정부에서는 부패가 줄어들고 있다고 볼 수 있으나 이명박 정부에서는 다시 부패가 늘어난다는 인식이 커지고 있으며 그 이후로 큰 변화는 없는 것으로 나타나고 있다. 하지만 국제지수의 경우 연도별 평균과 분산을 이용한 표준화 점수를 이용하기 때문에 시점간 비교에 한계가 있고 CPI 지수 측정에 해당 연도의 자료가 아니라 일정한 시차가 있는 자료를 사용하기 때문에 연도별 부패 인식을 직접적으로 측정하기에는 한계가 있음에 유의할 필요가 있다.

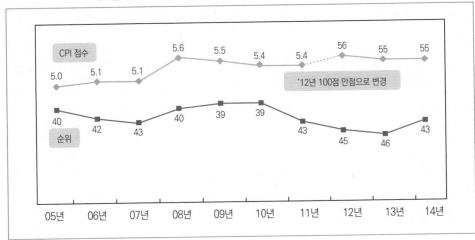

〈그림 2〉 국제지수에 나타난 우리나라 부패인식 수준의 변화

주: 점수가 높을수록 청렴도가 높음.

2) 국민권익위의 부패인식도 조사

국민권익위원회의 부패인식도 조사는 사회전반의 부패와 공무원에 대한 부패를 구분하여 다음과 같은 질문을 통해 측정하고 있다.

"선생님의 '지난 1년간 본인의 경험에 비추어 볼 때' 우리사회의 '부패수준'은 전반적으로 어느 정도라고 생각하십니까?"
"선생님의 '지난 1년간 본인의 경험에 비추어 볼 때' 우리나라 공무원들의 '부패수준'은 전반적으로 어느 정도라고 생각하십니까?"

〈그림 3〉에서 살펴볼 수 있듯이 전체적으로 사회전반에 대한 부패수준이 공무원 부패 수준보다 높은 것으로 이해되고 있고, 일반국민이 공무원에 비해 사회가 더 부패했다고 인식하고 있다. 우리 사회의 부패수준과 공무원들의 부패수준에 대한 일반국민들의 인식은 2015년의 경우 59.2%와 57.8%에 달해 상당히 높은 것으로 나타나고 있다. 반면 공무원들이 인식하는 우리 사회와 공무원의 부패수준은 14.0%와 3.4%로 상당히 낮은 것으로 나타나고 있다. 연도별 변화를 살펴보면 부패수준에 대

〈그림 3〉 사회전반 및 공무원의 부패에 대한 인식

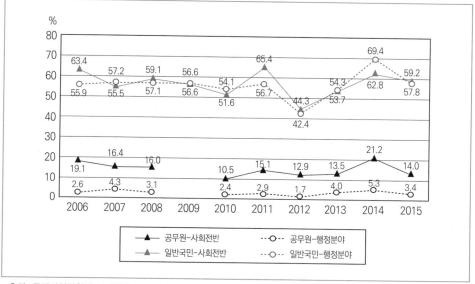

출처: 국민권익위원회 부패인식도 조사.

한 인식은 연도별로 달라지고 있지만 큰 감소경향이 있다고 보기는 어렵다. 오히려 2012년 이후에는 다소 증가하고 있는 추세를 보이고 있다. 이를 종합해보면 일반국민은 사회전반과 공무원 사회의 부패를 모두 심각한 수준이라고 인식하고 있으며 공무원의 경우 공무원 사회의 부패수준은 낮다고 인식하고 있으며 이 인식의 차이는 지난 10년간 지속되고 있음을 확인할 수 있다.

3) 한국행정연구원의 부패실태조사

한국행정연구원의 부패실태조사는 금품 등을 제공하는 행위의 심각성에 대한 '기업인과 자영업자'들의 인식을 다음과 같은 설문을 이용하여 측정하고 있다.

"귀하는 공무원들이 직무수행과 관련하여 금품/향응/편의 등을 수수하는 행위가 어느 정도 심각하다고 생각하십니까?"

〈그림 4〉에서 나타나고 있듯이 사회 전반적인 부패 수준의 심각성 인식은 김대중 정부 이후 전체적으로 줄어들다가 이명박 정부에서 급속히 증가를 한 후 박근혜 정부에서 다시 감소하는 추세를 보이고 있다.

〈그림 4〉 사회 전반적인 금품 제공 행위 수준의 심각성

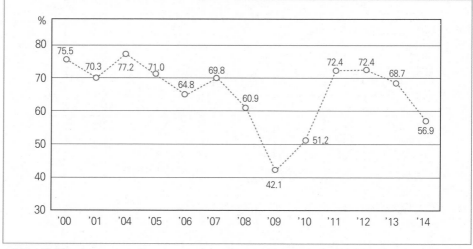

출처: 서원석(2014).

한국행정연구원의 부패인식도 조사에서는 업무처리시 공무원에 대한 금품제공 행위에 대한 '인식'을 측정하고 있다. 이때 측정하고 있는 내용은 금품/향응/편익 등을 제공하는 행위의 보편성, 필요성, 긍정적 기대효과 여부로, 다음과 같은 설문을 활용하였다.

"귀하는 우리사회에서 민원인들이 업무처리시 공무원들에게 금품/향응/편의 등을 제공하는 행위가 어느 정도 보편화되어 있다고 생각하십니까?"(보편성)
"귀하는 행정기관에서 업무처리시 공무원에게 금품/향응/편의 등을 제공하는 행위가 어느 정도 필요하다고 생각하십니까?"(필요성)
"귀하는 행정기관에서 업무처리시 공무원에게 금품/향응/편의 등을 제공하는 행위가 어느 정도 긍정적인 영향을 미친다고 생각하십니까?"(긍정적 영향)

〈그림 5〉 금품 제공의 보편성, 필요성, 긍정적 영향에 대한 인식

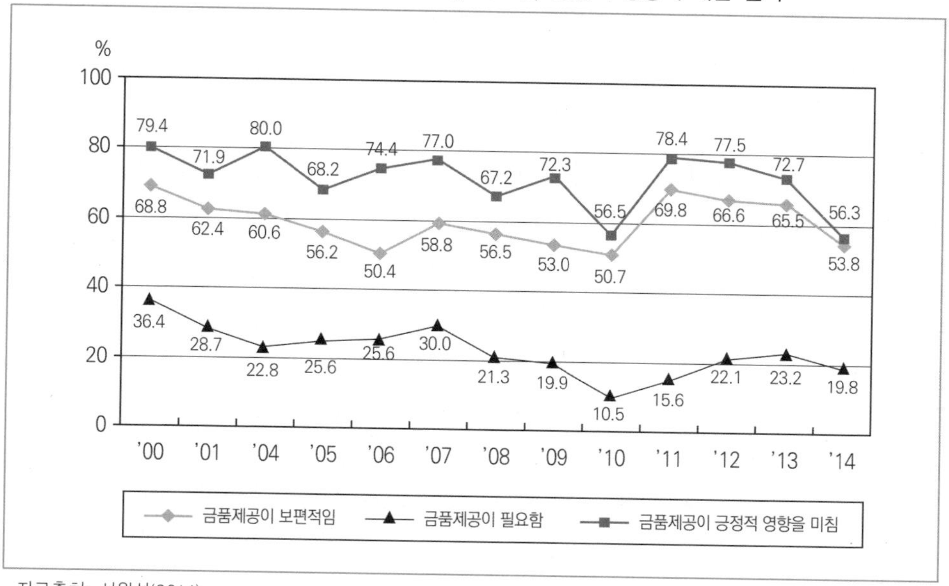

자료출처: 서원석(2014).

전체적인 추세를 보면 금품제공의 보편성, 필요성, 긍정적 영향에 대한 인식은 2000년에 비해 지난 15년 동안 전체적으로 감소하는 추세를 보이고 있다. 보편성에 대한 인식을 살펴보면 〈그림 5〉에서처럼 2014년의 경우 '약간 보편적이다', '보편적이다', 그리고 "매우 보편적이다"를 응답한 비율이 53.8%에 달하고 있다. 연도별 추세를 살펴보면 〈그림 5〉와 같이 보편적이라는 인식이 점차 감소하다가 이명박 정부 후기에 급속하게 증가를 하였으며 박근혜 정부에서는 점차 감소하는 것으로 나타났다. 그러나 50% 이상 응답자들이 꾸준히 금품 등의 제공이 보편적이라고 판단하고 있음을 알 수 있다. 또한 업무처리시 금품제공의 필요성의 경우 2014년의 경우 "필요하다"라는 응답 비율이 19.8%로 나타나고 있다. 하지만 업무처리시 금품제공이 긍정적 영향을 미친다는 응답이 56.3%에 달하고 있어서 목적을 달성하기 위해 시민이 금품제공할 위험이 상당이 큼을 알 수 있다.

4) 국민권익위원회 종합청렴도 측정결과

　국민권익위원회의 종합청렴도는 중앙/지방 정부 및 공공기관을 대상으로 청렴도에 대한 인식을 측정한 것이다. 이 종합청렴도는 2008년 및 2012년에 측정모형이 개편이 되었고, 연도별로 조사대상, 항목, 가중치 등이 조금씩 변화하였기 때문에 단순하게 비교하기는 어렵다. 하지만 〈그림 6〉에서 측정방식이 크게 변화했던 시점을 기준으로 나누어 살펴보면 전체적으로 김대중 및 노무현 정권에서는 청렴도 개선이 이루어지고 있다고 볼 수 있지만 이명박 정권 및 박근혜 정권에서는 답보상태나 약간 악화되었다고 볼 수 있다.

　부패인식에 대한 CPI, 국민권익위의 부패인식도 조사, 청렴도 조사, 행정연구원의 부패추세 분석 자료 등을 종합해 보면 부패수준에 대한 인식이 연도별로 변하고 있지만 절대적 수준은 여전히 높은 것으로 나타나고 있다. 또한 금품/향응/편익

〈그림 6〉　국민권익위 내부, 외부 및 종합청렴도 변화

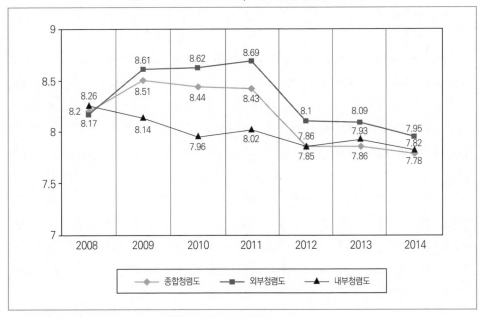

주: '08년, '12년은 모형개편으로 인해 전년도와 시계열 단절.
출처: 2014년 공공기관 청렴도 측정결과 보고서, 국민권익위원회.

등을 제공하는 행위가 보편화 되어 있다고 생각하지만, 그 필요성은 상대적으로 낮다고 응답하고 있다. 그럼에도 불구하고 금품 등의 제공행위의 기대이익이 크다는 응답이 50% 이상이라는 것은 부패의 유혹에 취약할 수 있음을 보여준다.

사회가 부패했다고 응답한 사람들의 근거에 대해서는 다양한 설명이 가능하다. 국민권익위원회의 부패인식도 조사에서 민간 부패의 근거로 일반국민이나, 기업인, 전문가, 외국인들은 50% 이상이 실제 우리 사회의 부패행위가 만연하기 때문이라고 응답하고 있다.[10] 반면 공무원이 부패했다고 응답한 사람의 경우 신문, 방송, 인터넷 등 언론 보도를 요인으로 들고 있는 사람이 60% 이상이고 직접적인 경험 때문이라는 응답은 일반국민의 경우 12.6%에 불과한 것으로 나타났다. 민간부패와 공공부패를 구분하는 경우 전자는 민간부분의 실제 경험의 결과에 가깝고 후자는 언론보도의 영향이 큰 것이라고 해석할 수 있다. 사회가 부패했다고 응답하는 이유가 언론의 보도 때문이라는 응답비율이 일반국민의 경우에도 21%에 달하는 점을 고려한다면 언론이 부패인식에 큰 영향을 미치고 있음을 알 수 있다.

2. 부패 경험 추세

부패 경험은 금품 제공행위의 경험을 중심으로 측정되고 있다. 이때 금품 제공의 내용에 대해서는 자료별로 차이를 보이고 있으나 전체적으로 부패인식보다는 낮은 수준의 경험률을 보이고 있다. 또한 직접 경험률과 간접 경험률에서도 차이가 존재한다. 이하에서는 국민권익위원회의 청렴도조사와 한국행정연구원의 공직부패실태조사에서 측정한 부패경험 자료를 이용하여 부패 경험의 추세 변화를 살펴 보고자 한다.

1) 국민권익위원회의 부패 경험 조사

국민권익위원회의 부패 경험 조사는 민원인을 대상으로 금품, 향응, 편의 등을 제공한 경험들을 측정한다. 구체적으로 부패 경험이 무엇인지에 대한 설문의 내용은 연도별로 약간씩 차이가 있으나 〈표 3〉에서 확인할 수 있듯이 부패 경험은 거액

---

10) 국민권익위 2015년 부패인식도 조사 결과.

〈표 3〉 부패 경험 측정지표의 변화

유형	2013년	2014년
금품	돈, 상품권, 예술품, 기프트카드, 초대권, 선물 등 금품	• 돈, 상품권, 예술품, 선물 등 • 과도하거나 부적절한 강연료, 자문료, 기부금 등
향응	1인당 3만원 넘는 식사대접, 술대접, 골프접대, 국내외여행 제공 등 향응	• 1인당 3만원 넘는 식사, 술 대접 등 • 골프접대, 국내외 여행 등 (세분화)
편의	숙박시설 제공, 교통편의, 행사 협찬 등 편의	• 숙박시설, 교통편의, 행사협찬, 부적절한 업무지원 등 • 담당직원 친인척 취업 알선, 부동산 거래 특혜 등 (추가)

자료: 국민권익위원회(2013, 2014), 외부청렴도 설문지.

의 금품 제공에 한정되는 것이 아니라 향응 및 편의 제공을 포괄하여 광범위하게 정의되어 측정되고 있음을 알 수 있다.

〈그림 7〉 국민권익위원회 부패 경험 조사 결과

출처: 2014년 공공기관 청렴도 측정결과 보고서, 국민권익위원회.

2014년의 경우 부패 경험이 있는 민원인은 약 1.7%로 이중 금품 제공율은 0.70%p, 향응 제공률은 0.73%p, 편의 제공률은 0.24%p인 것으로 나타났다.11) 2014년도의 경우에는 부패 경험을 포괄적으로 정의하였기 때문에 경험률이 증가한 경향을 나타내고 있지만 전체적으로 1%대의 수준을 보이고 있다.

한편 제공된 금품, 향응, 편의의 규모를 통해 부패 경험의 심각성을 살펴볼 수 있는데 금품제공자의 58.3%가 30만원 미만이고 향응 제공자의 경우에도 51.2%가 30만원 미만인 것으로 나타나고 있다. 이를 종합해 보면 부패 경험을 광범위하게 정의하더라도 직접 경험자의 비율이 크지 않고, 간접 경험률도 낮은 수준이며 그 규모도 크지 않아 전체적으로 금품, 향응, 편의 제공과 관련된 부패 수준은 높지 않은 것으로 측정되고 있다.

한편 국민권익위원회에서는 공공조직 내부의 직원들을 대상으로 내부청렴도를 측정하면서 금품, 향응 및 편의 제공의 경험률을 측정해 왔다. 〈표 4〉에서 나타나듯이 내부 경험률은 전체적으로 중앙 < 광역 < 기초지자체 순서를 보이고 있으며 민원인들의 부패경험률에 비하여 종합적인 내부부패 경험률이 약간 높은 것으로 나타나고 있음을 알 수 있다. 내부적으로 인사와 관련하여 금품, 향응, 편의제공을 직접 경험한 비율은 낮지만, 금품 등의 제공이 아닌 위법·부당한 예산 집행이나 업무 지시의 경험은 중앙행정기관의 경우 각각 7.4% 및 6.8%에 달하는 것으로 나타나 정부 조직 내부에서의 청렴성 관리 개선의 필요성은 여전히 존재한다.

〈표 4〉 기관유형별 내부청렴도 부패경험률(2014년)

(단위: %)

구분	중앙 행정기관	광역 자치단체	기초 자치단체	교육청	공직 유관단체
위법·부당한 예산집행 경험률	7.4	6.5	8.6	7.2	7.3
부당한 업무지시 경험률	6.8	6.4	6.8	8.7	6.4
인사 금품·향응·편의 직접경험률	0.2	0.3	0.6	0.5	0.2
인사 금품·향응·편의 간접경험률	2.3	2.6	3.8	3.0	2.0

출처: 2014년 국민권익위원회 국민권익백서 p. 237.

---

11) 권익위에서는 부패 경험을 응답자 본인의 직접 경험 이외에도 응답자 본인이 아닌 친지, 동료 등 주변 사람들의 금품, 향응, 편의제공 경험을 측정하고 있다. 이 간접 경험률은 2014년 1.1% 정도로 낮게 나타나고 있다.

위 분석결과를 종합해보면 부패경험률은 부패인식에 비해 훨씬 낮은 것으로 나타나고 있다. 또한 공공조직 내부에 있는 사람들이 일반국민들에 비해 금품 등의 제공행위에 대한 직접경험률이 낮지만 간접경험률은 상대적으로 높은 점에 주목할 필요가 있다. 또한 부당한 업무지시나 위법·부당한 예산집행과 같은 행위의 경험률이 금품 등의 제공행위보다 훨씬 높다는 것은 공공조직 내부의 부적절한 관행에 대한 개선이 필요함을 시사한다.

2) 한국행정연구원의 부패 경험 자료 분석

한국행정연구원의 부패추세 자료 역시 부패인식보다 부패 경험이 훨씬 낮은 것으로 나타나고 있다. 한국행정연구원의 부패 경험은 국민권익위원회과 달리 구체적인 "금품 등"의 내용을 정의하지 않은 채 기업인과 자영업자를 대상으로 다음과 같이 포괄적인 질문을 통해 측정하고 있다.

"귀하는 지난 1년간 공직자에게 금품 등을 제공한 경험이 있습니까?"

2014년 통계의 경우는 약 2.5%의 응답자가 금품 등을 제공하였다고 대답을 하였고, 이들 중 30만원 내외가 전체 중 36.0%를 차지하는 것으로 나타나고 있다. 또한 금품 등을 제공한 사람들 중 44.0%가 주로 식사/술 접대를 한 것으로 나타나고 있으며 현금/수표 제공자는 28%에 불과한 것으로 나타나고 있다. 〈그림 8〉의 전체적인 추세를 앞에서 살펴본 국민권익위의 민원인 대상 부패경험률과 비교해보면 지난 10년간 부패경험률은 급속히 떨어지고 있으나 행정연구원에서 측정한 부패경험률이 더 높음을 알 수 있다. 국민권익위원회에서는 민원인을 대상으로 하지 않고 일반 국민을 대상으로 한 부패인식도 조사도 수행하고 있는데 〈그림 8〉에서 살펴볼수 있듯이 2010년 이후 행정연구원의 금품 등의 제공 경험률과 유사해지는 경향을 보이고 있다. 전체적으로는 2000년대 초반과 비교해서 금품 등의 제공 행위는 상당히 감소했다고 할 수 있다.

금품 등의 제공 경험 자료 해석에서 주목해야 될 것은 응답의 진실성이다. 부

〈그림 8〉 국민권익위원회와 행정연구원의 금품 등의 제공 경험률

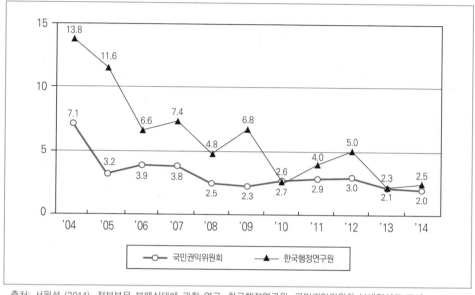

출처: 서원석 (2014). 정부부문 부패실태에 관한 연구, 한국행정연구원. 국민권익위원회 부패인식도 조사.

패 경험을 솔직하게 대답하지 않을 것이라는 주장이 제기될 수 있기 때문이다. 하지만 2005년까지 응답 자료를 보면 많은 사람들이 부패 경험이 있다고 대답하고 있음을 알 수 있다. 이것은 설문조사에서 부패 경험을 밝히지 않는다는 주장이 타당하지 않음을 간접적으로 보여준다.

한편 국민권익위원회 조사 결과보다 행정연구원의 부패 경험이 높은 이유는 크게 두 가지 원인에 기인한다고 할 수 있다. 첫째는 응답자의 차이이다. 국민권익위원회는 민원인을 대상으로 하고 있으며 행정연구원은 기업인과 자영업자를 대상으로 하고 있기 때문에 후자의 경우는 정부의 각종 규제를 회피하기 위한 금품 등의 제공 유인이 더 크기 때문에 경험률이 높다고 볼 수 있다. 둘째는 질문의 차이이다. 국민권익위는 구체적으로 금품/향응/편의의 유형을 제시하고 있는데 비해 행정연구원은 일반적인 금품제공 경험을 묻고 있기 때문에 경험의 구체성이 낮아 금품 제공의 보편성에 대한 인식 요인이 작용할 가능성이 크다.

3. 부패적발 및 처벌 추세분석

적발된 부패사건은 공식통계 자료를 통해 살펴볼 수 있다. 가장 널리 사용되는 통계자료는 경찰청, 대검찰청, 그리고 법원에서 생산하고 있는 각종 공무원 직무범죄와 관련된 통계들이다.

경찰청의 『범죄통계』 자료는 경찰청에 신고·인지된 공직부패 유형을 직무유기, 직권남용, 증수뢰 등으로 구분하여 자료를 수집하고 있다. 경찰의 신고·인지된 사건의 특성상 실제 부패 행위를 과대 측정할 가능성이 높다. 경찰단계에서 접수된 사건 중 검찰에 송치되는 사건의 수는 줄어들게 되기 때문에 검찰의 접수 사건의 수를 이용하면 적발된 부패사건의 규모를 일차적으로 추정을 할 수 있다. 그러나 직무유기와 직권남용의 경우 법리를 오해한 민원인에 의한 고소 사건들이 많기 때문에 부패사건의 규모는 여전히 과대 측정이 될 가능성이 크다. 접수사건에 비해 기소사건이 부패의 개연성이 크기 때문에 이를 이용하여 부패추세를 살펴보는 것이 바람직하다. 따라서 경찰청 통계보다는 기소 여부에 대한 정보를 정확히 살펴볼 수 있는 대검찰청 자료를 중심으로 부패 추세 분석을 수행하는 것이 추천될 수 있다.

1) 대검찰청의 『범죄분석』 자료를 이용한 추세분석

대검찰청 범죄분석 자료에서 포함되는 공무원은 국가공무원, 지방공무원, 국회공무원, 법원공무원, 교육청 공무원, 기타 공무원을 모두 합한 값이다. 2014년의 경우 접수된 1,442건 중 직무유기, 직권남용, 증수뢰 범죄 중 548건(38%)이 국가공무원, 671건(47%)이 지방공무원의 부패로, 국가공무원과 지방공무원의 부패사건이 대부분을 차지하고 있다.[12]

접수사건 중 실제 기소된 사건의 추세를 살펴보면 〈그림 9〉와 같다. 그림에서 볼 수 있듯이 2013년의 경우 기소된 사건의 수는 542건에 달하고, 이명박 정부 초기에 급격히 증가하는 추세를 보이고 있다.

직무유기나 직권남용은 무분별한 고소 사건이 많아 기소율이 매우 낮기 때문에 뇌물 사건을 중심으로 살펴보면 〈그림 10〉과 같다. 그림에서 살펴볼 수 있듯이 검

---

12) 대검찰청 범죄분석자료. KOSIS 범죄분석통계.

〈그림 9〉 공무원 직무관련 부패의 기소건수

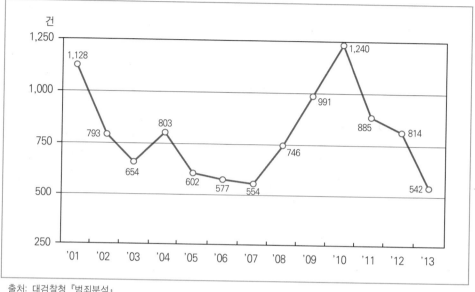

출처: 대검찰청 『범죄분석』.

찰의 뇌물사건 접수건수는 2013년 현재 약 1,634건으로 기소율은 38.9% 정도가 된다. 기소율의 감소가 검찰의 처벌의지의 감소 때문인지 혹은 접수된 사건이 기소요건을 충족하지 못했기 때문인지는 판단하기 어렵다. 비록 기소가 되지 않았지만 행정부 내부에서 징계 대상이 될 수 있는 수준의 뇌물사건이 존재할 수 있으므로 공무원 행동강령 위반사건의 자료를 보완적으로 이용할 필요가 있다. 뇌물사건의 기소건수의 추세를 살펴보면 노무현 정부까지는 낮아지고 있다가 이명박 정부 초기에 증가추세를 보이다가 2011년부터는 감소세를 보이는 것으로 나타나고 있다. 전체적으로는 2000년 초반에 비해 기소된 뇌물사건은 감소추세를 보이고 있다고 해석할 수 있다.

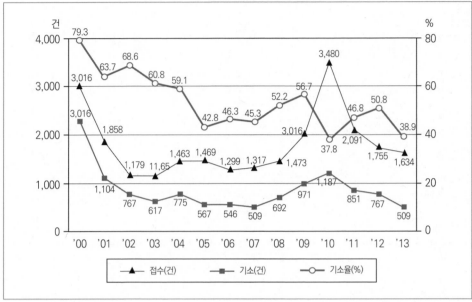

〈그림 10〉 공무원 뇌물죄의 추세(대검찰청)

출처: 대검찰청, 『범죄분석』.

2) 공무원 징계 및 행동강령 위반 자료를 이용한 추세분석

사법기관에 의해 수집되는 공무원 직무에 관한 부패 행위는[13] 형사처벌과 관련되어 있기 때문에 범죄 이외의 공무원 부패 행위에 대한 추세를 살펴보기에는 한계가 있다. 공무원 징계 및 행동강령 위반자료는 사법기관의 통계에 비해 포괄적으로 공무원의 부패행위를 살펴볼 수 있고, 행정부 내부에서 부패에 대한 통제 활동을 살펴볼 수 있다는 점에서 보완적인 성격을 갖는다고 할 수 있다(연성진, 2007).

---

13) 대검찰청의 범죄분석에서 직무유기, 직권남용, 증수뢰는 공무원의 직무에 관한 죄로 구분을 하고 있으며 이를 일반적으로 공무원의 부패행위로 분류한다(연성진 2007, 김은경 외 2015). 그러나 이러한 행위 이외에도 형법상 공무원의 직무에 관한 죄는 피의사실공포죄, 공무상비밀누설죄, 불법체포·감금죄 등 직무와 관련되는 범죄와 공무방해죄, 직무·사직강요죄, 위계에 의한 공무집행방해죄, 법정·국회의장모욕죄, 인권옹호직무방해죄, 공무상봉인무효죄, 공무상 비밀침해죄, 기술적수단이용공무상비밀침해죄, 부동산강제집행효용침해죄, 공용서류무효죄, 공용물파괴죄, 공무상보관물무효죄, 특수공무방해죄 등 다양하다(연성진 2007: 118). 공무원 범죄 전체에 대한 통계는 통계청 KOSIS 범죄분석 통계에서 제공을 한다.

경찰청과 대검찰청의 통계가 갖고 있는 한계는 공무원 부패의 가장 중요하고도 많은 부분을 차지하는 직권남용과 직무유기의 기소율이 1% 미만으로 매우 낮다는 것이다. 따라서 적발된 부패행위 중 최소한의 수준을 측정한 것으로 이해할 수 있다. 이와 달리 공무원 행동강령은 국가공무원(국회, 법원, 헌법재판소 및 선거관리위원회 소속의 국가공무원은 제외)과 지방공무원 및 공직유관단체(공공기관 등)에게 적용되는 것으로 이 행동강령 위반행위에 대한 통계는 사법기관의 통계에 비해 공무원의 범위를 더 넓게 정의하고 있으며 부패 행위도 직무관련 범죄(직무유기, 직권남용, 증수뢰) 이외에도 예산의 목적외 사용, 공용물 사적 사용, 외부강의 신고위반, 공정한 직무수행 저해, 경조사 통지, 경조금품 수수 및 기타 행위로 넓게 정의하고 있다. 공무원 행동강령 위반행위의 연도별 추세를 보면 전체적으로 위반자 수는 증가하고 있다. 그리고 2003~2013년 전체 기간을 살펴보면 전체 행동강령 위반자 12,237명 중 금품,

〈표 5〉 공무원 행동강령 위반 유형별 공무원 징계

(단위: 명, %)

위반 유형	합계	금품, 향응 등 수수	예산의 목적 외 사용	알선, 청탁 이권개입	공용물 사적 사용	외부강의등 신고의무 위반	금전차용 금지위반	공정한 직무수행 저해	경조사 통지, 경조금품	기타
계	12,237 (100.0)	5,941 (48.5)	4,115 (33.6)	513 (4.2)	468 (3.8)	473 (3.9)	134 (1.1)	108 (0.9)	92 (0.8)	393 (3.2)
'03.5~	367	259	32	21	29	5	-	-	7	14
'04년	842	624	75	53	45	4	1	1	11	28
'05년	937	737	84	31	28	9	3	3	15	27
'06년	678	428	133	20	21	6	15	4	7	44
'07년	679	392	121	37	16	36	7	39	6	25
'08년	764	283	346	17	21	72	6	3	5	11
'09년	1,089	381	464	70	60	65	30	8	2	9
'10년	1,436	760	424	63	49	50	21	9	9	51
'11년	1,506	651	552	80	79	52	15	17	4	56
'12년	1,836	701	907	49	55	30	18	8	18	50
'13년	2,103	725	977	72	65	144	18	16	8	78

출처: 국민권익위원회(2014), 2014 국민권익백서.

향응 등 수수가 48.5%, 예산의 목적 외 사용이 33.6%를 차지하여 이 두 유형의 행동강령 위반행위가 징계대상 공무원의 대부분(82%)을 차지함을 알 수 있다. 전체 징계에서 금품 등 향응 수수에 대한 징계건수가 차지하는 비중은 줄어들고 있으나 건수 자체는 증가하고 있는 것은 행동강령의 강화에 따른 결과로 해석할 수 있다.

　　행동강령 위반으로 인한 징계 공무원 수는 매우 크게 증가하고 있는데 이것은 주로 주의·경고가 증가하고 있기 때문이다. 행동강령 위반자 중 중징계(파면, 해임, 강등, 정직)의 처분을 받은 사람은 〈표 6〉에서와 같이 2004년 186명(22.1%)에서 2013년 241(11.43%)명으로 매년 증가하고 있다. 주의·경고의 수가 늘어나고 있으므로 공무원 내부에서 행동강령은 준수 여부에 대한 관리 수준이 강화되고 있음을 알 수 있으나 중징계 사례의 상대적인 비중이 감소하는 것으로 미루어볼 때 심각한 부패행위는 많지 않다는 해석이 가능하다. 특히 공무원의 직무에 관한 범죄에서 기소사건의 수가 2013년 542명에 달하고 있음을 고려해보면 공무원 부패 수준이 매우 크

〈표 6〉　징계처분유형별 징계

(단위: 명, %)

처분유형	합계	징계처분							주의·경고	기타	진행중
		총계	파면	해임	강등	정직	감봉	견책			
계	12,237 (100.0)	5,157 (42.1)	808 (6.6)	567 (4.6)	51 (0.4)	1,047 (8.6)	1,244 (10.2)	1,440 (11.8)	5,947 (48.6)	994 (8.1)	139 (1.1)
'03.5~	367	198	27	18	–	52	45	56	126	43	–
'04년	842	429	63	42	–	81	114	129	254	159	–
'05년	937	468	52	53	–	123	98	142	383	86	–
'06년	678	409	65	54	–	73	108	109	181	88	–
'07년	679	387	74	61	–	77	78	97	173	114	5
'08년	764	304	56	63	–	55	60	70	425	34	1
'09년	1,089	377	92	48	–	79	67	91	582	128	2
'10년	1,436	735	130	74	4	150	179	198	625	72	4
'11년	1,506	604	97	61	8	123	152	163	771	108	23
'12년	1,836	628	80	47	17	133	153	198	1,100	94	14
'13년	2,103	618	72	46	22	101	190	187	1,327	68	90

출처: 국민권익위원회(2014), 2014 국민권익백서.

다고 보기는 어렵다. 하지만 미국의 경우 연방, 주, 그리고 지방정부 공무원 중 부패로 기소된 사람의 수가 2013년의 경우 804명으로 나타나고 있는 것을 보면 (US Department of Justice 2015) 여전히 한국의 부패수준이 선진국에 비해서는 높은 수준이라고 평가할 수 있을 것이다.14)

Ⅳ. 결 론

본 논문은 부패인식, 경험, 적발과 처벌, 그리고 내부 징계 자료 등 다양한 부패 측정 자료를 이용하여 우리 사회의 부패 수준이 매우 높고 계속 악화되어 왔는지를 분석하였다. 분석결과 시민들이 인식하는 부패 수준은 일관되게 높게 나타나고 있지만 적발과 처벌, 내부 징계자료들을 살펴보면 부패 수준이 매우 높다고 단언하기는 어려운 것으로 나타났다. 또한 이명박 정부에서 부패 수준의 증가현상이 나타나고 있지만 2000년대 초반에 비해 부패 수준은 상당히 감소한 것으로 나타나고 있다. 분석결과를 요약하면 다음과 같다.

첫째, 한국의 부패 수준이 높다는 주장은 인식의 관점에서는 정당화 될 수 있다. 사회 전반적인 부패 수준에 대해 한국행정연구원의 부패실태 조사에 따르면 2014년 현재 56.9%에 이를 정도로 매우 높은 수준이며 금품 제공 행위가 보편적이라는 응답도 53.8%에 달하고 있다. 이러한 결과는 다른 조사 결과에서도 유사하게 나타나고 있음을 알 수 있다.

둘째, 부패 수준이 높다는 인식과 부패 경험과는 큰 차이가 있으며 실제 금품/향응/편의 등을 제공한 경험은 시민과 민원인을 대상으로 한 국민권익위원회 자료나 기업인과 자영업자를 대상으로 한 한국행정연구원 자료에서 공통적으로 낮은 것으로 나타나고 있다. 이러한 경향은 직접 경험률뿐만 아니라 간접 경험률을 함께 측정하여도 낮은 것으로 나타나고 있다. 또한 경험자들의 제공한 금액도 30만원 미만이 과반 이상을 차지하는 것으로 나타나고 있어 심각하다고 보기는 어렵다. 물론 설

---

14) 미국의 공공 부패(public corruption)는 법무부가 각 지역의 검찰청 자료를 종합하여 수집을 하고 있다. 이때 부패에는 선출직 및 임명직 공무원의 선거관련 범죄와 이해충돌(conflicts of interest) 범죄를 포함하고 있다.

문조사를 이용한 접근은 응답자가 정직한 답변을 하지 않아 부패 경험을 과소 측정할 우려가 있다고 판단할 수도 있으나 2000년 한국행정연구원 측정에서는 25% 가까운 경험률을 응답하였다는 것을 고려하면 과소 측정 때문에 부패 경험이 낮다는 주장은 설득력이 낮다고 할 수 있다. 또한 International Social Survey Programme(ISSP) 자료와 Transparency International의 뇌물공여도에 대한 자료를 검토한다면 한국의 부패 경험률이 다른 나라에 비해 매우 높다고 보기 어렵다는 결론은 지지될 수 있다.

셋째, 사법기관의 부패 적발 및 처벌 통계 역시 공무원의 직무유기, 권한남용, 증수뢰 기소건수가 2001년 1128건에서 2014년 542건으로 훨씬 줄어들었음을 보여주고 있다. 물론 검찰의 기소자료는 정권의 정당성유지나 공직자 기강확립을 위한 정치적 영향력에 취약하다는 비판이 가능하다. 하지만 주목해야 될 것은 80% 이상의 직무유기, 권한남용 등에 대한 수사가 신고에 의해 이루어지고 있다는 점이다. 이것은 경찰이나 검찰이 의도적으로 부패 사건을 은폐할 가능성이 크지 않음을 시사하며 부패 적발 가능성이 더 커지고 있음을 의미한다.

넷째, 중앙 및 지방공무원을 대상으로 한 안전행정부의 공무원 징계 자료 및 각급 공직 유관단체까지도 포함한 국민권익위원회의 공무원 행동강령 위반 자료 분석 결과는 금품 및 예산관련 위반행위가 증가하고 있는 추세로 나타나고 있다. 공무원과 공직유관 단체의 근무자 수를 고려한다면 위반자의 수가 크다고 보기는 어렵지만 공직 기강 관리가 강화될 필요가 있음을 보여준다.

다섯째, 부패추세가 단선적인 변화를 보이기보다는 정권에 따라 변동성이 상당히 크게 존재함을 알 수 있다. 부패 인식, 금품/향응/편의 제공의 경험, 부패 적발 및 처벌 통계들을 공통적으로 김대중 및 노무현 정부에서 부패 수준이 지속적으로 감소되다가 이명박 정부에서 부패 수준이 크게 증가를 하고 다시 박근혜 정부에서 감소를 하고 있음을 보여주고 있다. 이명박 정부의 경우 기업친화적 정책기조로 인해 반부패 정책을 규제로 보는 인식이 확산되어 부패에 대한 경각심이 낮아져 부패 사건이 증가했다는 해석이 제시되고 있다(이종수 2011: 232, 김은경 외 2015: 147). 대통령 취임사만을 살펴보더라도 이명박 정부에서는 부패방지와 관련된 내용을 언급하지 않은 것은 반부패 정책의 중요성에 대한 대통령의 낮은 의지를 보여준다고 할 것이다(윤태범 2011: 16-17). 이것은 정권의 반부패 정책 의지가 공무원 부패에 큰 영향을 끼칠 수 있음을 시사한다.

　　본 논문은 부패를 측정하는 다양한 자료를 종합적으로 활용하여 한국의 부패수준과 추세를 살펴보았다. 부패 측정이 어렵다는 주장과 달리 한국 사회의 부패 실태를 측정하는 자료들을 적절히 활용하는 경우 현실을 정확히 파악할 수 있음을 제시하였다. 또한 측정된 부패 자료를 이용하여 인식된 부패 수준과 경험한 부패 수준의 차이가 발생하는 이유, 정권별 부패 사건 변동의 원인, 적발 및 처벌 된 부패 사건의 원인과 효과에 대한 후속연구들이 앞으로 필요하다고 할 것이다.

참고문헌

고길곤·이보라 (2012). "사회의 부패수준 및 관행에 대한 개인의 인식이 부패의향에 미치는 영향". 한국사회와 행정연구, 23(3): 405-427.

고길곤·조수연 (2012). "관행수용도와 부패: 시민의 관행수용도 영향요인에 대한 분석". 한국행정학보 46(3): 213-239.

김은경·신동준·이정주·이선중. (2015). "한국사회 부패의 발생구조와 변화트렌드 분석 (Ⅰ): 한국사회 부패범죄 발생구조 및 변화트렌드 분석". 한국형사정책연구원.

김준석 외 (2011). "부패인식의 차이에 대한 실증적 분석: 시민들의 공직사회에 대한 부패인식의 차이는 어떠한 요인에 기인하는가?". 한국사회와 행정연구, 21(4): 343-371.

김태룡. (2003). 역대정부의 부패방지정책의 평가와 과제.

박경래·박미량. (2009). "부패범죄에 있어 관용지수 개발과 활용에 관한 연구". 한국형사정책연구원.

박흥식 (2001). "반부패 정책 성과의 평가: 부패지수를 중심으로". 한국행정연구, 10(1): 67-96.

서원석. (2014). "정부부문 부패실태에 관한 연구." 한국행정연구원.

연성진 (2007). "한국의 공무원범죄 추세분석, 1964-2005". 형사정책, 19(2): 115-146.

윤태범. (2011). 우리나라 부패방지 시스템의 평가와 발전방향. Paper read at 한국사회 부패방지제도 10년의 평가와 앞으로의 과제.

이종수. (2011). "한국의 국가적 반부패 시스템의 진화 과정과 성과에 대한 고찰." 한국행정사학지, 29: 221-49.

진종순·서성아 (2007). "부패에 대한 개인의 인식과 부패행위". 행정논총, 45(3): 25.

국민권익위원회. (2015a). "2014년 국민권익백서".

_____. (2015b). "2015년도 부패인식도 조사 종합결과".

Babbie, Earl R. (2007). *The practice of social research.* 11th ed. Belmont. CA: Thomson Higher Education.

Cialdini, Robert B. (2007). *Influence: the psychology of persuasion.* Rev. ed. New York: Collins: Imprint of HarperCollins.

George, Jennifer M., and Gareth R. Jones. (2005). *Understanding and managing organizational behavior.* 4th ed. Upper Saddle River. N.J.: Pearson/Prentice Hall.

Gerring, John. (2012). *Social science methodology: a unified framework.* Vol. 2nd. Cambridge: Cambridge University Press.

Hardoon, Deborah, and Finn Heinrich. (2011). "Bribe Payers Index 2011." Transparency International.

Heidenheimer, Arnold J., and Michael Johnston. (2002). *Political corruption: concepts & contexts.* 3rd ed. New Brunswick. N.J.: Transaction Publishers.

Heywood, Paul, ed. (1997). *Political Corruption.* Oxford: Blackwell Publisher.

Johnson, Janet Buttolph, and H. T. Reynolds. (2007. *Political science research methods.* 6th ed. Washington, D.C.: CQ Press.

Johnston, Michael. (2001). "The definitions debate: Old conflicts in new guises". *In The political economy of corruption,* ed. A. K. Jain. New York: Routledge.

Kahneman, Daniel. (2013). *Thinking, Fast and Slow: Farrar.* Straus and Giroux.

Kahneman, Daniel, and Amos Tversky. (2000). *Choices, values, and frames. Cambridge:* Cambridge University Press.

Knack, Stephen. (2006). "Measuring Corruption in Eastern Europe and Central Asia: A Critique of the Cross-Country Indicators" *In World Bank Policy Research Working Paper. World Bank.*

Ko, Kilkon, and Cuifen Weng. (2011). "Critical Review of Conceptual Definitions of Chinese Corruption". *Journal of Contemporary. China,* 20(70): 359-78.

Ko, K. (2015). "Integration of Integrity Information into Performance Evaluation: The Impact on Korean Public Enterprises." *International Public Management Journal,* 18(3): 437-457.

Rose-Ackerman, Susan. (1999). *Corruption and government: causes, consequences, and reform.* New York: Cambridge University Press.

United States Department of Justice (2015). "REPORT TO CONGRESS ON THE ACTIVITIES AND OPERATIONS OF THE PUBLIC INTEGRITY SECTION FOR 2014". Public Integrity Section Criminal Division United States Department of Justice.

You, J. S. and S. Khagram (2005). "A Comparative Study of Inequality and Corruption". *American Sociological Review*, 70(1): 136–157.

편저자 약력

박 상 인

학 력

경제학 박사, 예일대학교(Ph. D. in Economics, Yale University), 1996. 12.
경제학 석사, 서울대학교, 1990. 2.
경제학 학사, 서울대학교, 1988. 2.

주요경력

현 직

서울대학교 행정대학원 부교수, Associate Editor, International Journal of E-Government Research

직장경력

예일대학교 경제학과 Visiting Assistant Professor, 2002
뉴욕주립대학교(State University of New York at Stony Brook) 경제학과 Assistant Professor, 1996−2003

수상경력

공정거래위원장 표창, 2006
한국학술진흥재단 선도연구자지원사업(KRF-2004-041-B00115): 우리나라 상수도산업의 적정 사업규모에
대한 계량적 분석, 2004
Drescher Award: Network Effects and the Evolution of E-Commerce, 2001
NIST-ATP Grant: Standardization of New Technologies: Strategic Coordination and Network
Externalities, 1998−1999

권 일 웅

학 력

1999 미국 Harvard 대학교 경제학 박사
1992 서울대학교 경제학 학사

주요경력

서울대학교 행정대학원 부교수(2012년 9월−현재)
서울대학교 행정대학원 조교수(2010년 8월−2012년 8월)
미국 State University of New York at Albany 경제학과 조교수(2006년 9월−2010년 7월)
미국 University of Michigan 경제학과 조교수(1999년 9월−2006년 5월)

김 상 헌

학력

정책학 박사: The University of Chicago(1997), 재정정책 전공
정책학 석사: The University of Chicago(1994), 재정정책 전공
행정학 학사: 경북대학교(1987)

주요경력

서울대학교 행정대학원 교수(2012. 3. 1~현재): 재정정책, 재무행정 담당
한국외국어대학교 행정학과 조교수(1999. 3. 1~2005. 1. 31)
한국조세연구원 전문연구위원(1997. 7. 1~1999. 2. 28): 재정정책 담당
The University of Chicago 정책대학원 강사(1997. 3~1997. 6): 정책분석용 계량경제학
동아일보기자(1990. 12~1991. 2)

정 광 호

학력
서울대학교 사회학과 졸업
서울대학교 행정대학원 행정학 석사
미국 조지타운대학교 공공정책대학원 정책학 석사
미국 시라큐스대학교 Maxwell School 행정학 박사

주요경력

학회활동
한국행정학회 회원, 한국정책학회 회원, 한국정책분석평가학회 회원
한국지방정부학회 회원, 서울행정학회 회원, 미국행정학회(ASPA) 회원

사회봉사활동
중앙인사위원회 정부인사통계자문위원회 위원
제17대 대통령직인수위원회 정부혁신규제개혁TF 전문위원
지식경제부 정책자문위원회 위원
외교통상부 자체평가위원회 위원

수상실적
서울대 연구력 향상 공로교수, 서울대총장상

이 석 원

학 력
행적학 박사: Robert F. Wagner Graduate School of Public Service, New York University [2000년]
행정학 석사: 서울대학교 행정대학원[1994년]
경제학 학사: 서울대학교 사회과학대학 국제경제학과[1991년]

주요경력
한국외국어대학교 행정학과: 전임강사[2001- 2002]
Manpower Demonstration Research Corporation(MDRC), New York, NY: Research Associate(연구위원) [2000−2001]
Manpower Demonstration Research Corporation(MDRC), New York, NY: Consultant[1999−2000]

고 길 곤

학 력
2006: Ph.D. Graduate School of Public and International Affairs, University of Pittsburgh
2000: MPA, Graduate School of Public Administration, Seoul National University
1997: BA, Applied Statistics, Yonsei University

주요경력
Associate Professor, Graduate School of Public Administration, Seoul National University, (08/2011~ Present)
Assistant Professor, Department of Political Science, National University of Singapore, (7/2007~ 6/2011)
Editor-in-Chief, Asian Journal of Political Science, (Nov. 2012~ Present)
Associate Editor, Asian Journal of Political Science (8/2009~6/2011)
Postdoctoral Research Fellow, GSPA, SNU (8/2006~06/2007)
Adjunct Researcher, RAND Corp. (2004-2006, 2009)
Adjunct Faculty, GSPIA, University of Pittsburgh (5/2005-8/2005)
Researcher, Korea Development Institute (12/1999-7/2002)

정부역할의 재정립 : 정책편

초판인쇄	2016년 6월 15일
초판발행	2016년 6월 25일
편 저	정책지식허브연구센터 정책편
펴낸이	안종만
편 집	한두희
기획/마케팅	강상희
표지디자인	조아라
제 작	우인도 · 고철민
펴낸곳	(주) **박영사**
	서울특별시 종로구 새문안로3길 36, 1601
	등록 1959. 3. 11. 제300-1959-1호(倫)
전 화	02)733-6771
f a x	02)736-4818
e-mail	pys@pybook.co.kr
homepage	www.pybook.co.kr
ISBN	979-11-303-0309-3 94350
	979-11-303-0308-6 (세트)

copyright©정책지식허브연구센터, 2016, Printed in Korea

정 가   20,000원